Druga Reforma Teatru?

W sercu noszę z miłością
teatr taki, jaki jest,
w duszy — taki, jaki będzie.

Gordon Craig

Kazimierz Braun

Druga
Reforma
Teatru?

Szkice

Wrocław · Warszawa · Kraków · Gdańsk
Zakład Narodowy imienia Ossolińskich
Wydawnictwo
1979

511617

Projekt okładki
Roman Kowalik

Redaktor
Aldona Kubikowska

Redaktor techniczny
Perykles Galatos

PN
2189
. B628
1979

ISBN 83-04-00311-2

Zakład Narodowy im. Ossolińskich - Wydawnictwo.
Wrocław 1979.
Nakład: 5000 egz.
Objętość: ark. wyd. 15,40, ark. druk. 16 + 1.75 wkl.
Papier offset. kl. III 70 g, 82 × 104.
Oddano do składania 3 VIII 1978.
Skład wykonano na urządzeniach Monophoto 600.
Podpisano do druku 7. VII 1979.
Druk ukończono w lipcu 1979.
Wrocławska Drukarnia Naukowa
im. St. Kulczyńskiego.
Zam. nr 431/78. **T-18.**
Cena zł 45. -

1. Między Pierwszą a Drugą
Reforma Teatru

Proszę, aby przyjęli tę książkę

Krzysztof Babicki
Joanna Bilska
Rusi Czanew
Olimpia Damian
Milan Duskov
Zbigniew Górski
Ireneusz Guszpit
Bogusław Jasiński
Bogusław Kierc
Agnieszka Leo
Lloyd Lynford
Ewa Molenda
Travis Preston
Krzysztof Sielicki
Stephanie Stawrout
Jarosław Strzemień
Jacek Weksler
Andreas Wirth

i inni młodzi ludzie teatru

I. Między Pierwszą a Drugą Reformą Teatru

Czas, miejsce i osoby dramatu

1

W książce *Nowy teatr na świecie* (*1960—1970*) wydanej w 1975 r. napisałem w rozdziale wstępnym: „Lata sześćdziesiąte można zapewne porównać do narodzin Wielkiej Reformy Teatru u progu naszego wieku. Zapoczątkowana została nowa, druga reforma teatru"[1]. Podsumowując zaś całe dziesięciolecie stwierdziłem, że był to „okres drugiej reformy teatru"[2]. Już wcześniej zresztą, pisząc w 1970 r. *Teatr wspólnoty*, postawiłem taką samą diagnozę. O najnowszych doświadczeniach i poszukiwaniach teatralnych, o inspiracjach płynących z różnego typu zjawisk parateatralnych i przedteatralnych, o swoich własnych bieżących pracach i o perspektywach rozwojowych sztuki teatru pisałem tam — w rozdziale zatytułowanym „Nowa Reforma Teatru"[3].

Pisząc *Teatr wspólnoty*, a potem jego kontynuację i egzemplifikację, jaką był *Nowy teatr na świecie*, byłem istotnie przekonany, że w latach sześćdziesiątych, a nawet już około połowy lat pięćdziesiątych zapoczątkowany został ogólnoświatowy — z biegiem lat — ruch odnowy, który jest porównywalny z Wielką Reformą Teatru. Uwagę skupiłem na samym procesie zmian, jakie zachodziły w tamtych latach. Nie było więc miejsca na historyczne uzasadnianie mej diagnozy o narodzinach Drugiej Reformy Teatru ani na analizę porównawczą. Diagnoza ta — choć leżała u podstaw mojej oceny i rozumienia tego okresu — nie została szerzej udokumentowana. Okazuje się, że jest to potrzebne. Twierdzenia moje bowiem stały się powodem dyskusji[4]. Czuję się więc w obowiązku rozwinąć swoje przypuszczenia.

---

[1] K. Braun, *Nowy teatr na świecie* (*1960—1970*), Warszawa 1975, s. 19.

[2] *Op. cit.*, s. 284.

[3] K. Braun; *Teatr wspólnoty*, Kraków 1972, s. 123—211.

[4] L. Bugajski *Epopeja nowego teatru*, „Twórczość", 1976, nr 11; M. Dzieduszycka *Nowy teatr w czasie przeszłym*, „Kultura", 1976,

Problem jest pasjonujący. Ma duże znaczenie dla interpretacji najnowszej historii teatru oraz dla rozumienia przemian, jakie się w teatrze dokonują. Trafne nazwanie jakiegoś zjawiska zawsze ogromnie pomaga w jego rozumieniu. Nie podejmuję jednak sporu o samą nazwę, choć czuję się jej „wynalazcą". Nazwy tej — Druga Reforma Teatru w odróżnieniu od Pierwszej lub Wielkiej Reformy Teatru — będę używał w toku mych rozważań jako hipotezy, jako nazwy operacyjnej, pojemnej, a zarazem ścisłej: określa ona wszelkie poczynania zmierzające do odnowy, przebudowy i przekształcenia teatru, poczynając od końca lat pięćdziesiątych XX wieku.

Historyczne porównania mają zawsze podwójną wartość. Dwa zjawiska, które próbujemy objaśnić przez analogię, oświetlają siebie nawzajem. Musimy badać je oba. Odkrywamy szczegóły, właściwości i strukturę obu — i znanego lepiej, i niejasnego. Druga Reforma, będąc w toku stawania się, w ruchu, jest trudniej uchwytna. Jeszcze nie spisano dokładnie jej dotychczasowej historii. Pierwsza Reforma została już dawno zakończona. Widziana z oddalenia, łatwiej poddaje się analizie. Przy dokładniejszym oglądzie wychodzi zresztą na jaw, że i ona nie jest gruntownie zbadana i zinterpretowana. Istnieje wprawdzie wiele szczegółowych opracowań, biografii poszczególnych artystów i teatrów, wydano wiele pism reformatorów, świadkowie ich działalności jeszcze żyją — ale wszystko to razem jest pewną mozaiką, niektóre jej elementy są wyraźne, inne nieostre, czasem trudno dostępne, czasem celowo zacierane, mitologizowane, a nawet zakłamywane. Brak także, jak dotąd, w literaturze teatrologicznej syntezy Wielkiej Reformy.

W rozumieniu terminu „Reforma Teatru" niech dopomoże słownik: „Reforma (fr. *réforme*, z łac. *reformo* — przekształcam) zmiana w jakimś systemie nie oznaczająca radykalnego i jakościowego przekształcenia tego systemu,

---

nr 10; M. Fik, *„Ponieważ nadeszła dla nas chwila, aby wyzwolić sztukę z poniżenia i wyzysku"*, „Twórczość", 1976, nr 11; L. Kolankiewicz, *Przypadki teatru lat sześćdziesiątych*, „Polityka", 1976, nr 22; J. Skuczyński, *Czy druga reforma teatru?* „Dialog", 1976, nr 8 i in.

zwłaszcza zmiana [...] nie naruszająca podstaw istniejącego ustroju [...] szereg kolejnych [...] reform może doprowadzić do zmiany ustrojowej"[5]. To sformułowanie słownikowe objaśnia mój pogląd na sprawy „pierwszej" i „drugiej" Reformy. I jedna, i druga polegały na długotrwałym przekształcaniu zastanego w danym czasie teatru. Również diagnoza, iż obecna, Druga Reforma Teatru, zdaje się, na niektórych polach, prowadzić do zasadniczych zmian w pojmowaniu i uprawianiu sztuki teatru, wynika logicznie z takiego właśnie rozumienia „reformy": dopiero „kolejne reformy" mogą doprowadzić do zmian „całego ustroju" teatru. Można nawet powiedzieć więcej, odwracając to rozumowanie: skoro obserwujemy obecnie zasadnicze „zmiany ustrojowe" w teatrze, to mogły one zostać przygotowane jedynie poprzez „kolejne reformy". Zmiany takie nie byłyby możliwe w wyniku tylko jednej reformy. Są zaś możliwe jako rezultat kolejnych reform.

Procesualne rozumienie terminu „reforma" pomaga rozumieć różne zjawiska parateatralne, postteatralne, „teatroterapię" i seanse wspólnotowe, przemiany obyczaju i postaw, w które uwikłany jest teatr, zawzięte politykowanie w teatrze, udział teatru w rewolucjach, ruchach chłopskich i miejskiej partyzantce.

Krzysztof Sielicki opublikował swego czasu w „Dialogu" bardzo celny artykuł pod tytułem *Dlaczego Grotowski nadal jest artystą*?[6] Chciałbym w tej książce odpowiedzieć na szersze pytanie: dlaczego to, co dzieje się w tej chwili z teatrem, jest jeszcze teatrem, a więc również: dlaczego uważam, że zachodzące obecnie procesy są Drugą Reformą Teatru.

W dyskusjach o ostatnim okresie historii teatru ścierają się ze sobą dwa zasadnicze poglądy:

1° Obecny okres charakteryzuje się tym, iż teatr „nowy", „otwarty", „kontestacyjny", „młody" itp. jest tylko wycinkiem szerokich ruchów społecznych i politycznych, że jest wtórny wobec tych ruchów, i stąd przemiany w teatrze są tylko zewnętrzne, pozorne, są tylko negacją

---

5 *Słownik wyrazów obcych*, PWN, Warszawa 1971, s. 632.
6 K. Sielicki, *Dlaczego Grotowski nadal jest artystą?*, „Dialog", 1976, nr 3, s. 117—119.

i kompromitacją starych form teatru. Wedle tego poglądu teatr lat sześćdziesiątych wniósł pewne wartości w dziedzinie estetycznej, ale należy go badać raczej przy pomocy narzędzi politologii, socjologii i takich kategorii, jak „styl życia". Teatralność poszukiwań ludzi „nowego teatru" traktuje się tu jako pewien zbieg okoliczności.

2° Odmienne stanowisko zajmują ci, którzy spostrzegli, iż „nowy teatr" miał początkowo cele ściśle teatralne, ale otworzył sam sobie w toku rozwoju nowe perspektywy, cele i drogi; łącznie z tymi, które prowadzą już poza teatr w dotychczas znanych formach jego uprawiania. Zanim to swoiste „wyjście teatru z teatru" nie dokona się — o okresie obecnym można mówić jako o wycinku historii teatru.

Dyskusja dotyczy więc po pierwsze samych faktów: jak rzeczywiście przebiegały wydarzenia w teatrze, po drugie, oceny i interpretacji faktów, celów i mechanizmów, jakie działały w teatrze i jakim był on poddawany, jakich był cząstką.

Trzeba więc będzie przywołać (niekiedy powtórzyć) fakty z okresu ostatnich lat stu i zastanowić się, co one znaczą. Nacisk chciałbym położyć właśnie na fakty. To najlepsza droga, aby dalsza dyskusja była rzeczowa i poprawna. Trzeba będzie także sprawdzić, na ile to, co wydarzyło się w teatrze ostatnich lat dwudziestu, było i jest ważne dla kultury.

Jak długo trwała, jakie były cele i skutki Pierwszej Reformy? Czy ostatnie dwudziestolecie można — na zasadzie analogii — nazwać Drugą Reformą Teatru? Czy wydarzyła się, a raczej rozpoczęła — naprawdę? Chciałbym, aby na te pytania odpowiedział, po lekturze, sam czytelnik.

2

Trzeba zbadać i ustalić historyczny i geograficzny zasięg zjawiska zwanego Wielką Reformą Teatru (Wielką Reformą Teatru, Reformą Teatru, Reformą, na kartach tej książki także: Pierwszą Reformą Teatru). Sprawa jest dyskusyjna.

Od razu natrafia się na niejasności, nieporozumienia i kontrowersje. Chodzi ni mniej ni więcej o kwestię: czy Wielka Reforma to krótki poryw usytuowany bardziej w sferze idei i myśli teatralnej, czy też długotrwały proces, owocujący w praktyce widowisk, dramatopisarstwa, stylów gry. Jedni reprezentują pogląd, że Reforma to tylko ferment antynaturalistyczny, antyiluzyjny, estetyzujący, symbolizujący, dosłowności przeciwstawiający umowność, skoncentrowany na zagadnieniu ruchu i światła scenicznego, przestrzeni, a jeszcze węziej scenografii, rozpoczęty po roku 1890 i zakończony jeszcze przed pierwszą wojną światową; od Théâtre d'Art (1891) i Théâtre de l'Oeuvre (1893) — do Vieux Colombier (1913). Głównymi postaciami Reformy byliby: Paul Fort, Lugné-Poe, Adolphe Appia, Gordon Craig, Georg Fuchs i Jacques Copeau; są tacy, którzy chcieliby nawet, z nie bardzo wiadomych powodów, skreślić z tej listy trzy nazwiska Francuzów — jeszcze bardziej zawężając czasowo i geograficznie to, co chcieliby nazywać Reformą, sytuując ją około roku 1900 i do grona reformatorów zaliczając tylko Appię, Craiga i Fuchsa.

Inni sądzą, że Reforma to długotrwały, niejednolity, wielofazowy proces obejmujący wiele krajów, rozwijany przez wielu artystów, docierający do wszystkich elementów sztuki teatru.

Opowiadam się za tym drugim, szerokim rozumieniem Pierwszej Reformy Teatru. Jest to widzenie Reformy jako ruchu, jako procesu, jako dialektycznej walki przeciwieństw i owocowania tych przeciwieństw w nowych jakościach. Jej symbolem jest realizacja *Hamleta* dokonana przez Craiga w teatrze Stanisławskiego.

I nie było tak, że „zacofany" Stanisławski zaprosił „reformatora" Craiga, aby się nawrócić na jego wiarę. Ale dwóch wybitnych, poszukujących, otwartych ludzi teatru spotkało się na pół drogi — z uwagą, zrozumieniem, zaufaniem, ciekawością i wzajemnym szacunkiem. Doprawdy nie pojmuję, czemu jednego z nich miałbym uważać za przedstawiciela — w owym czasie — „starego", a drugiego „nowego" teatru. Obaj teatr przekształcali, reformowali. Reformy nie byłoby bez Appii i Craiga, ale także bez Antoine'a i Stanisławskiego.

11

Reforma miała swoją fazę przygotowawczą, na którą złożyły się przede wszystkim: tradycja inscenizacji szekspirowskich w Anglii w ciągu XIX wieku, działalność Meiningeńczyków w latach siedemdziesiątych i osiemdziesiątych oraz dzieło Wagnera i myśl Nietzschego.

Pierwszy okres Reformy zaczął się z końcem lat osiemdziesiątych XIX wieku od nurtu naturalistycznego, który był twórczy przez prawie czterdzieści lat, a wygasł dopiero w latach dwudziestych XX w. Obserwujemy dziś jego nawroty. Np. w postaci hiperrealizmu. Z nurtem tym prawie od samego początku ścierał się nurt symboliczny, równie trwały, zanikający także dopiero w latach dwudziestych. Odradzający się później wielokrotnie. Najintensywniejszy ferment w pierwszym okresie Reformy przypadł na początek wieku XX. Epicentrum była praktyczna, publicystyczna (w mowie i piśmie) oraz pedagogiczna działalność Gordona Craiga w latach 1900−1914.

Drugi okres Reformy, jej wiek dojrzały, największe osiągnięcia i ukształtowanie się jej najbardziej charakterystycznego owocu − teatru inscenizacji − przypadło na lata dwudzieste i trzydzieste. W Polsce działali Schiller, Osterwa, Horzyca, Trzciński. W Rosji Radzieckiej i ZSRR Wachtangow, Meyerhold, Tairow, Jewreinow (później emigrował na zachód), we Francji Copeau i Kartel − Baty, Dullin, Jouvet, Pitoëff (przybyły z Rosji), w Niemczech Reinhardt, Jessner, Piscator i Brecht (wszyscy wyemigrowali w latach trzydziestych i osiedlili się w USA), w Czechosłowacji leaderem Reformy był Burian.

Najwybitniejsze osiągnięcie inscenizacyjne Reformy w skali światowej − Dziady − zrealizował Leon Schiller w latach 1932 (we Lwowie), 1933 (w Wilnie), 1934 (w Warszawie) i 1937 (w Sofii).

Właściwa, dwuczęściowa historia Wielkiej Reformy obejmuje więc około pięćdziesiąt lat: od około 1890 do około 1940.

Tak jak fazę przygotowawczą, miała też Reforma i zmierzch.

Faza schyłkowa Reformy, jeszcze trwająca − bo żyją i tworzą ludzie jeszcze bezpośrednio z Reformą związani, bądź spadkobiercy i uczniowie reformatorów −

obejmuje lata czterdzieste, pięćdziesiąte, sześćdziesiąte XX wieku. Bezpośrednio po II wojnie światowej kończyli życie i twórczość wybitni reformatorzy, mistrzowie okresu międzywojennego. Wcześniej, w 1938 roku, zmarł Stanisławski, w 1939 — Pitoëff, 1940 — Lugné-Poe. W 1942 zginął Meyerhold. W 1943 odeszli Antoine i Reinhardt. Wyczerpani niedostatkiem i poniewierką okupacji zmarli w 1945 Jaracz i w 1947 Osterwa. W 1949 — Copeau i Dullin, w 1951 — Jouvet, w 1952 — Baty, w 1954 — Schiller, w 1959 — Tairow, Burian, Horzyca.

Sami reformatorzy dość szybko uznali się za grupę i dość prędko również jako grupa zaczęli być traktowani przez innych.

Już w 1900 roku Adolphe Appia napisał studium *Jak zreformować naszą inscenizację* (wydane — 1904 r.), w którym w samym tytule użył terminu „reforma". W 1911 r. Craig pisząc przedmowę do *Sztuki teatru* wymienia jednym tchem „swoich przyjaciół": „Są to Havesi z Budapesztu, Appia ze Szwajcarii, Stanisławski, Sulerżycki, Moskwin i Kaczałow z Petersburga, De Vos z Amsterdamu, Starke z Frankfurtu, Fuchs z Monachium, Antoine, Paul Fort i pani Guilbert z Paryża; nasz wielki poeta, który zwyciężył na scenie, Yeats z Irlandii; wreszcie duchy: Vallentin z Berlina i Wyspiański z Krakowa"[7]. Toż to prawie pełna lista reformatorów ówczesnych. Craig powinien był jeszcze umieścić na niej swą przyjaciółkę Isadorę Duncan. Zauważmy przy tym, iż ci wszyscy, tak różni, ludzie teatru są dla Craiga jednym kręgiem przyjaciół — artystów teatru, reformatorów.

W *Myślach o odrodzeniu teatru* w 1913 r. Leon Schiller mówił o „licznych dziś i wielostronnych doświadczeniach reformatorów teatru"[8]. A w dalszym ciągu artykułu zajmował się Wagnerem, Meiningeńczykami, Reinhardtem, Rollandem, Wyspiańskim, Craigiem, Maeterlinckiem, Stanisławskim, Meyerholdem, Komissarżewską, Rouché, Diagilewem.

---

[7] G. Craig, *O sztuce teatru*, Warszawa 1964, s. 25—26, por. też noty s. 200—202.
[8] L. Schiller, *Teatr ogromny*, Warszawa 1961, s. 7.

13

W 1920 r. w artykule *Stary a nowy teatr*[9], w jednej z amatorskich jednodniówek nie podpisany autor informował o „próbach zreformowania teatru współczesnego", o „reformowanym teatrze we Francji", o „reformatorach"; wymieniał Craiga, Reinhardta, Stanisławskiego, Meyerholda, Antoine'a, Komissarżewskiego, Wyspiańskiego, Pawlikowskiego, Osterwę, Limanowskiego, Szyfmana, Zelwerowicza, Wysocką, Drabika.

W manifeście włoskiego futurysty Enrico Prampoliniego z roku 1922 znów natrafiamy na litanię nazwisk reformatorów, tyle że wszyscy odsądzeni są od udziału w Reformie. „Nie ma reformatorów dzisiejszej sceny. Usiłowania takich ludzi, jak Drésa[10], Rouché we Francji, z ich naiwnościami i dziecinnymi pomyłkami: Meyerhold i Stanisławski w Rosji, z ich obrzydliwymi nawrotami do klasycyzmu (nie będziemy tykać asyryjsko-persko-egipsko--nordyckich plagiatów Baksta), Adolphe Appia, Fritz Erler, Littmann, Fuchs i Max Reinhardt (organizator) w Niemczech. Usiłowali oni zreformować raczej oprawę sceniczną, wystawną, bogatą, zimną, niż istotne idee i treści. Granville Beker i Gordon Craig w Anglii wprowadzili pewne nowości zmierzające do obiektywizacji i syntetyzacji"[11].

Reformatorzy w swoim własnym odczuciu i w szeroko rozpowszechnionej świadomości społecznej byli więc grupą — grupą nieformalną — tworzyli jednak także związki formalne, jak Kartel w Paryżu, oraz teatry — macierze, które instytucjonalnie jednoczyły reformatorów w poszczególnych miejscach. W MChAT-cie działali Stanisławski, Niemirowicz-Danczenko, Sulerżycki i inni. W Reducie Osterwa, Limanowski, Schiller, Poręba-Jaracz i całe grono zapaleńców. Na takich samych zasadach ukonstytuowali się uczniowie Copeau — Copiaux.

Reformatorzy byli grupą. Reforma była wydzielonym, osobnym nurtem artystycznym mającym swą historię, ideo-

---

[9] *Myśl teatralna polskiej awangardy*, wybór i wstęp Stanisław Marczak-Oborski, Warszawa 1973, s. 435.

[10] Postać mniej znana — drugorzędny malarz i dekorator francuski, współpracownik m. in. Théâtre des Arts.

[11] E. Prampolini, *Scenographie futuriste (manifeste)*, wg „Travail Théatrale", printemps 1973, s. 57.

14

logię, program — wyrażany teoretycznie w licznych artykułach, przemówieniach, odczytach, książkach. Miała swe dokonania praktyczne, wytworzyła nowe style w aktorstwie, w scenografii i swoją własną formę teatru: teatr inscenizacji. Narodził się on w Pierwszej Reformie i z jej schyłkiem przemijał.

„Ukośne cięcie" warstwowego układu kultury teatralnej w XX wieku — metoda, którą z wdzięcznością zapożyczam od profesora Czesława Hernasa — ujawnia bardzo wyraźnie ten proces. Pierwsza Reforma przez wiele lat była najwyższą warstwą, awangardą sztuki teatru. Rozszerzyła z czasem swe oddziaływanie i osunęła się na poziom średni. Pojawiła się nowa awangarda.

W pewnym momencie inscenizacyjny teatr Reformy zaczął się upowszechniać w całej Europie, a także w Ameryce, został wprowadzony do oficjalnego programu nauczania akademickiego na wydziałach i specjalnościach reżyserii. I właśnie wtedy zjawiska nowsze, inne, dotąd oboczne, znane tylko nielicznym, zaczęły się upowszechniać. Pierwsza Reforma musiała — ukośnym ruchem — zejść w dół, teatr inscenizacji stał się powszechny i nieawangardowy, usytuował się na średnim poziomie układu kultury teatralnej. Ponad nim rozszerzały swój zasięg zjawiska nowsze.

Pierwsza wojna światowa przerwała i zarazem zakończyła pierwszy okres Wielkiej Reformy. Trwał on zatem od roku 1887 (otwarcie Théâtre Libre) do 1914. Dwadzieścia siedem lat. Jeżeli drugi okres Reformy liczyć od zakończenia I wojny to trwał on z kolei lat dwadzieścia jeden. Od 1918 do 1939 roku. Daty te są ostre, przecinają historię jak tor lotu bomby. Procesy zachodzące w teatrze miały jednak ciągłość i łagodziły ostre kontury kart historii. W czasie pierwszej wojny prawie bez przerwy funkcjonowały teatry Moskwy i Petersburga. W czasie drugiej — istniały teatry w Paryżu i Nowym Jorku i in.

Przyjęło się w historii wyróżniać kolejne pokolenia co około 25 lat. Gdy się spojrzy na daty urodzenia reformatorów — teza ta się potwierdza: najwcześniej urodzeni spośród nich Otto Brahm (ur. 1856) i André Antoine (ur. 1859) są starsi o około 40 lat od Bertolta Brechta   15 (ur. 1898), najmłodszego z plejady twórców związanych z Reformą. Reformatorzy pierwszego okresu to ludzie urodzeni w latach 1856—1878. Obok Antoine'a i Brahma są to Appia i Rouché, którzy urodzili się w 1862 roku, Stanisławski (1863), Fuchs (1868), Wyspiański i Lugné-Poe (1869), Craig i Fort (1872), Reinhardt (1873), Copeau (1876). Istotnie, jedno pokolenie. Apogeum działalności tego pokolenia przypadło na lata dziewięćdziesiąte XIX wieku i pierwszą dekadę XX. Oczywiście wielu twórców tego pokolenia działało jeszcze w drugim okresie Reformy, jak Craig, Reinhardt, Stanisławski.

Drugie pokolenie Reformy to ludzie urodzeni w latach 1874—1898. Od Meyerholda do Brechta.

· Pierwsze pokolenie Reformy: 22 lata. Drugie: 24.

Drugie pokolenie osiągnęło dojrzałość około roku 1920. Wachtangow (ur. 1883), Osterwa, Dullin, Baty, Tairow (wszyscy ur. 1885), Pitoëff (1886), Jouvet i Schiller (1887) — byli praktycznie rówieśnikami.

Wojna światowa wytworzyła w latach 1914—1918 lukę w historii teatru i stąd przedział między dwoma pokoleniami reformatorów jest w sposób sztuczny zaostrzony. W istocie, nie licząc tej luki, Pierwsza Reforma stanowi proces ciągły. Stanisławski oddziaływał na świat bardzo silnie w latach dwudziestych. Dopiero wtedy zaczął kodyfikować, spisywać swoje doświadczenia i spostrzeżenia. Jego metoda osiągnęła wtedy dojrzałość. Także już po wojnie nurt naturalistyczny Reformy zaowocował w Polsce Redutą. Jednak Osterwa, znacznie wcześniej krystalizował swoje idee. Podobnie jeden z czołowych twórców drugiego okresu Reformy, Meyerhold, doświadczenia inscenizacyjne zaczął prowadzić współcześnie z Craigiem i Fuchsem, a wcześniej niż Copeau. Prowadzone przez niego pierwsze studio MChAT-u ("Studio na Powarskiej") działało przecież w 1905 r. Nie rozumiałbym więc, czemu nie miałbym zaliczyć Meyerholda do ścisłej grupy najważniejszych reformatorów, pionierów Reformy; a przecież rozpoczynając poszukiwania reżyserskie w 1905 r., dojrzałość uzyskał dopiero po wojnie, około roku 1920. Również i Copeau założył Vieux Colombier w 1913 r., ale praca jego zaowocowała dopiero naprawdę w latach 1917—1924, w Nowym Jorku i Paryżu. Młody Schiller terminował w reformowanym teatrze przed 1914 r. i wtedy ukształtowała się jego artystyczna świadomość. Pierwsze dzieła wybitne stworzył jednak po upływie dziesięciu lat w Teatrze im. Bogusławskiego.

Pierwsza wojna, będąc głębokim, tragicznym ludzkim doświadczeniem dla starszych i młodszych reformatorów, odmieniła ich mentalność, postawiła nowe problemy. Jednych zniechęciła do teatru, innych podnieciła do intensywniejszego działania. Przyśpieszyła i zakończenie, i rozpoczęcie wielu karier.

Stopniowo i z wolna Reforma docierała do poszczególnych rewirów sztuki teatru, ogarniała nowe kraje, wpływała na teatr coraz potężniej. Do samego końca jednak nie podbiła bardzo dużych obszarów życia teatralnego. Teatr bulwarowy, rozrywkowy, związany z tradycyjną dramaturgią intrygi i obyczaju, rodzajowe, „charakterystyczne" aktorstwo i „pudełkowa" architektura broniły się przed Reformą skutecznie i obroniły się w wielu krajach i wielu teatrach. Doświadczenia Reformy przenikały do twierdz tradycjonalizmu tylko pośrednio, stopniowo i powierzchownie. Do końca swego trwania Pierwsza Reforma nie zwyciężyła ilościowo i statystycznie. W pierwszym okresie zrodziła sporą część zjawisk najważniejszych jakościowo, w drugim — wszystko, co najbardziej wartościowe w teatrze, przeniknięte już było Reformą, stanowiło jej wypowiedź.

Nowa luka w historii, wywołana przez wojnę lat 1939—1945, przyśpieszyła zarówno koniec Pierwszej Reformy, jak rozszerzenie jej podbojów. Wojna uratowała może także Reformę przed skostnieniem. Przed wojną Reforma była już dojrzała i wydała arcydzieła. Po wojnie we Francji Vilar spełnił testament Gémiera, a Barrault wskazania Copeau. W Polsce Bohdan Korzeniewski, w swej działalności pedagogicznej na Wydziale Reżyserii Państwowej Wyższej Szkoły Teatralnej w Warszawie kontynuował dzieło Schillera i z teatru Reformy uczynił jedyny kanon kształcenia adeptów reżyserii. W Anglii Reforma dokonała się — o ironio — najpóźniej. Właściwie już po wojnie. Jakby los ukarał w ten sposób dumny Albion za odrzucenie Craiga.

17

I właśnie obraz Gordona Craiga, śledzącego — z krzesła wstawionego dlań do orkiestronu Théâtre Sarah Bernhard w Paryżu — *Króla Leara* Lawrence'a Oliviera, jest ostatnią przejmującą fotografią w albumie wspomnień Wielkiej Reformy[12]. *Króla Leara* w reżyserii Petera Brooka Gordon Craig już nie zobaczył[13]. Krąg nakreślony przez historię zamknął się.

Tak jak Pierwsza Reforma nie zaczęła się od pism Appii, Fuchsa i Craiga, ale znacznie wcześniej, już od Antoine'a, Stanisławskiego i Forta, miała długą fazę przygotowawczą i zapowiadało ją wiele zjawisk społecznych, artystycznych, a wreszcie ściśle teatralnych — tak samo Druga Reforma nie zaczęła się dopiero od ukazania się *Towards a Poor Theatre* i zagranicznych występów Teatru Laboratorium. Nie zaczęła się w maju 1968 roku na barykadach Paryża, nie od Wilsona i Foremana, ale znacznie wcześniej, od początku prac Teatru 13 Rzędów, od przekroczenia barier widowiska teatralnego przez Living Theatre w *Łączniku*, a potem w *Misteriach i mniejszych sztukach*, od warsztatowej pracy Chaikina i Brooka. I miała długi o k r e s   p r z y g o t o w a w c z y.

W czasach rozkwitu Pierwszej Reformy obok teatru inscenizacji pojawiały się stopniowo nowe zjawiska. Początkowo nie miały szerszego echa.

Okres przygotowawczy Drugiej Reformy był długi. Od założenia przez Artauda w 1926 r. Teatru im. A. Jarry do powstania Living Theatre upłynęło 24 lata, do narodzin Teatru 13 Rzędów — 32 lata. (Od początku pracy Meiningeńczyków do Théâtre Libre upłynęło około 20 lat, do utworzenia MChAT-u około 30.) Drugą Reformę przygotowywały różne dokonania i programy. Podstawową jej problematykę sformułował już Artaud, uzupełnili ją zaś przede wszystkim Brecht, Cage i Kantor. Artaud był poetą, mówcą, okazjonalnie aktorem i reżyserem. Brecht, również poetą, potem dopiero inscenizatorem, Cage — kompozytorem i filozofem, Kantor — malarzem. Ich teorie

---

[12] E. Craig, *Gordon Craig: Historia życia*, Warszawa 1976, s. 326.
[13] Brook i Craig poznali się osobiście, Craig jednak nie oglądał już przedstawień Brooka. Por. E. Craig, *op. cit.*, s. 326.

i dokonania stanowią jądro programu Drugiej Reformy. Zostały sformułowane przed jej narodzinami. Nie były jednakże bezpośrednią inspiracją dla jej rozpoczęcia. Zostały spożytkowane, „odkryte" — choć przecież wcześniej były znane — dopiero w toku trwania Drugiej Reformy. Kantor od lat głosił swój program. Oddano mu sprawiedliwość właściwie dopiero niedawno. Artaud i Brecht oddziałali szeroko na świat dopiero po śmierci.

Program Drugiej Reformy zawarty był już prawie w całości w Pierwszym Manifeście *Teatru okrucieństwa* z roku 1932[14].

Oto zalecenia Artaud:

W i d o w i s k o t e a t r a l n e ma być rzeczywistością obiektywną. Ma zawierać elementy fizyczne, posługiwać się rytuałem, ruchem, pierwotnym dźwiękiem, maską, kilkumetrowymi manekinami.

Nastąpi radykalne z e r w a n i e z d u a l i z m e m a u t o r a i r e ż y s e r a, obu ich zastąpi jeden twórca.

S ł o w o padające na scenie ma być czerpane z podświadomości i używane zgodnie ze swą muzycznością, a nie semantyką.

I n s t r u m e n t y m u z y c z n e będą zamieszane w grę, będą używane przez aktorów.

Wszystkie p r z e d m i o t y używane przez aktorów będą równouprawnione — i z aktorem, i ze słowem.

D e k o r a c j i nie będzie.

Ś w i a t ł o będzie jednym z aktorów widowiska, ma wibrować i przelewać się, ma ziębić i ogrzewać, wywoływać uczucia i emocje.

P r z e s t r z e ń, w której będą się rozgrywały widowiska, musi przemówić. Zlikwidowane zostaną scena i widownia. Zostaną one zastąpione przez przestrzeń jednolitą, wspólną dla widzów i aktorów, pozbawioną jakichkolwiek barier i przedziałów. Istniejące obecnie budynki teatrów zostaną porzucone. Widowiska będą urządzane w garażach czy hangarach.

D r a m a t u r g i a pisana zostanie wyeliminowana. Insce-

---

14 A. A r t a u d, *Teatr okrucieństwa* (*Pierwszy manifest*), [w:] *Teatr i jego sobowtór*, Warszawa 1966, s. 106—116.

nizowane będą bezpośrednio zdarzenia lub tematy ze znanych dzieł.

Aktualność widowisk będzie gorąca, choć metaforyczna.

Aktor jest elementem o najwyższym znaczeniu. Będzie działał tak, aby metafizyka widowiska dotarła do umysłu widza przez doświadczenie zmysłowe.

Między widowiskiem a publicznością, między aktorem i widzem przywrócona i ustanowiona zostanie bezpośrednia komunikacja, bezpośrednie porozumienie.

Brecht dodał do tej listy:

Zalecenie krytycznego stosunku do świata i krytycznego aktorstwa — krytycznego wobec przedstawianych zdarzeń i kreowanej postaci;

Zalecenie instrumentalnego, niejako „nieartystycznego" posługiwania się teatrem jako środkiem w działalności ideologicznej, politycznej, społecznej.

Teorię i praktykę teatru epickiego, który, przeciwnie niż w koncepcji Artauda, ma być subiektywną i selektywną (choć historycznie obiektywną) prezentacją procesów historycznych — politycznych, klasowych; widowisko nie ma więc tworzyć rzeczywistości, ale ją ukazywać.

Cage rozwinął problem współuczestnictwa i postawił problem wymienności ról pomiędzy aktorami i widzami. (A więc posunął się o krok dalej niż Artaud. Następnym krokiem będzie eliminacja „ról" aktorów i widzów w ogóle.) Cage zalecał też zacieranie granic pomiędzy sztuką a życiem. Był prekursorem — w teatrze — „work in progress" oraz „aktorstwa osobowości".

Kantor postawił problem samego istnienia teatru. W swoich kolejnych manifestach i realizacjach, postępując od „teatru zerowego", poprzez „teatr niemożliwy", aż do „teatru śmierci", udokumentowanego widowiskiem *Umarła klasa* — Kantor wydaje się być, w najgłębszych warstwach swej sztuki i filozofii, prekursorem i przewodnikiem zarazem tych, którzy boleśnie i wyraziście widzą i przeżywają te przemiany teatru, które zapowiadają jego zanik — w obecnie znanych formach, jak i tych, którzy ponownie budują teatr ugruntowany na opozycji sztuki i życia.

20

Właściwy początek Drugiej Reformy Teatru można ściśle oznaczyć: przełom lat pięćdziesiątych i sześćdziesiątych XX wieku. Powstało wtedy wiele nowych grup i teatrów stawiających sobie nowe cele artystyczne, wielu twórców nieco starszego pokolenia właśnie wtedy osiągnęło nową dojrzałość, odmieniło swoją pracę i postawę; pojawiła się nowa dramaturgia.

Przypomnijmy podstawowe fakty[15]:

W 1959 roku: Jerzy Grotowski utworzył w Opolu Teatr 13 Rzędów; Living Theatre dał swoją przełomową premierę *The Connection* (*Łącznik*) Jacka Gelbera; pierwszą sztukę teatralną, *Kartotekę*, napisał wielki poeta Tadeusz Różewicz; odbył się pierwszy Happening Allana Kaprowa; założony został teatr San Francisco Mime Troupe Davisa.

W 1962 roku: Teatr 13 Rzędów przekształcił się w Laboratorium, publiczną działalność rozpoczęli Ellen Stewart w Café La Mama i Peter Schumann w Bread and Puppet Theatre.

W 1963 roku: powstał Open Theatre Josepha Chaikina; Kantor zrealizował *Wariata i zakonnicę* według Witkacego w Cricot 2, w Living dano *The Brig* (*Więzienie*) Kenetha Browna.

W 1964 roku: w Londynie powstał Teatr Okrucieństwa Petera Brooka i Charlesa Marowitza; w Oslo Eugenio Barba utworzył Odin Theatret; Tadeusz Różewicz napisał *Akt przerywany*; w Living Theater nastąpił kolejny przełom — *Misteria i mniejsze sztuki*; odbył się pierwszy światowy festiwal młodego teatru w Nancy.

W 1965 roku powstał w Kalifornii El Teatro Campesino Cesara Chaveza.

W 1967 roku: utworzono Performance Group Richarda Schechnera; odbył się światowy festiwal młodego teatru we Wrocławiu.

W 1968 roku: powstał teatr Manhattan Project André Gregory'ego i The Ontological-Histeric Theatre Richarda Foremana; nastąpił szczytowy moment teatralnej działalności Grotowskiego — *Apocalipsis cum figuris*, i Becków — *Paradise Now*; Brook stworzył w Paryżu Międzynarodowy Ośrodek Badań Teatralnych.

---

[15] Por. K. Braun, *Nowy teatr na świecie*, s. 21–22.

W 1969 roku: wystąpił Robert Wilson — *Życie i czasy Zygmunta Freuda*; Brook zrealizował w Shirazie *Orghast*. Są to wszystko daty początkowe. Spisuję je w końcu 1976 roku, więc od 1959 roku — to dopiero siedemnaście lat. Robert Wilson rozpoczął działalność przed paru laty. Foreman zupełnie niedawno. Tadeusz Kantor największe — jak dotąd — dzieło swego życia, *Umarłą klasę*, stworzył w 1975 roku.

Pisząc w roku 1973 *Nowy teatr na świecie* obejmowałem wzrokiem, z bardzo bliskiej, deformującej perspektywy, dziesięciolecie 1960—1970. Widziałem, że zostały zapoczątkowane procesy długofalowe, napisałem to zdanie — kość niezgody: „zapoczątkowana została nowa, druga reforma teatru". Widziałem też wyraźnie apogeum tego jej początkowego okresu, jego zmierzch i zapowiedzi nowego. Jeszcze w 1975 r. na jesieni, chodząc po Manhattanie od teatru do teatrzyku, rozmawiając z Gregorym, Schechnerem, stykając się z Ellen Stewart i Richardem Foremanem odczuwałem atmosferę pewnej konfuzji i uderzył mnie obraz „rozprysku fali" nowego teatru. Dziś można nadal przypuszczać, że Druga Reforma trwa, jest procesem ciągłym, jej pierwsze dziesięciolecie było rzeczywiście tylko pierwszym, przełomowym okresem. Około połowy lat siedemdziesiątych, wczoraj i dzisiaj, następują nowe przesunięcia na mapie historii teatru, ujawniają się nowe procesy i otwierają nowe perspektywy.

„Nowy teatr" lat sześćdziesiątych był tylko pierwszym burzliwym dziesięcioleciem. Druga Reforma dopiero się zaczęła. Porównajmy zresztą ten jej odcinek z podobnym w Pierwszej Reformie. Taki sam dziesięcioletni, kilkunastoletni okres czasu dzielił wystąpienia Antoine'a, Brahma i Forta od pierwszego studia MChAT-u Meyerholda, od pierwszych prac i publikacji Appii, Craiga i Fuchsa. Rok 1975 w Drugiej Reformie to tak jak rok 1905 w Pierwszej. Zapewne procesy w latach sześćdziesiątych XX wieku zachodziły szybciej niż w końcu XIX wieku. Ale ich przebieg był podobny.

Świadomość przynależności do ogólnoświatowego ruchu odnowy teatru (jakkolwiek byśmy go nazwali) jest wyraźna. Jest to — podobnie jak w Pierwszej Reformie —

ruch niesformalizowany. Przybiera on wszakże nawet pewne formy organizacyjne.

Gdy w 1972 roku Uniwersal Movement Theatre Repertory i Performance Group zwołały konferencję „teatru radykalnego" zaproszenia otrzymali: Julian Beck, Judith Malina, Alec Rubin, Peter Schumann, Michael Kirby, Erika Munk, aktorzy z Open Theatre, z Pageant Players, Living i paru innych zespołów, oraz oczywiście gospodarz Performing Garage, Richard Schechner. Ci wszyscy ludzie uznawali się za grupę.

W 1974 roku w Nowym Jorku powstał (jakby odpowiednik paryskiego Kartelu z 1927 roku) A Bunch (Bukiet) — pełna nazwa A Bunch of Experimental Theatres of New Jork, Inc., grupujący zespoły Mabou Mines, The Manhattan Project, Meredith Monk/The House, The Performance Group, Ontological—Histeric Theatre, The Ridiculous Theatrical Co oraz Section Ten, a więc siedem, różnych zresztą, grup.

Na Uniwersytet Poszukiwań Jerzy Grotowski zaprosił do Wrocławia w 1975 roku Brooka, Barbę, Chaikina, Gregory'ego, Ronconiego i Barrault. Regularnie w Europie i Ameryce odbywają się festiwale nowego teatru: w Nancy, Wrocławiu, Nowym Jorku. Wiele teatrów bierze udział we wszystkich możliwych festiwalach, spotkaniach, stażach. Odwiedzają przyjaciół. Wyznają podobne idee. Żyją podobnie. Stawiają sobie podobne pytania. Ich twórczość ewoluuje w podobnym rytmie.

Nie wiem, czy Druga Reforma Teatru potrwa — jak Pierwsza — lat pięćdziesiąt. Trzeba jednak wyraźnie widzieć, że uczestniczymy dopiero w początkach tego ruchu, że przemiany jeszcze się nie wykrystalizowały i nie rozpowszechniły, jest to niewątpliwie dopiero pierwsza ich fala, fala, która opadła po roku 1970, ale proces nie zakończył się. Można rozpoznawać jego nową fazę.

Pierwszy okres Pierwszej Reformy trwał około 25 lat. Analogiczny okres Drugiej Reformy może będzie krótszy, może 15-letni, może już się kończy? Jednak podobnie jak siedemdziesiąt lat temu to dopiero stawianie problemów i pierwsze bitwy. Pierwsze ośrodki — macierze dopiero rozsyłają swoich uczniów, jesteśmy po pierwszym rzucie przedstawień i publikacji. Widzowie jeszcze nie ochłonęli, jeszcze niewielu z nich stało się nową generacją praktyków, czytelnicy jeszcze nie przemyśleli lektur, może nawet nie dotarli jeszcze do nich. Przecież to było tak niedawno: *Towards a Poor Theatre* Grotowskiego i *The Empty Space* Brooka wydano w 1968 roku. *The Presence of the Actor* Chaikina (i mój *Teatr wspólnoty*) w 1972, *Environmental Theatre* Schechnera wyszedł w 1973 roku.

A więc podobnie jak w Pierwszej Reformie: fala prac teoretycznych i manifestów wezbrała w jakiś czas po pierwszej fali dokonań praktycznych. Zarówno podsumowując je, jak i stanowiąc odskocznię dla dalszych poszukiwań.

3

Inicjatywa Pierwszej Reformy wyszła od amatorów. Tego faktu historycy teatru na ogół nie podkreślali. W środowiskach teatralnych był on uznawany za wstydliwy i również przemilczany. Jednak tak było: Reformę rozpoczęli teatralni amatorzy. Wśród nich najwięcej było krytyków. Krytykami, eseistami, pisarzami byli zarówno przed, jak i już w trakcie praktyki teatralnej Brahm, Grein, Rouché, Christomatos, Fuchs, Copeau. Uprzednio Koźmian. Później Schiller, Trzciński, Baty. Appia był muzykologiem. Znaczny był także udział w początkach Reformy poetów: Paula Forta, Stanisława Wyspiańskiego, Paula Claudela. W początkowym okresie aktorami byli tylko: Antoine, Lugné-Poe i Stanisławski — ale byli oni zrazu amatorami, występującymi w zespołach miłośników Melpomeny, a nie w profesjonalnych teatrach. Aktorem profesjonalnym był tylko — co za paradoks — Craig, grywał nawet Hamleta, ale dopiero gdy rzucił aktorstwo, zaczął rysować, inscenizować, nauczać i pisać, stał się reformatorem teatru.

Świadek stojący znacznie bliżej tych wypadków pisał w roku 1920: „Znamiennym jest fakt, że większość prób zreformowania teatru współczesnego — pisze P. Kierżencew, rosyjski teoretyk teatru proletariackiego — bynajmniej

24

nie pochodziła ze strony fachowców scenicznych. Widocznie teatr burżuazyjny tak dalece wyjałowił swoich działaczy, że utracili zdolność do wszelkich śmiałych poczynań twórczych. Wszystkie najciekawsze innowacje zostały przeprowadzone przez m i ł o ś n i k ó w, przy czynnym współudziale takich samych »niefachowców« ze świata literackiego i artystycznego. Francuski teatr zreformowany stworzył Antoine z trupy złożonej z amatorów. Moskiewski Teatr Artystyczny Stanisławskiego powstał również z trupy amatorskiej. Nowy repertuar artystyczny przedostaje się na scenę angielską jedynie dzięki zrzeszeniu miłośników literatury i sztuki — tzw. Stage Society (Towarzystwo Sceny). Nowy teatr w Ameryce został założony parę lat temu przez grupę amatorów — Washington Squere Players"[16].

„Amatorskość" początków Reformy tłumaczy wiele: ostrość ataków pierwszych reformatorów, silny opór dawany im przez środowiska teatrów zawodowych i niepraktyczność, utopijność, „niesceniczność" wielu reformatorskich koncepcji. Wśród reformatorów byli ludzie całkowicie z teatrem nie związani, jak Bolesław Limanowski, do grona reformatorów teatru trzeba zaliczyć i antreprenerów, jak Diagilewa, i licznych malarzy, i tancerkę Isadorę Duncan, i gimnastyka-choreografa Dalcroze'a. Ta właśnie „amatorskość" pierwszego okresu Reformy jest jej cechą młodzieńczą. Dojrzałość mogła przyjść wtedy:
— gdy aktorzy—amatorzy przemienili się w wyniku ćwiczeń i analitycznego spojrzenia na swój warsztat w zawodowców. To casus Antoine'a, Lugné-Poe, Stanisławskiego, Gémiera, Jouveta i dziesiątków innych;
— gdy po latach przygotowań teoretycznych i terminowania w teatrach uformowało się pierwsze pokolenie zawodowych inscenizatorów — nie aktorów. Reżyserowanie / inscenizowanie zaczęło stanowić z czasem ich podstawowe, często jedyne zajęcie w teatrze. Takimi byli Meyerhold, Wachtangow, Tairow, Schiller, Piscator, Baty. Oni nadali ton dalszemu rozwojowi Reformy.

16 A. Sokolicz, *Stary a nowy teatr*, [w:] *Myśl teatralna polskiej awangardy*, Warszawa 1973, s. 301—302.

Drugie pokolenie reformatorów było już pokoleniem teatralnych fachowców. A schyłek Pierwszej Reformy zaczął się wtedy, gdy dotarła ona do szerokich kręgów zawodowców i stała się teatrem powszechnie panującym. Teatrem dla publiczności snobistycznej, a także ludowej, dla krytyków, ale również turystów.

Druga Reforma Teatru została przygotowana przez artystów zmierzających do teatru z innych dziedzin sztuki: poetów, malarzy, muzyków. W sensie praktycznym zaczęła się jednak wewnątrz teatru, jako ruch zawodowców, młodych i starszych − sfrustrowanych teatrem, jakiego ich uczono, jaki sami uprawiali − nieraz latami. Dość szybko wielu z nich zaczęło opuszczać wyuczone i znane sobie struktury estetyczne i organizacyjne, wyzwalać się z zawodowstwa.

W początkowym okresie twórczości rozwiązywali oni problemy ściśle teatralne, odwoływali się do Pierwszej Reformy. Gdy rozszerzali swoje pole badań i doświadczeń − otwierali się na inspiracje płynące z zewnątrz teatru, a także na te sygnały, jakie od dawna płynęły z samego pola teatralnego. Ci, którzy rozpoczynali działalność później, pod wpływem pierwszej generacji Drugiej Reformy, prowadzili często swe prace od początku obok zastanego teatru.

Oto dwie drogi: od zewnątrz do wewnątrz teatru w Pierwszej, od wewnątrz do zewnątrz teatru − w Drugiej Reformie. Przeciwieństwo. I odwrócona − analogia.

Aby zrozumieć Drugą Reformę, ogromnie ważne jest widzieć właśnie głęboko teatralne jej początki.

Jeżeli nie jest to tylko jeden z wielu ruchów kontestatorskich i kontrkulturowych lat sześćdziesiątych, jeśli jest to proces zachodzący w obrębie kultury, to udowodnienie jego pierwotnej teatralności jest bardzo ważne.

Kim byli i co robili ludzie, którzy rozpoczęli Drugą Reformę Teatru około roku 1960? Jakie postawili przed sobą problemy? Do jakich tradycji się odwołali? Trzeba spytać o biografie i doświadczenia: Becka i Maliny, Grotowskiego, Brooka, Chaikina, Schumanna.

Odpowiedź: z wyjątkiem tego ostatniego, który był na gruncie teatru amatorem − wszyscy pozostali byli

zawodowcami. Beckowie od lat prowadzili teatr off-
-Broadway, Julian był scenografem i aktorem, Judith
reżyserem i aktorką, usilnie starali się ulokować w komercjalnym systemie teatrów Broadwayu, walczyli o to.
Brak im było tylko... pieniędzy na wynajęcie lepszej
sali i szerszą reklamę w prasie, co jest w Ameryce
niezbędne; aby zarabiać, trzeba inwestować. Praktyka Becków ewoluowała pod wpływem doświadczeń życiowych
i poglądów politycznych, ale — skończmy z tą legendą! —
anarchistycznymi rewolucjonistami posługującymi się teatrem w swej działalności stali się po kilkunastu latach
pracy ściśle, zawodowo teatralnej. Latami grali „normalną" dramaturgię w „normalnych" kostiumach i dekoracjach,
tyle że tanich i za mało efektownych, by przyciągać
szerszą publiczność, grali na „normalnych", pudełkowych
scenach, tyle że maleńkich i brudnych; początkowo taką
scenę zrobili we własnym mieszkaniu. Stawiali przed sobą
problemy warsztatowe: „Chcieliśmy zmienić sposób gry.
Ale nie można było od tego zacząć. Trzeba było najpierw
zmienić język. W opozycji do naturalizmu i przeciwko
amerykańskiej wersji metody Stanisławskiego, zwróciliśmy
się ku poetom współczesnym, ku teatrowi poetyckie-
mu. [...] Było wtedy rzeczą prawie niemożliwą
mówienie w teatrze o polityce. [...] Od początku
nasza praca była określana jako teatr awangardowy..."[17] (podkreślenia w tym cytacie z wypowiedzi Becka pochodzą ode mnie).
   Sens tych wypowiedzi jest jednoznaczny: Living w początkowym okresie był teatrem — i tylko teatrem. Grali początkowo repertuar poetycki, z najbardziej tu wartościowym i tradycyjnym Eliotem. Gdy rozszerzyli swe
zainteresowania, sięgnęli w głąb — Pierwszej Reformy;
grali Jarry'ego, Strindberga, Cocteau, podając rękę Gé-
mierowi, Lugné-Poe, Brahmowi i innym reżyserom tych
sztuk z przełomu XIX i XX wieku. Gdy zaś poczuli potrzebę zrelatywizowania swych własnych poglądów na teatr,
poddania ich próbie zwątpienia — sięgnęli znów w Pierwszą
Reformę — po Pirandella. W 1955 i powtórnie w 1959 ro-

---

[17] Wg P. Biner, *Le Living Theatre*, Lausanne 1968, s. 21—29.

ku wystawili *Sześć postaci scenicznych w poszukiwaniu autora*, a więc dramat będący typowym produktem Wielkiej Reformy, awangardowy przed trzydziestu laty. I dopiero potem przyszła w pracy Becków pora na Brechta i inspirowanego Artaudem Geneta, otworzenie drzwi teatru na inspirację happeningu, metod aleatorycznych, improwizacji i kreacji zbiorowej. Do ruchów w obronie praw obywatelskich i do paryskiej wiosny 1968 r. Living przyłączył się — jako zespół teatralny. I nie było tak, podkreślam to i będę podkreślał, że grupka anarchistów zaczęła w wolnych od politykowania chwilach robić przedstawienia, ale odwrotnie, ludzie teatru zaczęli stopniowo mieszać się do polityki i stopniowo łączyć swą teatralną twórczość z działalnością polityczną. Establishmenty zadbały zresztą o to, by przyśpieszyć radykalizację Maliny i Becka. W 1964 roku spędzili oboje po parę tygodni w więzieniu w Stanach Zjednoczonych za opór przeciwko zamknięciu lokalu Living — z powodu nie zapłaconych podatków. W 1969 policja wyrzuciła ich pałkami z okupowanego Odeonu. W 1970 siedzieli w więzieniu w Brazylii.

Droga Jerzego Grotowskiego, podobnie jak Becków, wiodła początkowo również przez teatr zawodowy. Najnormalniej w świecie studiował na Wydziale Aktorskim Państwowej Szkoły Teatralnej w Krakowie i na wydziałach reżyserii GITiS-u w Moskwie i znów PWST w Krakowie. Posiada dyplom zawodowego aktora (z 1955) i zawodowego reżysera (z 1960). Zarówno w swoich pracach w Teatrze Starym w Krakowie i w Teatrze Polskim w Poznaniu, jak i w całym okresie pracy z własnym zespołem w Opolu i Wrocławiu, aż do *Księcia Niezłomnego* włącznie, Grotowski działał wewnątrz tradycji teatru inscenizacji Pierwszej Reformy. Jego postawa w pracy była również początkowo postawą apodyktycznego, ekstrawaganckiego inscenizatora. Usilna, uważna, twórcza praca z aktorem była drugim etapem jego drogi. I był to przecież także etap teatralny: „teatr ubogi". Zaś „aktorstwo ubogie" wypracowane przez Zbigniewa Cynkutisa w *Fauście*, Ryszarda Cieślaka w *Księciu Niezłomnym* i przez innych członków grupy było także aktorstwem, nową techniką i nowym warsztatem, najdoskonalszym narzędziem twórczości teatralnej. Grotowski, jako reżyser sięgnął najpierw do stylistyki i do estetyki teatru Reformy, a także do jego repertuaru. Chciał się zmierzyć z najważniejszą polską tradycją w tej dziedzinie. Kto wystawia w Polsce *Dziady*, a także *Kordiana*, ten nie może uniknąć porównania z Leonem Schillerem. Kto planuje *Księcia Niezłomnego* dobrze wie, że w tle stoi Juliusz Osterwa. Jak słusznie przypomniał Zbigniew Osiński, Grotowski nawet ostentacyjnie podkreślał swój związek z Redutą i Osterwą[18]. Podobnie początek drogi Grotowskiego przez przestrzeń teatralną był zwykły, „teatralny". Zrealizował sześć przedstawień na scenie pudełkowej. Potem zaczął powoli anektować widownię. *Dziady* rozegrał w przestrzeni bardzo podobnej do Studia im. St. Żeromskiego Ireny Solskiej w Warszawie sprzed trzydziestu lat. *Faust, Kordian, Akropolis* i *Książę Niezłomny* były kolejnymi eksperymentami w dziedzinie przestrzeni teatralnej. Dopiero w *Apocalipsis cum figuris* przestrzeń zaczęła tracić cechy ściśle teatralne.

Kiedy Peter Brook rozpoczął w 1964 roku prace Teatru Okrucieństwa, miał 39 lat życia i 19 lat stażu jako reżyser teatralny, filmowy i telewizyjny. Był aktualnie współdyrektorem najpoważniejszego angielskiego państwowego teatru Royal Shakespeare Company. Odnosił sukcesy w teatrach Londynu, Stratfordu, Paryża i Nowego Jorku. Wystawiał komedie bulwarowe, jak *Zaproszenie do zamku* Anouilha, musicale, jak *Irma la douce*, sztuki współczesne — Williamsa, Eliota, Geneta, a nade wszystko Shakespeare'a. Już w 1950 wyreżyserował *Miarkę za miarkę*. W roku 1955 wielki sukces przyniósł mu *Tytus Andronikus* (pokazany również w Polsce). Tym przedstawieniem, a potem *Burzą* (1951) i *Królem Learem* (1963), również gościnnie zagranym w Polsce, Brook odnowił inscenizację szekspirowską, nadając jej cechy „teatru inscenizacji" z Pierwszej Reformy. Brook odrzucił kronikarską historyczność dekoracji i kostiumu, syntetyzował przestrzeń, przyznał większą rolę światłu — wypełniał testament żyjącego jeszcze Craiga. Inscenizacje Brooka cechowała ogromna spraw-

---

[18] Z. Osiński, *Teatr Dionizosa*, Kraków 1972, s. 222—223.

ność, bezbłędny warsztat zawodowy, wydobywanie z teatru i aktora maksimum teatralnej intensywności i efektu. Teatr Brooka do roku 1964 można porównać do teatru, który uprawiał Konrad Swinarski, w którym mistrzostwo osiągnął dziś Jerzy Jarocki: dyscyplina intelektualna plus zdecydowana, intensywna materia sceniczna. Był więc Brook zawodowcem do szpiku kości.

Gdy w 1964 zdecydował się przy kierowanym przez siebie teatrze utworzyć coś w rodzaju „studio", miał na uwadze warsztatowe doskonalenie aktorów. Teatr Okrucieństwa utworzono tak jak niegdyś kolejne studia przy MChAT-cie lub Redutę przy Teatrze Rozmaitości. Naoczny świadek prac Brooka w Londynie Bolesław Taborski relacjonował je w swej świetnej książce Nowy teatr elżbietański: „Brook, przy współpracy Charlesa Marowitza, objął kierownictwo eksperymentalnej sceny teatru Szekspirowskiego, mieszczącego się w teatrzyku klubowym »LAMDA« (skrót od: London Academy of Music and Dramatic Art) i rozpoczął cykl przedstawień pod nazwą Teatru Okrucieństwa. Brook postanowił zaatakować widza ostro i bezpośrednio, nie cofając się przed ukazaniem najbardziej drażliwych spraw i stosowaniem najmocniejszych efektów, aby poprzez tę wstrząsową terapię zwalczać okrucieństwo i gwałt zadawany przez człowieka człowiekowi. Nie bez przyczyny nazwa cyklu zaczerpnięta została od Antonina Artauda, którego teorie stały się inspiracją londyńskiego przedsięwzięcia. Zgodnie z założeniem Artauda publiczność miała być czynnie wciągnięta w akcję, a więc miał to być teatr oddziaływania przez doświadczenie, a nie przez dydaktykę i moralizatorstwo. Przedstawienia w »LAMDA« nie były zwykłymi przedstawieniami także z tego względu, że nie były przeznaczone głównie dla publiczności. Stanowiły natomiast warsztat, teatr-laboratorium dla aktorów. Publiczność dopuszczano na »robocze sesje«, na których grupa aktorów w serii krótkich scenek, zmienianych co wieczór, rewidowała (czy też raczej wywracała na nice) przyjęte pojęcia, konwencje teatralne. Teksty, na których operował reżyser i aktorzy, sięgały do klasyki (Hamlet, Ryszard II), do Artauda, Jarry'ego, Geneta, Robbe-Grilleta, Ardena, własnych tekstów Brooka i Marowitza, artykułów z »Timesa«, zarządzeń cenzora. Ale rzecz w tym, że teksty znaczyły tu bardzo niewiele. Artaud nie ufał słowu i ta nieufność cechowała także programy Teatru Okrucieństwa. Brook rozgrywa sceny przeciw tekstom, aby udowodnić prawdziwość oświadczenia: »Nie bardzo dziś wierzę w słowo, bowiem straciło swój sens«. Wieloznaczność, wymienialność i nieistotność słowa, a także postaw i gestów wykonywanych (niejako automatycznie) przez zbiorowość ludzką, pokazana została na przykładzie tekstów tak różnych, jak *Hamlet* czy dialog między mordercą a policjantem, powtarzany szereg razy przy zmieniającym się układzie stosunków łączących jego uczestników. Może najlepiej przeprowadził Brook swą tezę w ułożonej przez siebie pięciominutowej sztuczce *The Public Bath* (*Łaźnia publiczna*), w której ta sama aktorka (Glenda Jackson) gra znaną z afery Profumo — Christine Keeler i panią Jacqueline Kennedy, przy czym w obu wypadkach mówiony tekst — w dużym stopniu ten sam — pochodzi ze sprawozdania »Timesa« — z procesu Keeler. Najpierw oglądamy scenę, w której dziewczyna rozbiera się, wchodzi do wanny, jest myta, poddana dezynfekcji ubrana w mundur więzienny. Otaczający ją Ludzie — sędzia, strażniczki, świadkowie — wypowiadają zdania w rodzaju »Ani jedna łza...«, »U kresu swych sił«, »Ostatni rozdział sprawy«, »Jego ekscelencja...«, »Ludność kolorowa...«. Melodia typowa dla nocnego klubu przechodzi w marsz pogrzebowy. Wanna jest teraz trumną, panna Keeler przekształca się w panią Kennedy, ludzie na scenie w uczestników konduktu pogrzebowego. Pani Kennedy klęka przed trumną, po czym z pochyloną głową kroczy za nią i opuszcza w kondukcie scenę. Żałobnicy wypowiadają te same zdania, które przedtem brzmiały negatywnie i potępiająco, a teraz mają wyrażać współczucie i sympatię. Wbrew temu, co można by przypuszczać, zestawienie obu scen nie wypadło odrażająco czy niesmacznie, a powstające w widzach wrażenie szoku obraca się, zgodnie z intencją reżysera, przeciwko dewaluacji słowa i dewaluacji uczuć. A oto komentarz samego Brooka:

»Nie zamierzamy wcale być sensacyjni. Sztuka ta, podobnie jak cały program, jest eksperymentem: eksperymentem na temat postaw, mającym wykazać, że społeczeństwo potrafi w ten sposób uczynić kozła ofiarnego z jednej kobiety, a świętą z drugiej. Jest to też eksperyment przeprowadzony na słowach: te same słowa, mówione przez tę samą osobę, mogą mieć całkiem przeciwne znaczenie w odniesieniu do różnych osób«.

Teatr Okrucieństwa jest więc dla Brooka buntem przeciw »literackości« sztuk »dobrze skrojonych«. W broszurce poświęconej swemu eksperymentowi, wydanej dla członków klubu »LAMDA«, Brook pisał o tym wprost, że Teatr Okrucieństwa jest rodzajem collage'u, surrealistycznej rewii, złożonej ze strzałów w ciemność, strzałów oddanych do odległych celów. Nie jest to program nietuzinkowych sztuk: nie ma na celu zaprezentowania nowych form dramaturgii, raczej bada język teatru. Nie jest to esperyment literacki. Przedstawienia »LAMDA« określono w programie jako »publiczne sesje prac na warsztacie«. Jednym z celów tych przedstawień było poszerzenie skali techniki i przygotowanie go do nowego typu widowiska dramatycznego. Drugim celem było właśnie stworzenie takiego widowiska, mającego za podstawę sztuki dawne, względnie opartego na tekstach nowych"[19].

Przytoczyłem ten fragment, aby wykazać, że tak jak w całej uprzedniej karierze, tak i w Teatrze Okrucieństwa terenem badań Brooka był sam teatr, a w nim aktor, tekst, widz. Cele tych prac były ściśle teatralne, miały rozszerzać możliwości teatru.

Charakterystyczne, że właśnie wtedy, i dopiero wtedy — a Druga Reforma już trwała — przypomniano sobie Artauda. Brook wziął nazwę swego eksperymentu z manifestu *Teatr okrucieństwa* (z 1932 r.). Beckowie wykorzystali w tym samym czasie (1965) do przedstawienia *Misteriów i mniejszych sztuk* inny profetyczny tekst Artauda *Teatr i dżuma* (z 1933 r.), budując w oparciu oń przejmującą scenę totalnej śmierci. Druga Reforma odkrywała swoje prawdziwe inspiracje.

---

32   [19] B. Taborski, *Nowy teatr elżbietański*, Kraków 1961, s. 369—371.

Na naszej liście ludzi, którzy zapoczątkowali Drugą Reformę jest jeszcze Joseph Chaikin. Przed utworzeniem Open Theatre był również zawodowcem — aktorem. Uczył się teatru w studiach aktorskich Herberta Berghofa, Noli Chilton i Miry Rostivy, gdzie otrzymał standardową formację w zakresie amerykańskiej odmiany metody Stanisławskiego. Był aktorem zespołów objazdowych, a potem off- -Broadway, w tym Living. Bardziej interesował go warsztat sceniczny — niż polityka, próby — niż demonstracje uliczne. Miał na swoim koncie szereg ról w dramacie tradycyjnym i nowym. Jego największym osiągnięciem był Galy Gay w sztuce Brechta *Człowiek jak człowiek*. Był laureatem nagród aktorskich. Grupę Open stworzył mając 30 lat, w celu badań nad aktorstwem i warunkami, w jakich winno przebiegać przedstawienie.

A więc, jeszcze raz powtórzmy, wszyscy prawie animatorzy Drugiej Reformy zaczęli swą działalność — i dość długo ją prowadzili — w obrębie teatru zastanego. A kiedy postanowili go zmienić, stawiali przed sobą ściśle teatralne zadania i cele. Takie były punkty ' wyjścia i pierwsza faza tego ruchu. Badano widowisko, inscenizację, przestrzeń, aktorstwo. Badano teatr.

Co więcej — odwoływano się do teatru dawnego. Dopiero potem przyszło sięgnięcie do rytuału i obrzędów parateatralnych, do „teatru nieoswojonego", poza teatr.

Liczne odkrycia Drugiej Reformy bez trudu odnajdujemy w historii teatru już kilkadziesiąt lat temu. Na przykład Kleistowska, a potem Craigowska idea nadmarionety, nieożywionego, a jednak działającego aktora, paradoksalny, niejasny, dwuznaczny postulat. Powtórzył go Artaud. Usiłował zmaterializować Leon Schiller, gdy w *Dziadach* „gadające" słupy światła symbolizowały duchy. Kukła, marioneta, lalka stały się głównymi aktorami teatru Schumanna. Manekiny i figury woskowe uczynił głównym partnerem aktora Kantor w *Umarłej klasie*.

Ariane Mnouchkine i Krzysztof Jasiński dają przedstawienia w cyrkach. W podobnych kierunkach szły kiedyś poszukiwania Reinhardta i Gémiera. Zresztą jeszcze wcześniej, w 1886 roku, Godwin (ojciec Gordona Craiga) wystawił *Helenę* Eurypidesa w Cyrku Henglera w Londy-

33

nie. I od tej pory cyrk co pewien czas był podbijany przez ludzi teatru.

W *Misteriach i mniejszych sztukach* Living wystąpił w strojach roboczych, codziennych; naśladowało go wiele zespołów. Oczywiście fotografie z *Rogacza wspaniałego* Crommelyncka w inscenizacji Meyerholda z roku 1922 są wszędzie dostępne. W *Pamiętniku aktora* Igora Ilińskiego czytamy: „Wszyscy uczestnicy *Rogacza wspaniałego* występowali w identycznych kostiumach. Były to tak zwane »kombinezony robocze« młodych meyerholdowców. Formalnie uzasadniano to tym, że młodzi aktorzy i studenci będą grać szereg spektakli w tym szkolnym czy przeznaczonym do prób stroju roboczym i że nie trzeba żadnych iluzji ani żadnego przebierania się. Tutaj, na nagich konstrukcjach-platformach w roboczych kombinezonach z granatowego płótna młodzi aktorzy bez charakteryzacji wykażą się swymi umiejętnościami, żeby tak rzec, w stanie czystym, bez pomocy iluzji teatralnej. Jednak ten wzgląd pedagogiczny nabrał nieoczekiwanie − i to w pewnej mierze również dla samego Meyerholda − innego jeszcze znaczenia. Okazało się, że forma ta doskonale pasuje do niezwykłej tragifarsy Crommelyncka. Nie było żadnych elementów codziennego życia, które przysłaniałyby temat zazdrości. Aktorzy ubrani po sportowemu, w jednakowe, nieco surowe kostiumy, mogli z maksymalnym skupieniem i wczuciem się wygrać swe troski i ludzkie namiętności"[20].

A centralny problem Drugiej Reformy − współuczestnictwo? W 1912 roku Gémier mówił o swoich planach teatru objazdowego: „Postanowiłem wprowadzić ludność miejscową na scenę i wmieszać ją w widowisko: dokonam tego, wierzcie mi"[21]. Nie dokonał. Ale myśl − ziarno zostało rzucone. Zakiełkowało po pięćdziesięciu latach.

Architektoniczne pomysły integrowania przestrzeni teatralnej, a w niej widzów i aktorów, pochodzą z lat trzydziestych. To samo postulował Artaud. W Opolu

[20] I. Iliński, *Pamiętnik aktora*, Warszawa 1962, s. 167−168.
[21] *Encyclopédie de théâtre contemporaine*, Paris 1957, 1.1 s. 130.

w 1962 roku na przedstawieniach *Kordiana* widzów sadzano na szpitalnych łóżkach. W licznych przedstawieniach Living aktorzy rozchodzili się po widowni, a widzowie dołączali się na scenie do aktorów.

Nie potrzeba jednak wskazywać na wszelkie teatralne źródła Drugiej Reformy. Przedstawione przykłady były jednak potrzebne, by wyraźnie wskazać na teatralny właśnie rodowód tego ruchu. Rozpoczął się on w teatrach, w oparciu o teatralne struktury, instytucje, budynki, zespoły, systemy finansowania i dotowania teatrów, w oparciu o historię teatru. To był punkt wyjścia: dramat Drugiej Reformy zaczął się rozgrywać w teatrze.

Modele świata, modele teatru

1

Pierwsza Reforma oparta była na koncepcji widowiska, nazywanego „dziełem sztuki teatru" — jako termin naukowy jest on wewnętrznie sprzeczny, jako metafora ujawnia trafnie charakter zjawiska, które tak nazywano: chodzi o twór zamknięty, skończony, nieruchomy, statyczny; odwzorowujący na scenie jakąś rzeczywistość; odwzorowujący w materii widowiska ideę, obraz, wyobrażenie tego tworu powstałe wcześniej w umyśle, w wyobraźni jego twórcy — inscenizatora.

Teatr Pierwszej Wielkiej Reformy słusznie rozpoznał Zbigniew Osiński jako „teatr mityczny". Mit jest pewną sytuacją, zdarzeniem czy opowieścią o niezmiennej strukturze. Jego treść może się przeistaczać, poszczególne segmenty mogą się przemieszczać, bohaterowie (postaci) mogą przyjmować różne imiona. Struktura jednak trwa jako constans.

Osiński pisał: „Od czasu Wielkiej Reformy pierwotne wzorce mityczne, archetypy ludzkich sytuacji — lekceważone i pomijane przez fabularny, psychologizujący, oparty na motywacji przyczynowo-skutkowej teatr XVIII i XIX wieku — stały się na powrót wielkim potencjałem dla sztuki, chociaż stare wzorce mityczne przybierają wciąż nową postać. Taki jest na przykład mit rewolucji obecny w dziele filmowym Eisensteina, w twórczości teatralnej Meyerholda. Sytuacja mityczna stanowiła też — jak powiedzieliśmy — sam rdzeń, ośrodek koncentryczny dzieł Leona Schillera i Wilama Horzycy. Tak znaczące dla teatru polskiego *Dziady* Schillera były przecież rezultatem twórczej konfrontacji mitu losu narodu polskiego z mitem męczeństwa, cierpienia i śmierci Chrystusa na krzyżu; sytuację tę symbolizowały w planie rzeczywistości teatralnej sławne trzy krzyże Andrzeja Pronaszki. Misterium Polski splotło się tutaj nierozdzielnie z misterium Golgoty, los narodu został skonfrontowany z mitycznym wzorcem losu Chrystusa. Wokół mitycznych sytuacji oplatały się także inne dzieła Schillera, przede wszystkim zaś jego inscenizacje dramatów romantycznych i neoromantycznych (*Kniaź Potiomkin, Achilleis, Nie-Boska komedia, Róża, Samuel Zborowski, Ksiądz Marek, Kordian, Wyzwolenie*), w których znalazła ujście mitotwórcza wyobraźnia współczesnego artysty"[1].

Rozpoznania te są bardzo słuszne. W tej samej pracy — w *Teatrze Dionizosa* — autor wydaje się jednak zaciemniać nieco obraz Wielkiej Reformy. Choć nie stała ona w centrum jego zainteresowań, to musiał się nią zająć. Narysowana przez Osińskiego linia ciągła rozwoju polskiego teatru, od romantyzmu, poprzez Horzycę i Schillera aż do Swinarskiego i Grotowskiego, słusznie uwypukla stałą obecność pierwiastka romantycznego. Zaciera natomiast różnice pomiędzy Pierwszą a Drugą Reformą, obu przypisując „dionizyjskość".

W „Słowie od autora" pisze Osiński: „Książka koncentruje się tematycznie wokół trzech wybitnych polskich twórców teatralnych: Wilama Horzycy (1889—1959), Jerzego Grotowskiego (ur. 1933), którego nazwisko zrosło się ze znanym w świecie opolsko-wrocławskim Teatrem Laboratorium, oraz Konrada Swinarskiego (ur. 1929). Często — i w różnych kontekstach — przywoływane jest również dzieło Wyspiańskiego oraz Leona Schillera, który kształtował — wspólnie m. in. z Horzycą — model Polskiego Teatru Monumentalnego, związany na trwałe z wielkim polskim dramatem romantycznym i neoromantycznym. Wszyscy wymienieni reprezentują na obszarze teatru postawę twórczą, którą — za Nietzschem — przywykło się określać jako »dionizyjską«. Manifestuje się ona zwłaszcza poprzez ludowy, karnawałowy entuzjazm i »święte uniesienie« (w pierwotnym znaczeniu: ἐνθουσιάζω oznacza natchnienie dane przez boga). Przy tym postawa ta występuje w mniej lub bardziej zdecydowanej opozycji wobec sztuki »apollińskiej«, uosabiającej arystokratyczny ideał statycznej doskonałości. Stąd właśnie tytuł — *Teatr Dionizosa*. Tytuł, który ma uzasadnić wybór zagadnień"[2].

Nie będę się naturalnie ze Zbigniewem Osińskim

---

[1] Z. Osiński, *Teatr Dionizosa*, Kraków 1972, s. 308—309.
[2] *Op. cit.*, s. 9—10.

spierać o tytuł jego książki, a i dalej nie będzie mi chodziło o polemikę z nim, lecz o wyłożenie mojego rozumienia Pierwszej i Drugiej Reformy Teatru. Co więcej, winien jestem Osińskiemu wdzięczność, że właśnie *Teatrem Dionizosa* naprowadził mnie na te tropy. Jego rozważania — mimo iż kwestionuję niektóre ich tezy — stanowią dla mnie oparcie.

W dalszym ciągu swej książki Osiński parokrotnie powraca do motywu dionizyjskiego. Dodatkowo uzasadnia i tytuł książki, i swoje rozumienie terminu „Teatr Dionizosa". I tak z cytatu z Nietzschego mówiącego o Dionizosie (znalezionego u Horzycy)[3] Osiński wyciągnął wniosek: „Teatr Horzycy był teatrem Dionizosa, a każdy spektakl stanowił w nim swoistą transpozycję i aktualizację mitu dionizyjskiego"[4]. Niewiele dalej przyznawał jednak: „Dionizos nie wyeliminował jednak żywiołu apollińskiego"[5].

W szkicu *Współczesny polski „teatr mityczny"* Osiński stwierdził: „Trudno też byłoby sztukę teatralną Grotowskiego i Swinarskiego oderwać od żywiołu dionizyjskiego i od szeroko — w sensie bliskim Mannowi — rozumianego romantyzmu. Nietzsche powiedział gdzieś o micie, że to »dionizyjski zew z głębiny«, i chyba nie przypadkiem współczesny polski »teatr mityczny« narodził się m. in. w akcie żywego zainteresowania, a nawet swoistej fascynacji, dla dzieła autora *Narodzin tragedii* i *Zaratustry* oraz dla dzieła Tomasza Manna, który — jak wiadomo — do myśli Nietzschego świadomie nawiązywał"[6].

---

[3] *Op. cit..* s. 117 — oto ów tekst Horzycy: „Teraz zrozumieliśmy — przywołajmy Fryderyka Nietzschego — że scena wraz z akcją pomyślana została w gruncie i na początku tylko jako wizja, że jedyną »rzeczywistością« jest właśnie Chór, który wizję z siebie wytwarza i mówi o niej całą symboliką tańca, tonu i słowa. Chór ten ogląda w swej wizji pana swego i mistrza Dionizosa i jest przeto wiecznie chórem służebnym: widzi, jak on, bóg, cierpi i uświetnia się, przeto też sam nie działa. Przy tej, bogu wyłącznie służącej postawie, jest on przecie najwyższym, to jest dionizyjskim wyrazem przyrody i wypowiada, jak ona, w natchnieniu wyrocznie i słowa mądrości; jako współcierpiący jest zarazem mądry, zwiastujący prawdę z serca świata".

[4] *Op. cit.*, s. 118.

[5] *Op. cit.*, s. 119.

38 [6] *Op. cit.*, s. 315.

W tym ostatnim fragmencie, a także na innych miejscach, Zbigniew Osiński zdaje się stawiać znak równania pomiędzy „teatrem mitycznym" a „teatrem dionizyjskim". Prawda — jak twierdził Nietzsche — że mit to „dionizyjski zew z głębiny", jednak choć każdy „zew z głębiny" może (choć nie musi) być dionizyjski, a zatem mityczny, to nie każdy „zew mityczny" jest dionizyjski... krótko mówiąc, są różne mity i różne „zewy mityczne". Nie każdy mit to mit Dionizosa.

Rozróżnienie pomiędzy mitem Dionizosa a mitem Apollina — fundamentalne dla Nietzschego, pomiędzy postawą dionizyjską a apollińską i między dionizyjską a apollińską strukturą teatru jest wielce pomocne w rozumieniu teatru Pierwszej i Drugiej Reformy. Należało jednak idąc za Nietzschem spożytkować je chyba nieco inaczej, niż czyni to Zbigniew Osiński. Należy też oczywiście pamiętać (czy pamiętał o tym Osiński?), że rozróżnienia te są metaforyczne, pojemne i mogą być przeto dość dowolnie napełniane treścią; nie mają waloru naukowego.

Gdybyśmy przyjęli — metaforyczną! — terminologię Nietzschego, można by powiedzieć, że „dionizyjska" wydaje się być Druga Reforma, Pierwsza zaś (acz elementy „dionizyjskie" zawierała) była raczej „apollińska". Niech to wyjaśni sam Nietzsche. Od niego rozpoczęliśmy tę dyskusję: „Aby owe oba prądy lepiej zrozumieć, wyobraźmy je sobie jako oddzielne światy sztuki snu i upojenia" [7]. Królestwo Apollina to królestwo snu. Sen przetwarza rzeczywistość i czerpie z niej. Jest odwzorowaniem, iluzją, obrazem i „pozorem" świata.

A żywioł dionizyjski? Jest kontaminacją grozy i zachwycenia, najbardziej „zbliża nas do niego analogia upojenia" [8]. I dalej, cytuję Nietzschego: „Czy to pod wpływem narkotycznego napoju, o którym wszyscy pierwotni ludzie i ludy mówią w hymnach, czy to za przepotężnym, całą przyrodę rozkosznie przenikającym zbliżeniem się wiosny, budzą się owe dionizyjskie wzruszenia, w których potęgo-

[7] F. Nietzsche, *Narodziny tragedii*, Warszawa 1933, s. 24.
[8] *Op. cit.*, s. 27.

waniu podmiotowość zanika w zupełnym samozapomnie-niu"[9].

A teraz to zdanie absolutnie kluczowe dla rozumienia przez Nietzschego dionizyjskości. Przyjmuję to rozumienie jako pomocne w analizie i porywające poetycko:

„Pod czarem Dionizosa zawiera znowu związek nie tylko człowiek z człowiekiem: także obca, wroga, ujarzmiona przyroda święci znów święto pojednania ze swym marnotrawnym synem człowiekiem. Dobrowolnie daje ziemia swoje dary i zgodnie zbliżają się skalne i pustynne drapieżce. Kwiatami i wieńcami zasypany wóz Dionizosa: pod jego jarzmem kroczą pantery i tygrysy. Przemieńmy Beethovenowską pieśń »Radość« w obraz i nie pozostawaj-my w tyle z siłą swej wyobraźni, gdyż pełne grozy miliony padają w pył: tak można się zbliżyć do żywio-łu dionizyjskiego. Teraz niewolnik jest wolnym człowiekiem, teraz pękają skrzepłe, nieprzyjazne odgraniczenia, które niedola, samowola i »moda bezczelna« ustanowiły między ludźmi. Teraz, wobec ewangelii harmonii światów, czuje się każdy z bliźnim swym nie tylko zjednoczonym, po-jednanym, stopionym, lecz jednością — jakby przedarła się zasłona Mai i tylko w strzępach jeszcze trzepotała przed Prajednią. Śpiewając i tańcząc, objawia się człowiek jako członek wyższej społeczności: zapomniał chodzić i mówić, jest gotów, tańcząc, wzbić się w powietrze. Z ruchów jego przemawia oczarowanie. Jak zwierzęta teraz mówią, a ziemia darzy miodem i mlekiem, tak samo w jego głębi dźwięczy coś nadprzyrodzonego: bogiem się czuje, on sam kroczy teraz zachwycony i wyniosły, jak we śnie bogów widział kroczących. Człowiek już nie jest artystą, stał się dziełem sztuki"[10].

Oto podstawowa różnica: pod wpływem Apollina człowiek staje się artystą, pod wpływem Dioni-zosa sam człowiek jest dziełem sztuki. Jest to „kapitalna różnica pojęć" — jakby powiedział Norwid.

Jeśli przyjmie się to rozróżnienie — natychmiast staje się jasny sens „aktorstwa ubogiego" Cieślaka, „body art"

---

[9] *Op. cit.*, s. 27.
[10] *Op. cit.*, s. 27—28.

40

współczesnych plastyków czy wspólnotowych „uli", rozumiemy, skąd tyle tańca aktorów-widzów-uczestników i skąd w wielu spektaklach Drugiej Reformy były sceny, w których człowiek chciał „wzbić się w powietrze".

Cofnijmy się jednak jeszcze raz wstecz. Pierwszym wybitnym reformatorem polskim był Stanisław Wyspiański. Czy — wedle rozróżnień Nietzschego — jego teatr jest teatrem Apollina czy Dionizosa?

O nietzscheanizmie Wyspiańskiego napisano już wiele[11]. Zarówno w wyniku osobistych lektur, jak oddychania sztuką ówczesną, ideałami Nietzschego przesyconą, ulegał Wyspiański jego wpływom. Indywidualizm i akcentowanie potęgi woli jednostki, kult życia i urzeczenie życiem, dialektyczne widzenie struktury bytu i wizja świata antropocentrycznego — te wszystkie elementy myśli nietzscheańskiej odnajdujemy w dziele Wyspiańskiego, w różnym nanasileniu w poszczególnych okresach twórczości.

Jak Dionizos i Apollo są protagonistami dialektycznej walki, która rozdziela i scala zarazem dzieje świata, tak u Wyspiańskiego w rolach tych występuje pogaństwo i chrześcijaństwo, król Bolesław z Krasawicą przeciw Biskupowi Stanisławowi.

Jest w twórczości Wyspiańskiego „dionizyjska", wielka, zmysłowa i szaleńcza fascynacja pogaństwem, a z nim prasłowiańskością, prymitywem, brutalnością i siłą. I jest „apollińska" tęsknota za intelektualizmem, przebaczeniem i pojednaniem, prymatem moralności nad żywiołem zmysłów, ładu nad chaosem, kultury nad naturą. W tej dialektycznej walce skłania się Wyspiański i na tę, i na ową stronę. Ale gdybyśmy zapytali, kto był patronem Wyspiańskiego — Dionizos czy Apollo? Kto bardziej go pociągał, inspirował i określał jego postawę twórczą? Wokół kogo częściej krążyły jego myśli? Apollo! Wizja Apollina — Chrystusa, który jednoczy świat, przeszywając swym promieniem wieki i kultury!

„Wolny! wolny! Ja tu ogłaszam się wolny i nikt ducha mego skrępować nie zdoła. Dałem tego przykłady,

---

[11] Por. np. A. Łempicka, *Przedmowa*, do: S. Wyspiański, *Dzieła zebrane*, Kraków 1957, t. 1.

nim doszedłem do tego sam. [...] Gońcie mnie, wy bez
skrzydeł i wy ze skrzydłami, larwy piekieł, wy Erynie.
Nie dościgniecie mnie już Orestesem, który uklękł u ołtarza i któremu Bóg promienia swego użyczył. Rozumiesz.
Rozświetlał mi w głowie Bóg, Apollo—Chrystus, i Erynie
przechodzą mimo"[12]. To z *Wyzwolenia*. I porywająca fi-
nałowa scena *Akropolis*:

HARFIARZ

(od posadzki wznosi się w górę)
(głowa jego i harfa płonie zorzą),
(piorun)
(Słychać ze szczytu ołtarza wielkiego)

GŁOS SALWADORA
Jam jest.

HARFIARZ
Przybywaj

SALWADOR
Siła. Noc.

HARFIARZ
Przybywaj, przewalczona Noc.
(gromy) [...]

HARFIARZ

(wzniesiony na szczyt chóru)
(nad organami)
(gromy)
(orkiestra i harfa od stropu)
(słychać)
(jęczący brzęk druzgotanych blach)
(trumny srebrnej)
(od strony ołtarza Świętego Stanisława),
(od tejże strony)

APOLLO

(wjeżdża na rydwanie złocistym)
(we cztery zaprzężonym rumaki)
(białe)
(piorun)
(jasność). [...]

---

[12] *Op. cit.*, t. 5, s. 110.

Zmartwychwstał ten, zmartwychwstał On,
Co nosi cierń u skroni,
Na ołtarz wszedł, na złoty tron:
poza nim dzień, dzień wschodzi. [...]

Już leci już, już goni, hej,
Apollo Bóg świetlany.
Już za nim idą z halnych kniej
I dziewy i dziewanny.

Hej, śmiej się dniu, hej, harfo graj,
nieś wichrze w pola granie.
Apollu wnijdź, Apollu wstań
Na Pańskie Zmartwychwstanie[13].

Myślę, że ta wspaniała, wizjonerska scena, stanowiąca niewyczerpane źródło natchnień teatralnych, jest modelem teatru Pierwszej Reformy: apollińskiego, onirycznego, wizyjnego, inscenizacyjnego. Pochodzi ona z 1903 roku (wydana drukiem w 1904).

Współcześnie tylko Strindberg w *Grze snów* (1901) próbował podobnej techniki: zapisywania serii obrazów sennych, poetyckich, notowania ich w wizjach teatralnych, inscenizacyjnych. Siła wyrazu Wyspiańskiego jest nieporównywalnie większa. Jest to istotnie teatr mityczny: współczesność: — „Poszli i na kościele ostawili dymu powłoczną chmurkę" (z początku *Akropolis*), starożytność biblijna i homerycka, historia Chrystusa, bezczasowy czas zbawienia i bezczasowe trwanie mitu — żyją w jednej wizji teatralnej. Podobnie z przestrzenią: teatr (w *Wyzwoleniu*: „Rzecz dzieje się na scenie teatru krakowskiego"), świątynia wawelska, Troja, Kraków, biblijne łąki nad Tygrysem i Eufratem, Akropol i Golgota, na której dokonuje się zbawienie. Przestrzeń mityczna jest jednolita. Jednoczy i scala najodleglejsze od siebie miejsca.

Nie tylko z powodu bezpośredniego przywołania boga Apollina jest to mit apolliński. Wizja poety jest tu obrazem, „pozorem", jakby powiedział Nietzsche, pociąga nas i zachwyca, obejmuje czarem i działaniem, ale nie przeobraża nas samych w artystów, nie zmusza do współuczestnictwa.

Teatr Pierwszej Reformy był teatrem mitycznym, ale

---

[13] *Op. cit.*, t. 7, s. 333—336.

bardziej chyba teatrem apollińskim. Mit stał się zasadą strukturalną widowisk Reformy. Wedle niego ustanawiano prawa sceny.Był rozgrywany i ukazywany. Był oglądany, podziwiany i przeżywany. Nie ogarnął, nie wchłonął — poza wyjątkami — widzów. W tym apollińskim teatrze widz „sam nie działał"[14].

Ludowy, politykujący, skandalizujący Teatr Pierwszej Reformy tęsknił jednak za dionizyjskim szałem, upojeniem i przemianą, za przekroczeniem swoich własnych granic.

Znakomita polska aktorka, Stanisława Wysocka, jeden z wielkich praktyków, ale i myślicieli Reformy, pisała w 1916 roku: „...zrozumiałam nagle, w czym jest przyczyna zobojętnienia publiczności... Widz dzisiejszy czuje się — podświadomie może — skrzywdzonym. W teatrze nie ma miejsca dla jego twórczości"[15]. Na twórczość widza nie ma istotnie miejsca w teatrze Apollina. Marzenie Wysockiej — i innych — o „teatrze twórczości widza" nie zostało w Pierwszej Reformie spełnione. W swojej koncepcji i przeważającej liczbie dokonań teatr Pierwszej Reformy pozostał w obrębie sceny, pozostał „teatrem Apollina". Teatrem „do oglądania", do „przeżywania", teatrem aktora i inscenizatora. Dopiero Druga Reforma stworzyła teatr, w którym do rzeczywistego współtworzenia został wciągnięty widz. I dopiero teatr twórczości widza jest „teatrem Dionizosa".

Pod władzę Dionizosa przeszedł teatr Drugiej Reformy. Zanurzmy się weń na chwilę.

Współuczestnictwo. Participation. Improwizacja. Work in progress. Free—theatre. Happening. Widowiska, które mają tylko próby. Premiery improwizowane, bez prób. Publiczne próby i brak premiery. Twórczość zbiorowa. Création collective. Kolejne wersje tych samych przedstawień. Luźne struktury widowisk, zależne od nastroju widzów i aktorów, warunków przestrzennych i klimatycznych, od okoliczności politycznych i stopnia czujności cenzury. Widowiska trwające nocami i dniami, po kilka i po kilkadziesiąt godzin. Ule, mateczniki, nocne czuwa-

---

[14] Por. cytat z Horzycy, przypis nr 3, s. 38.
[15] S. Wysocka, *Teatr przyszłości*, Warszawa 1973, s. 30.

nia teatralne. Ze śpiworami, kocami, herbatą. Gitary, bębenki, improwizowany zaśpiew. Na podłodze. Na schodach. Byle gdzie. Z potrzeby, z pragnienia, z rozpaczy, z zagubienia, z ciemności. Join us, chodź do nas, take off your clothes, rozbierz się. Taking off. Zrzucanie. Zrzuć, odpadnij. Odpadanie, spadanie. Lot. Touch me, dotknij mnie, daj mi rękę, nie bój się, daj mi kubek wody, suivez nous, follow us, chodźcie z nami. Wspólny marsz, triumfalny wyjazd aktorów z teatru na ulicę na ramionach widzów (są takie zdjęcia z Living); przez wodę, przez ogień (są takie relacje z Brzezinki). Wspólnie recytowane litanie i zaklęcia. Wspólne śpiewy. Teatr wspólnoty.

Rozpoczynanie przedstawień na widowni, zanim jeszcze zaczęły się na scenie. Przenoszenie akcji ze sceny na widownię. Z widowni na scenę. Przerastanie dramatu w dyskusję, dyskusji w pokaz, pokazu w manifestację, manifestacji w happening, pokojowego pochodu w procesję religijną, demonstracji w masowy teatr agitacyjny. Śpiewanie poezji. Wiecowanie muzyką. Teatro — vita. Teatralizowanie życia. Życie teatrem.

To wszystko był rzeczywisty „teatr Dionizosa" Drugiej Reformy.

2

Różnica między postawą apollińską a dionizyjską w uprawianiu sztuki teatru jest wyraźna. Z nieuchronnym uproszczeniem, które zawsze towarzyszy klasyfikowaniu zjawisk artystycznych, można najogólniej określić Pierwszą Reformę jako dokonaną pod znakiem Apollina, a drugą rozpoczętą na cześć Dionizosa. Nie można natomiast do dwóch reform teatru zastosować innego, często używanego w badaniu kultury rozróżnienia — na „klasycyzm" i „romantyzm". W obu reformach występowały elementy klasyczne. W obu dominował romantyzm; różnie jednak rozumiany.

Podstawowym, funkcjonującym w warstwie głębokiej, elementem klasycznym występującym w obu reformach było przekonanie o poznawalności świata i zamiłowanie do wprowadzania weń ładu, zwłaszcza poprzez posługi-   45 wanie się mitem. Odwzorowywanie bowiem w strukturze współczesnych przedstawień starych, a raczej bezczasowych mitów jest czynnością sprowadzającą to, co dzieje się „tu i teraz" — do „zawsze i wszędzie". W tym znaczeniu klasyczna była sztuka Schillera i Horzycy, tak samo jak Swinarskiego i Grotowskiego, Schumanna i Schechnera, Brooka i Barby. Sam mit jest strukturą określoną i uporządkowaną. Sprowadzenie doń jakiejś innej struktury jest porządkowaniem tej struktury, więcej, jest zabiegiem mającym za zadanie sprowadzić w niej to, co nieznane, do znanego, rozwikłać tajemnicę, usystematyzować, wyjaśnić. Mitologizowanie zdarzeń współczesnych służy rozpoznawaniu ich i klasyfikowaniu. Trzeba wyraźnie podkreślić, iż ujawnienie struktury mitu w jakimś zdarzeniu jest z jednej strony włączeniem go w wiecznotrwały dorobek ludzkiej kultury, z drugiej strony musi jednak zatrzeć w nim to, co niepowtarzalne i jednostkowe. W dziedzinie teatru inscenizacja może mit nie tylko w jakimś dramacie ujawnić, ale też arbitralnie go wprowadzić w obcą mu tkankę. Zabiegiem pozornie głębokim jest odwoływanie się do starych mitów. Tworzenie mitów nowych wymaga niezwykłej siły artystycznego wyrazu i zdarza się rzadko.

Również „klasycznym" elementem Pierwszej Reformy, obecnym i w Drugiej, był dualizm artysty i świata, artysty i dzieła. Dualizm ten w sztuce teatru wyrażał się i wyraża dotąd w powoływaniu do życia widowisk będących obrazem świata, modelem świata, jego repliką, wydzieloną z otaczającej widowisko rzeczywistości. Z tego punktu widzenia typowy produkt Pierwszej Reformy, teatr inscenizacji, pozostał w tej klasycznej tradycji. Tylko bardzo rzadko przekraczano bariery i granice widowiska; to będzie zamierzeniem Drugiej Reformy; zamierzeniem romantycznym.

„Klasycyzm" Pierwszej Reformy ugruntowany był głęboko: w strukturach widowisk, w zrównoważonych i zrytmizowanych konstrukcjach przestrzeni od Adolphe Appii poprzez Andrzeja Pronaszkę do Józefa Svobody, w zamiłowaniu do antyku.

46   Trzeba pamiętać, że oba pokolenia twórców Pierwszej

Reformy w szkołach i na uniwersytetach uczyły się greki i łaciny. Ludzie ci mieli z kulturą klasyczną żywy kontakt i nie zrywali go. W czasach Pierwszej Reformy powstało wiele dramatów o tematyce mitologicznej (Wyspiańskiego, Hofmannsthala, Giraudoux i in.). Inscenizowano autorów starogreckich. Grano w starożytnych teatrach. Dla wielu artystów, zwłaszcza na gruncie francuskim, „klasycyzm" pozostał wzorcem doskonałości. Zamiłowania „klasyczne" łączyły się z „apollińskością".

Jednak podstawowym rysem obu reform była postawa „romantyczna", ze wszystkimi cechami tradycyjnie jej przynależnymi: indywidualizmem, ekspresjonizmem, swobodą formalną, silnymi związkami z pozaartystycznymi ideologiami i ruchami rewolucyjnymi. Twórcy obu reform przejawiali romantyczny — dynamiczny, aktywny stosunek do rzeczywistości, której artysta nie przyjmuje jako danej, ale sam ją stwarza.

Postać inscenizatora, dziecka i ulubieńca Pierwszej Reformy, była niewątpliwie postacią romantyczną. Inscenizator nie łączył już i nie uzgadniał różnych teatralnych żywiołów, ale traktując je wszystkie jako bezkształtną, a plastyczną materię samodzielnie tworzył z niej świat widowiska.

Znanym faktem z historii sztuki XIX wieku jest, iż Romantyzm znalazł właściwy i najintensywniejszy wyraz w poezji. W dramacie owocował arcydziełami rzadziej, choć akurat (dzięki zbiegowi wielu przyczyn, m. in. politycznych) najobficiej w języku polskim. Artystyczna wartość historycznego teatru romantycznego jest dyskusyjna. W konfrontacji z poezją i dramatem ujawniał on swą małość i nieporadność. Nie będę wracał do tych (analizowanych wielokrotnie) problemów. Chciałbym tylko przypomnieć, że okres przygotowawczy Pierwszej Reformy, jej korzenie, sięgają głęboko w wiek XIX i właśnie Romantyzmowi zawdzięczają wiele. Zwłaszcza repertuar: dramaty Fryderyka Schillera i odkrytego na nowo przez romantyków Shakespeare'a.

Tu mała historyczna dygresja.

Pierwszego maja 1874 r. w Berlinie odbyła się premiera *Juliusza Cezara* Shakespeare'a w wykonaniu teatru dworskiego z Meiningen. Szerokiej publiczności objawiła się zespołowa gra aktorów i masa statystów oraz historyczna, wystudiowana oprawa sceniczna; przedstawienie było też we współczesnym tego słowa znaczeniu wyreżyserowane: Ludwig Chronegk uważany jest za pierwszego nowoczesnego reżysera[16], a książę Jerzy II von Meiningen jest pierwszym nowoczesnym kierownikiem artystycznym teatru.

Działalność teatru dworskiego w Meiningen stanowiła rdzeń fazy przygotowawczej Reformy. Należy jednak rozumieć, że Meiningeńczycy nie urodzili się na kamieniu. Przeciwnie, Shakespeare w ich wydaniu zawdzięczał wiele Shakespeare'owi Anglików — Charlesa Keana i Samuela Phelpsa. Widowisko *Makbeta* zrealizowane przez Phelpsa oglądał Jerzy II w Berlinie w 1859 roku. Książę oglądał też *Kupca weneckiego*, którego w 1866 r. zrealizował w Kronburgu Friedrich Hasse, jako wierną kopię londyńskiej inscenizacji Keana.

Kontynuatorem Charlesa Keana w dziedzinie inscenizacji szekspirowskiej był Henry Irving. Irving wprowadził do swoich interpretacji Shakespeare'a wiele nowych realistycznych elementów pod wpływem wizyty Meiningeńczyków w Londynie w 1881 roku. Wyrazem tego były słynne przedstawienia Irvinga *Romeo i Julia* (1882), *Wieczór trzech króli* (1884) i *Makbet* (1888). U Irvinga z kolei terminował w Lyceum Theatre młody aktor Gordon Craig, który zetknął się z tą całą szekspirowską angielsko-niemiecko-angielską tradycją — wiele z niej przyjął, a wiele odrzucił. Irvinga i jego Shakespeare'a oglądał także (w 1888 r.) Antoine — i zachwycił się nim.

Do „romantycznego" okresu przygotowawczego Reformy trzeba więc włączyć angielską tradycję inscenizacji szekspirowskich w XIX wieku. I to już od Charlesa Kemble'a. W roku 1823 dokonał on przełomu sprawiając do widowiska *Króla Jana* nowe, historyczne kostiumy

---

[16] Niektórzy miano to przyznają Heinrichowi Laubemu, dyrektorowi Hofburgtheater w Wiedniu w latach 1848—1887, a więc poprzednikowi Chronegka. Por. A. Kuligowska, *Z dziejów reżyserii, Heinrich Laube*, „Teatr", 1976 nr 25.

i dekoracje, wzorowane na iluminacjach ze starych manuskryptów, na średniowiecznym malarstwie i witrażach. Starania Kemble'a kontynuował William Macready, który przywiązywał ogromną wagę do opracowania ścisłej, historycznej dokumentacji do przedstawień. Kemble zagrał Koriolana w dekoracji z okresu cesarstwa rzymskiego, podczas gdy dekoracja Macready'ego była pedantycznie wzorowana na Rzymie republikańskim[17]. Było to w roku 1838. Również Macready pierwszy wprowadził surową dyscyplinę wobec aktorów w okresie przygotowywania przedstawień i nakazał im próbować tak, jak będą grali, co było na owe czasy ogromną nowością. We *Wspomnieniach* zanotował następujący swój dialog z jednym z aktorów na próbie. Aktor: „Sir, nigdy nie mogę grać na próbie, ale uczynię to wieczorem..." Macready odparł na to: „Sir, jeżeli nie może grać pan rano, nie będzie pan mógł i wieczorem; niech więc pan zrobi wysiłek. Bowiem czego nie może pan zrobić teraz lub czego nie nauczy się pan robić teraz, nie będzie pan tym bardziej w stanie zrobić później"[18].

Sukcesorami Macready'ego byli Phelps i Charles Kean. Obaj:– jak przypomniałem – wpłynęli bezpośrednio na Meiningeńczyków. Obaj dbali ogromnie o oprawę sceniczną i doprowadzili ją do antykwarycznej ścisłości. Seria przedstawień Keana w Princess Theatre (1850 – 1859) stała się kanonem inscenizacji szekspirowskiej na długie lata.

Tak więc Meiningeńczycy, wzorując się na londyńczykach, rozwinęli ich tradycję i na niej oparli swe sukcesy. Ich prace, prowadzone od roku 1861 aż po 1891, stanowiły główną zapowiedź Reformy. Wpływ tego teatru był ogromny. W corocznych, przez 16 lat, objazdach gościł w całej niemal Europie, wszędzie stając się wyzwaniem dla scen rodzimych, przyśpieszając ferment. Meiningeńczyków oglądali Antoine, Stanisławski, Brahm, Irving i tysiące innych; w 1885 roku publiczność warszawska, wśród nich wielu ludzi teatru (koniec dygresji).

Na przełomie wieków niektóre poczynania artystyczne

---

[17] Wg A. M. Nagler, *A Source Brook in Theatrical History*, New York 1959, s. 460.
[18] *Op. cit.*, s. 464.

4 – K. Braun, Druga reforma

nie bez słuszności nazwano „Neoromantyzmem". W Krakowie Wyspiański po raz pierwszy wystawił w teatrze *Dziady* Mickiewicza, a w swoim *Wyzwoleniu* wprowadził na scenę Mickiewiczowskiego bohatera Konrada i kazał mu wadzić się ze współczesnymi. Juliusz Bab (na którego sądy jako bezpośredniego świadka Pierwszej Reformy powołuję się zawsze z zaufaniem) cały okres historii teatru, który nastąpił bezpośrednio po naturalizmie, lata 1900—1914, nazwał „intermezzem romantycznym"[19]. Istotnie tacy pisarze, jak Oskar Wilde, Maurycy Maeterlinck, Hugo Hofmannsthal, Frank Wedekind czy August Strindberg, niektórzy inscenizatorzy, a także autorzy i aktorzy licznie powstałych w całej Europie kabaretów przenosili przez próg XX wieku postawę i zamiłowania romantyków.

Również apogeum Pierwszej Reformy związane było w Polsce nierozdzielnie właśnie z Romantyzmem. Wykonany został teatralny testament Mickiewicza. Wraz z dramatami Słowackiego i Krasińskiego *Dziady* triumfowały na wielu scenach.

Romantyzm dostarczył więc Wielkiej Reformie modelu świata, filozofii i repertuaru, energii twórczej i siły potrzebnej w walce o przekształcenie teatru. Zwłaszcza aktywna, buntownicza postawa „artysty teatru" stała się trwałym rysem teatru Pierwszej Reformy i została przeniesiona w czasy Reformy Drugiej. Została nawet skrajnie wyostrzona. Nastąpił jakby powrót do jej pierwotnych lucyferycznych i anarchicznych źródeł.

Rodowód tej postawy tkwi głęboko w Romantyzmie: zintegrował on artystę ze światem. W ujęciu romantycznym artysta był cząstką kosmosu, natury, ludzkości, ale zarazem arbitrem i jedynym pełnoprawnym wyrazicielem ogółu i świata. Stąd już tylko krok do arbitralnych decyzji, co jest sztuką, a co nią nie jest, w sztuce współczesnej. Romantyzm zintegrował też artystę i dzieło. Stąd już tylko krok do tego, aby sam twórca stał się dziełem sztuki, jak w Drugiej Reformie. Twórca romantyczny był medium, materią sztuki stało się to, co jednostkowe

[19] J. B a b, *Teatr współczesny*, Warszawa 1954, s. 145—233.

i subiektywne (*Dziadów* cz. IV!), co jest przeżyciem spontanicznym, niekontrolowanym, ale własnym. Stąd będzie już tylko krok do alkoholu „poezjopędnego" w neoromantyzmie, do narkotyków w latach sześćdziesiątych, do posługiwania się technikami transu. Romantycy nobilitowali artystycznie to, co widzi się niejasno, ale naocznie, a myśli się chaotycznie, ale samodzielnie. Stąd niedaleka droga do bełkotliwych manifestów lat tysiąc dziewięćsetnych i... tysiąc dziewięćset siedemdziesiątych. Świat otaczający romantycznego twórcę był pełen zasłon, chmur, burz, studni, borów, lochów, ruin, cieniów, upiorów (i tak dalej — można by ciągnąć listę romantycznej rekwizytorni), ale był to świat jedyny, bowiem postrzegany przez samego artystę. Wyrazić ten świat — to wyrazić siebie. Wyrazić siebie — to wyrazić świat. Wobec tego sam proces życia artysty może być procesem artystycznym. I ta zapowiedź i możliwość tkwiąca w Romantyzmie, już w XIX wieku niekiedy prowadząca do efektownych, spektakularnych miłości, kłótni, pojedynków i samobójstw, była wykorzystywana w Pierwszej Reformie (np. „teatr" futurystów), a w pełni rozwinięta w Drugiej. Byliśmy i jesteśmy świadkami zacierania granic życia artysty i istnienia dzieła. Wtapiania się dzieł w strumień życia. Nadawania życiu rangi sztuki. „To tylko mały krok" (jak powiedział Armstrong na Księżycu).

W historii Drugiej Reformy coraz wyraźniej można dostrzegać, jak w pryzmacie, owo nieuchwytne przekraczanie granicy, od której bunt przestaje być twórczy, a zaczyna być już tylko destrukcją. Bunt wobec otaczającego świata i wobec zastanego teatru.

Przeakcentowanie buntu stało się przyczyną załamania Drugiej Reformy. Może upadku? Tego jeszcze nie wiemy. Najbardziej dobitnie ukazuje ten proces historia Living Theatre. Czyżby była ona modelem losów całej Drugiej Reformy?

Postawy anarchistyczne Becków i ich grupy kształtowały się już około roku 1960. Perypetie związane z zamknięciem ich teatru w Nowym Jorku i „wygnaniem" do Europy przyśpieszyły radykalizację[20]. Wiosna 1968 zastała

---

[20] Por. w tym tomie szkic pt. *Rozprysk fali*, s. 218.

Living w Paryżu. I tu nastąpił punkt zwrotny. Na jednym ze studenckich zebrań Beck mówił: „Co może uczynić artysta w ramach swojego »métier«, aby przysłużyć się rewolucji? Oto nasze rewolucyjne zadanie: Jeśli chcemy, aby robotnicy zajęli fabryki, to my, artyści, musimy dać przykład. To znaczy zająć galerie, muzea, teatry. Ktoś powiedział: »Myślisz, że powinniśmy okupować Odeon?« To była straszliwa chwila. Zapadło długie milczenie. »Tak, powiedzieliśmy, tak, to mieliśmy na myśli«"[21]. A więc myśl okupowania Théâtre de France, Odeonu, w którym odbywał się Festiwal Teatru Narodów, wyszła z Living Theatre. Lecz sami Beckowie zdawali sobie sprawę, że to będzie tylko teatralny gest: „Następnego popołudnia okupowano zakłady Renault [...] wiedzieliśmy, że fabryki francuskie byłyby okupowane nawet gdyby Odeon okupowany nie został"[22]. Jednak stało się. Olbrzymi transparent na tympanonie klasycystycznego gmachu głosił: „Studenci Robotnicy Odeon jest otwarty!!!" Czerwone i czarne sztandary. A potem, po latach, wielki, zmęczony życiem inscenizator Jean Louis Barrault, dyrektor Odeonu w chwili „okupacji" zanotuje: „Wchodzimy na scenę. Tyle tu osób, że boimy się o wytrzymałość platformy scenicznej. Pod sceną jest pustka i wręcz nie wyobrażam sobie skutków upadku dwustu lub trzystu osób z wysokości około dwudziestu metrów. Nieopisany zgiełk. Zabieram głos. Powołuję się na międzynarodowy charakter Teatru Narodów. Nikt nie słucha. Wszyscy mówią jednocześnie [...] Poznaję w tłumie Juliusza Becka z Living Theatre, młodych reżyserów i zaprzyjaźnionych pisarzy... W jakiej intencji tu przyszli — nie wiem"[23].

Straszliwa konfrontacja. Z jednej strony Barrault, inscenizator Moliera i Claudela, spadkobierca Copeau i wszystkich najlepszych tradycji francuskiej klasycznej kultury, wrażliwy i szlachetny. A z drugiej strony Beck. Prowodyr ruchu off-Broadway, kontestator, przedstawiciel nowego, młodego, rewolucyjnego teatru. Czy pochodzenie

---

[21] *We, the Living Theatre*, New York 1970, s. 30.
[22] *Ibid.*
[23] J. L. Barrault, *Gdy teatr stał się barykadą*, „Kultura", 18 IV 1976.

ich obu, dorobek, przekonania — muszą ich zderzyć? Tak. Beck unicestwia Barrault. Jego postępowanie doprowadzi — pośrednio — do dymisji zrozpaczonego, zagubionego w tumulcie starego mistrza. Barrault notował:

„Z tego ogólnego zamętu wyławiam, co następuje:

1. Że działalność studentów nie jest wymierzona ani przeciwko określonej osobie, ani przeciwko określonemu programowi [...]

2. Że Théâtre de France, symbol »burżuazyjnej kultury«, zostaje zlikwidowany.

3. Że sala Odeonu będzie odtąd służyła jako forum polityczne. [...] 28 maja. Włamano się do magazynów kostiumów. Ludzie wdarli się tam po wybiciu okienek, po czym nastąpiło totalne zniszczenie. Zwykły, czysty wandalizm. Chodziliśmy po czterdziestocentymetrowej warstwie przemieszanych kostiumów. Nie tylko kostiumów Théâtre de France, ale także naszej Kompanii (nie zapominajmy, że dobrowolnie przekazaliśmy państwu pełne wyposażenie do dziewiętnastu dzieł scenicznych). Krótko mówiąc: owoce dwudziestu lat pracy zbrukane, zniszczone, unicestwione. Przyznaję się do załamania: tym razem wybuchnąłem płaczem. Powtarzałem: Za co? Dlaczego? Nic. Na darmo. Zmarnowane. Tyle nienawiści i za co. Wyszydzona praca i ta nienawiść przejawiająca się w tak ohydny sposób (cała ta masa pełna była ekskrementów) dotknęły mnie bardziej niż wszystko inne. [...] 30 maja. Wewnątrz Odeonu nadal wszystko systematycznie gnije [...] W ciągu jednego miesiąca dwadzieścia lat pracy zniszczonych, dziewięć lat Théâtre de France przekreślonych. Moje szczęście zdobyte namiętną pasją, moje wysiłki i cudowna pomoc Madeleine — unicestwione, spłacone, tak jak się spłaca rachunek. Ale komu? Niesprawiedliwości. Traktują mnie jak nicponia [...] 23 czerwca. Książkę, którą napiszę, *Prace i przeprawy*, zakończę zdaniem »Nasza Kompania została zamordowana, nie umarła«"[24].

Oto przykład buntu w Drugiej Reformie. W niespełna dwa miesiące później Living Theatre demonstracyjnie

---

[24] *Ibid.*

opuścił Festiwal w Awinionie. Nastąpiła kolejna drastyczna konfrontacja: Beck naprzeciw Jeana Vilara. Absolutna niemożność znalezienia wspólnego języka. Zerwanie.

Gdy niedługo potem Living podróżował przez Stany Zjednoczone, grając cztery widowiska będące istotnie wspaniałą manifestacją siły nowego teatru — *Misteria, Frankensteina, Antygonę* i *Raj teraz* — w czasie spotkań i dyskusji towarzyszących tournée Julian Beck i Judith Malina mówili już tylko o rewolucji. W rok później Living rozpadł się. Była to droga wyjścia z teatru poprzez negację teatru. Ale dalsze losy grupy każą inaczej rozumieć ten fakt. Living pracuje nadal. Po przedstawieniu sztuki *Fawela — pozycja nr 1* dla ubogiej publiczności „bidonville" na przedmieściu Sao Paulo — Living zrobił przedstawienie w Brazylii dla chłopów. Zostało ono zakazane przez policję, i spowodowało uwięzienie członków zespołu. Zwolnieni Beckowie wrócili do USA. Przygotowywali kolejne wystąpienia „rewolucyjne" i agitacyjne.

Najpierw, w 1973 r. zagrano *Siedem medytacji o politycznym sadomasochizmie*[25]. Potem w 1975 roku, w pierwszym dniu wiosny, dano kreację zbiorową *Turning the Earth* (*Obracanie ziemi*). Przedstawienie rozegrano w miejskim plenerze, w okolicach siedziby Living na przedmieściu Pittsburga. Widzowie odczytywali na wielkim afiszu Oświadczenie Ziemi:

„1. Jestem piękna, kocham cię i należę do ciebie.

2. Jestem zbrukana poprzez zanieczyszczenia obłąkańczego systemu przemysłowego, który kocha zyski, a nie życie. Stałam się niewolnicą poddaną prymitywnym żądzom tego systemu i jestem wykorzystywana tak, że grozi mi śmierć.

3. Ty, mój lud, któremu tak cudownie dałam życie, również stałeś się niewolnikiem i zapracowujesz się na śmierć, poddany systemowi kapitalistycznemu, który na Wschodzie i na Zachodzie popierają wszystkie narody świata. Jest to system chory, o obłąkańczych i bezdusznych ambicjach.

---

[25] Wg K. Wolicki, *Przeświadczenia teatru kontrkultury (2)*, „Dialog", 1977, nr 1, s. 163.

4. Sami dokonajmy wyzwolenia"[26].

Przedstawienie składało się z prologu i pięciu obrzędów: nawiązania kontaktu z przodkami, kreślenia na ziemi znaków − zaklęć, odrodzenia, wspólnoty oraz pracy na roli. 6 maja 1975 r. Living dał widowisko *Six Public Acts* (*Sześć publicznych aktów*) na Campusie i w okolicach Uniwersytetu w Pittsburgu. Była to znów świecka ceremonia z procesjami i mansjonami − odprawiana po to, aby „przemienić przemoc w powszechną harmonię". Po prologu aktorzy wraz z widzami pielgrzymowali do sześciu „domów", by tam rozgrywać krótkie sceny, odczytywać rewolucyjne teksty, śpiewać pieśni, medytować i dyskutować z widzami. Program rozdawany widzom zawierał swoisty „rachunek sumienia". Która godzina? Gdzie jesteś? Jaki jest twój los? Co to jest dziedzictwo Kaina? (tu trzeba przypomnieć, że już zagrana w Brazylii *Fawela* określona była jako część szerzej pomyślanej całości pt. *Dziedzictwo Kaina*, zamierzonej jako cykl 150 sztuk)[27]. Cytuję dalej program sześciu aktów publicznych:

„Proponujemy, abyście odwiedzili sześć miejsc, na których ciąży władza Kaina i abyście spełnili tam publiczny akt w imię cierpiących ludów.

DOM ŚMIERCI. Dlaczego wkrótce pomrzemy? Czym jest śmierć? Czym jest mit pierwszego morderstwa? Kim byli Kain i Abel? Dlaczego jeden zabił drugiego? Co z tego wynikło?

DOM PAŃSTWA. Co to jest władza? Co to jest krew? Kto rządzi? Kto jest rządzony? Co to jest przemoc?

DOM PIENIĄDZA. Co to jest pieniądz? Czym jest złoty cielec? Czy pieniądz to przemoc?

DOM WŁASNOŚCI. Co to jest własność? Czy jest ona przemocą? Kto jest właścicielem pracy? Co to jest kapitalizm? Co to jest anarchizm?

DOM WOJNY. Kim są policjanci? Kim są żołnierze? Co to jest gwałt? Jak przekuć miecze na lemiesze?

DOM MIŁOŚCI. W jaki sposób miłość ogranicza posiadanie? Jak miłość ogranicza państwo? Kto panuje?

---

[26] Wg „The Drama Review", t. 67, s. 54.
[27] Por. „Dialog", 1973, nr 4, s. 92.

Kto podlega? Czym jest niewola miłości, władzy, przemocy i śmierci? Jak przeciąć więzy?"[28]

Dom śmierci ustawiono w pobliżu budynku Spółki Budowlanej, Dom pieniądza przed bankiem, zaś Dom miłości w parku. Spektakl był wielogodzinny i kończył się nocą.

W ciemności rozświetlonej tylko paroma reflektorami aktorzy i widzowie tworzyli krąg, do którego włączali się prawie wszyscy obecni. Obejmowali się za ramiona — jak niegdyś przy końcu *Paradise Now*, ktoś podawał ton hinduskiej modlitwy — jak niegdyś w *Misteriach i mniejszych sztukach*, i cały krąg jednoczył się w falującym dźwięku. Była północ. Jakiś głos wołał donośnie: „Już pora, by uczynić następny krok". Inny: „Czy jesteście wolni?" Ludzie z kręgu odpowiadali: „Jeszcze nie". Ramiona opadały. Dłonie rozłączały się. Powolny pochód bezładnej grupy aktorów i widzów wysączał się z ciemnego parku. Na ulicy wszyscy się rozchodzili.

Nie było uniesienia jak po zakończeniu *Paradise Now*, gdy widzowie wychodzili z aktorami na ramionach na ulicę, nie było zbiorowej sceny zrzucania ubrań i ogólnej czułości.

Obecnie prace Maliny i Becka toczą się w rytmie zgodnym z „rewolucyjną", często po prostu lewacką, i maoistyczną frazeologią ich przemówień i pieśni. Kolejne przedstawienia narastają na bazie poprzednich, pięć aktów wiosennych przepoczwarzyło się w sześć aktów publicznych, zaś Dom pieniądza z tego ostatniego widowiska rozrósł się z kolei w samodzielny spektakl *Money Tower* (*Wieża pieniądza*).

Przedstawienie grano we wrześniu 1976 r. w Pittsburgu, w październiku 1976 na Biennale w Wenecji. W Stanach widziała je Jolanta Brach-Czaina: „Aktorzy, ustawieni na poszczególnych podestach, jak kariatydy podtrzymują własnymi rękami najwyższe piętra hierarchii społecznej. Konstrukcja zdarzeń scenicznych jest bardzo prosta: polega na nałożeniu dwóch ciągów zachowań symbolizujących czynności danej grupy i jej funkcję w całości organizmu społecznego, u którego podstaw leży praca tworząca

[28] Wg „The Drama Review", t. 67, s. 81.

wielki kapitał. Ruch rozpoczyna się na najniższych piętrach wieży, a jego konsekwencje przenoszą się stopniowo ku piętrom wyższym. Najniżej bezrobotni i robotnicy Trzeciego Świata. Wyżej biała klasa robotnicza. Pracują w kopalniach i hutach. (Pittsburg jest właśnie miastem górnictwa i hutnictwa). Wykonują rytmiczne czynności mechaniczne zawodząc: Moje życie warte jest 2 dolary za. godzinę. Z głośników warkot, zgrzyt, jazgot, szczęk maszyn. Gdy wytworzony przez nich produkt winda wywozi na najwyższe piętro wieży, tam okazuje się, że są to dolary. Kapitał zostaje częściowo ulokowany w bankach, częściowo spływa w dół, aktorzy podają z piętra na piętro pieniądze, ale im niżej, tym mniej. Po chwili następuje reakumulacja: wyciągają się w górę ręce kariatyd oddających pieniądze. Tak przebiega podstawowy cykl rytmiczny przedstawienia, który powtarza się przez cały czas z wyjątkiem pewnych nadzwyczajnych wydarzeń, jak strajk, które to czynności podstawowe przerywają pracę, wstrząsając całą strukturą społeczną. W tych krytycznych momentach z przedostatniego piętra zbiega na niższe wojsko i policja. Strzelają. Biją. — To nasza praca — krzyczą. — Wykonujemy swój obowiązek: I po chwili cała wieża funkcjonuje jak poprzednio"[29].

Oto przykładowy (i będący przykładem dla wielu innych grup) obraz teatru buntu i kontestacji, obraz Living Theatre. Jego bunt przeszedł długą ewolucję. Od estetyki do polityki. Między tymi biegunami oscyluje również działalność teatrów całego obszernego nurtu Guerilla Street Theatre, uprawianego w USA przez Yppiesów i takie zespoły, jak El Teatro Campesino, Pageant Players, San Francisco Red Theatre i Women's Street Theatre, Burning City Theatre z Nowego Jorku i inne[30].

Niektóre z nich rozpoczynały jako „grzeczne" zespoły amatorskie, inne rodziły się od razu jako „oręż" różne-

[29] J. Brach-Czaina, Wieża pieniądza, „Polityka", 1976, nr 13.
[30] Guerilla Street Theater, ed H. Lesnik, New York 1973; A. Seiner, The Radical Theatre Notebook, New York 1975; także niektóre rozdziały F. Jotterand, Nowy teatr amerykański, Warszawa 1976.

go rodzaju poczynań rewolucyjnych, ruchów studenckich i kobiecych, obrońców praw obywatelskich i pracowników winnic. Zespoły te powstawały w większości w latach 1968—1970, w okresie nasilenia kampanii antywojennej w USA. Niektóre z grup rozpadały się już po kilku tygodniach czy miesiącach. Ich narodziny były uwarunkowane tak politycznie, jak teatralnie. Teatr otrząsnął się już wtedy z ograniczeń i sztamp, które hamowały jego bezpośrednie mieszanie się do bieżącej polityki, a ugrupowania polityczne zobaczyły w nowym teatrze sprawne i wydajne narzędzie walki. Obu motywów nie można od siebie odseparować. Teatry zajmujące się tylko doraźną polityką rozpadały się najszybciej. Politykujące, ale skupione na pracy teatralnej trwały i trwają — jak Bread and Puppet Theatre Schumanna.

Bunt jest oczywistym aspektem każdej twórczości rozpatrywanej na tle sztuki zastanej i ujawnianie go jest truizmem. Czy bunt teatrów Drugiej Reformy był jeszcze „romantyczny"? Faktem jest, że nawet w skrajnie upolitycznionej odmianie ten bunt kształtował drogi rozwojowe teatru; był następnie przez teatr wchłaniany i asymilowany. Polityka przemieniała się więc w estetykę.

Gdy jednak to się nie dokonywało, następował zanik działalności artystycznej.

Rozpoczęliśmy te rozważania od postawienia pytań o udział „Romantyzmu" w obu reformach, o jego rozumienie w ich czasach. Odpowiedzi dostarczyli sami twórcy.

W Pierwszej Reformie Romantyzm widoczny był w sferze postaw artystów i w repertuarze. Romantyzm dostarczył ideologii i wsparcia filozoficznego „artyście teatru" — inscenizatorowi. Pracując nad romantycznymi dramatami zachowywał się i postępował jak „romantyk" — tworzył jak „klasyk". W Drugiej Reformie z możliwości tkwiących w Romantyzmie wyciągnięto skrajne konsekwencje i wprowadzono je do samej materii przedstawień. Był to jeden z decydujących elementów powstania w teatrze nowych jakości artystycznych. Tam jednak, gdzie przekraczano delikatną granicę między sztuką a życiem, sztuka, oczywiście, zanikała. Nie wartościuję tego procesu. Uczyni to historia. Opisuję tylko zachodzące zjawiska. Gdy sam w nich uczestniczę i stawiam stopę na tym nowym nieznanym globie odczuwam naturalnie niepokój. Ale może „to tylko mały krok"?

3

Obie Reformy Teatru były przez długie okresy „awangardowe". Pierwsza Reforma była „awangardowa" w sposób dosłowny, to znaczy określała zjawiska aktualnie wiodące, najnowsze, stawiała nowe problemy i torowała drogę przemianom. Reformatorzy byli grupą czołową, wyprzedzającą ogół i na ogół oddziaływającą bardzo szeroko.

Termin „awangarda" domaga się zawsze traktowania historycznego, precyzowania czasu i kontekstu innych zjawisk. „Teatr inscenizacji", owoc Pierwszej Reformy, był awangardowy w latach około 1920—1935, a potem awangardowym być przestał. Za to rozpowszechnił się. Awangardowość Pierwszej Reformy była zresztą dość specyficzna i ambiwalentna. Ludzie sceny wysuwali hasła „odrodzenia", „reformy", „unowocześnienia" teatru. Ich praktyka wnosiła wiele nowego. Przyciągano do teatru awangardowych malarzy, poetów, muzyków, architektów, choreografów, tancerzy, filmowców i przyjmowano od nich wiele; zresztą z wzajemnością. Ludzie teatru nie wysunęli jednak nigdy tak skrajnych haseł, jak np. poeci futurystyczni, nie zmienili tak radykalnie podstawowych pojęć związanych ze swoją sztuką, jak np. malarze abstrakcjoniści. Okrzyk Eleonory Duse, „należy wytruć wszystkich współczesnych aktorów" i marzenie Gordona Craiga, aby zastąpić aktora marionetą, nie znalazły szerszego echa. Odwrotnie, walcząc o teatr jutra, Pierwsza Reforma wcale nie chciała „spalić bibliotek". Pochylała się z miłością nad starym teatrem, szperała w dokumentach, napełniała życiem ruiny antycznych amfiteatrów. Ludzie prowadzący Reformę z reguły dobrze znali historię teatru. Będąc w tym zakresie samoukami z konieczności — teatrologia rodziła się wraz z Reformą — jednych dziedzin w ogóle nie znali, innymi zaś entuzjazmowali się. Niektórzy z reformatorów upatrywali odrodzenie teatru w powrocie do jego stale żywych, choć zapomnianych źródeł. W roku

1913 pisał Leon Schiller, iż widowiska reformatorów: „... niejednokrotnie zwracają się po wzory i natchnienie do najodleglejszych czasów, najegzotyczniejszych kultur, korzystając z mądrości tradycji"[31]. Te zwroty ku przeszłości w początkowym okresie Reformy miały niekiedy wiele z muzealnictwa, co wyraziło się w historycznych inscenizacjach Meiningeńczyków, Antoine'a, Irvinga i Stanisławskiego. Przede wszystkim jednak czerpano z przeszłości problematykę filozoficzną i wizję człowieka: człowieka integralnego – o głębokim życiu wewnętrznym i pięknym ciele.

Zainteresowanie ciałem, rehabilitacja i reedukacja ciała, zmiana obyczajów społecznych związanych z ciałem, jego ubiorem, ruchem, ukazywaniem – były jednym z awangardowych prądów epoki. Reforma w nich uczestniczyła i czerpała z nich.

Organizacje i związki stawiające sobie cele społeczne i polityczne, a posługujące się gimnastyką zbiorową na świeżym powietrzu, w lekkim odzieniu, powstawały już w drugiej połowie XIX wieku. Czeski Sokol w 1862, polski Sokół w 1867 r. Około roku 1880 powszechne wychowanie fizyczne wprowadzono do szkół angielskich i amerykańskich. W 1896 r. Pierre de Coubertin odrodził Igrzyska Olimpijskie. Emile-Jacques Dalcroze od 1892 r. zajął się rytmiką, łącząc gimnastykę z muzyką. Jego prace zafascynowały między innymi Copeau i Appię, który na długie lata związał się z Dalcrozem. W 1901 r. powstał w Austrii młodzieżowy ruch Wandervögel (Wędrowne ptaki), którego członkowie odbywali piesze wycieczki, ubierali się lekko i swobodnie, uprawiali gimnastykę i taniec, muzykę i teatr amatorski. Od 1902 r. Amerykanka Isadora Duncan, ubrana w powiewny grecki chiton i bosa, tańczyła w europejskich stolicach, rewolucjonizując balet – i teatr.

Ta sama linia następstw prowadziła dalej do biomechaniki Meyerholda. Zainteresowanie ciałem, natchnione przez antyk, w tradycji teatralnej musiało się spotkać z powrotem do commedii dell'arte. Sięgano do jej istoty:

[31] L. Schiller, *Teatr ogromny*, s. 7.

było nią wysunięcie na pierwszy plan aktora w ruchu. Całego aktora, posługującego się ciałem, nie tylko twarzą. Commedia dell'arte po to przecież zakryła aktorowi twarz, aby nie odwracała ona uwagi od całego ciała w ruchu. Ten wątek podjęła namiętnie Druga Reforma. Wprowadziła do teatru nagość aktorów, a także, niekiedy, widzów, w przekonaniu, że cały człowiek jest piękny i jego duchowość może z niezwykłą siłą emanować z cielesności. I tak się niekiedy działo. Choć bardzo szybko nagość nadużyto i spospolitowano w teatrze komercjalnym i w filmie. W przedstawieniach Drugiej Reformy nagość wyrażała osobistą postawę i posłanie.

Pierwsza Reforma sięgała obficie ku teatrowi dawnych wieków, do jego modeli świata, układów przestrzennych, środków wyrazowych. Było to miarą mądrości jej awangardyzmu. Nowoczesność i tradycja łączyły się w stop bardzo specjalnego rodzaju. Tworzyły wspólnie nowy język sztuki teatru. Na przykład w *Misterium wyzwolonej pracy* (Petersburg, 1 VI 1920 r.) agitacyjną, doraźną treść wyrażono w formie wziętej ze średniowiecznych misteriów. *Hamleta* Shakespeare'a (Londyn 1925), *Zbójców* Schillera (Berlin 1926), *Nie-Boską komedię* Krasińskiego (Warszawa 1926) grano we współczesnych kostiumach, *Księżniczkę Turandot* Gozziego (Moskwa 1922) rozegrał Wachtangow w oparciu o konwencje i kostiumy commedii del'arte, które nakładano na współczesne stroje wieczorowe.

Druga Reforma utrzymała krwiobieg wzajemnych inspiracji z całą nowoczesną sztuką. Teatr wiele zawdzięczał happeningowi, a happening (narodzony w 1959 r.) teatrowi. Muzykę dla teatru pisał Penderecki. Scenografii próbowali Potworowski i Hasior. Teatr dotrzymał też kroku najszerszym odkryciom i zainteresowaniom nauki. O ile Pierwsza Reforma fascynowała się przede wszystkim techniką, o tyle Druga — zwłaszcza antropologią. Stąd charakterystyczne dla Drugiej Reformy wyprawy poza teatr, w zjawiska parateatralne, w „teatr nieoswojony" (jak nazwałem ten obszar w *Teatrze wspólnoty*). Inspiratorem tych zainteresowań i badań był Artaud, piewca teatru z wyspy Bali. W latach sześćdziesiątych i siedemdziesiątych ludzie teatru badali i analizowali „teatr nieoswojony" w piśmie i praktyce: znane są podróże Brooka do Afryki, Schechnera do Nowej Gwinei.

Pierwsza Reforma była ruchem ściśle teatralnym. Dośrodkowym. Wietrzyła stary gmach teatru. Urządzała go na nowo, przebudowywała ścianki działowe, ale nie mury nośne. Wyruszała na podbój historii teatru i sztuki współczesnej. Usuwała stare zakurzone style gry, konwencje, urządzenia, maszyny, sprzęty i zamieniała je na podobne — tylko nowe.

Pierwsza Reforma była wybuchem. Świadek tego okresu, Juliusz Bab, użył słowa „eksplozja"[32]. Sądzę, że była to raczej implozja. Wybuch „do wewnątrz". Zniszczenie starej zawartości pojęcia teatr poprzez wtłoczenie doń elementów innych sztuk i cząstek starego teatru, nowych wynalazków oraz nowych technik przekazu i komunikacji. Dopiero Druga Reforma była eksplozją. Ruchem odśrodkowym, skierowanym na zewnątrz teatru, na świat, ruchem rozrywającym starą skorupę teatru jak granat.

W historii kultury bardzo rzadko obserwować można gwałtowne zerwania i radykalne przeskoki, z pominięciem jakiegoś etapu rozwoju. Tak też było z Pierwszą Reformą Teatru. Wyrosła ona, można powiedzieć: wyrosła harmonijnie, logicznie i ewolucyjnie, z teatru poprzednich dziesięcioleci i stuleci. Związana z przeszłością bliższą i odległą, wbrew pozorom, niezbyt gwałtownie wychylała się ku przyszłości. Raczej nadrabiała zaległości w stosunku do innych dziedzin sztuki i, po prostu, w stosunku do rozwoju cywilizacji i nauki. Była produktem i elementem, a dopiero z czasem czynnym uczestnikiem przemian, jakie dotknęły wszystkie dziedziny życia.

Oczywiście, jeśli w ciągu XIX wieku rozpowszechniły się w kolejnictwie obrotnice (wynalezione w Anglii już w 1750 r.), służące do obracania w miejscu wagonów i lokomotyw, celem łatwego ich przetaczania z toru na inny tor, to prowadzenie obrotówek do teatrów było tylko kwestią czasu. Reforma montując na scenie obrotówkę (po raz pierwszy w 1896 r. w Monachium) nadrobiła tylko opóźnienia cywilizacyjne teatru. Oczywiście, jak przy-

[32] J. Bab, op. cit., s. 237.

pomniał Jan Kosiński pisząc o Appii[33] — jeśli w 1879 r. Edison wynalazł żarówkę, to już w latach osiemdziesiątych elektryczność zaczęła wypierać z teatrów gaz i w 1895 r. Appia mógł wydać manifest nowego światła w teatrze — Inscenizację dramatu Wagnerowskiego. Można powiedzieć nawet, że już tylko pod wpływem światła elektrycznego teatr musiał się zmienić. Aktorzy musieli odejść od proscenium ku głębi sceny, tam gdzie było światło z reflektorów, początkowo zawieszanych jedynie za ramą; na proscenium, przy wygaszonej widowni, było ciemno. Aktorzy musieli zmienić też styl gry, zredukować zewnętrzną ekspresję, przesadne gesty i grymasy, które były konieczne w półmroku i półgwarze oświetlonej świecami lub gazem widowni i sceny, a stały się nieznośne w jasnym, klinicznym świetle żarówek. Dekoracje musiały stać się przestrzenne, płótna na zastawkach mocniej naciągnięte i lepiej pomalowane. To tylko jeden przykład, a przecież takich — jak elektryczność — czynników napierających na teatr właśnie w końcu XIX wieku i na początku wieku XX było wiele. Działały bezpośrednio i pośrednio. Wielka erupcja wynalazków i udogodnień technicznych — przygotowana przez rewolucję przemysłową jeszcze w głębi XIX wieku — nie była przy tym jednorazową dawką gdzieś na przełomie stuleci, ale procesem, który trwał z nie słabnącą siłą przez cały czas, jaki odmierzamy dla obu Reform: od elektryczności, poprzez samochód, samolot i radio, do narodzin i rozpowszechnienia telewizji. Równocześnie z kinem, rówieśnikiem Pierwszej Reformy. Narodzenie, a zwłaszcza udźwiękowienie filmu było niewątpliwie potężnym czynnikiem wpływającym na teatr; nie mogę jednak wdawać się w rozpatrywanie tego problemu. Można tylko przypomnieć fakty, które historyk teatru XX wieku będzie musiał starannie zanalizować: Pierwsza Reforma narodziła się wraz z kinem i zgasła akurat wtedy, gdy film osiągnął pełną dojrzałość artystyczną. Druga Reforma rozpoczęła się w momencie upowszechnienia telewizji.

---

[33] J. Kosiński, Wstęp do: A. Appia, Dzieło sztuki żywej, Warszawa 1974, s. 6.

Gdy myślimy o Drugiej Reformie, termin **awangarda** jest nadal przydatny. Ale zarazem niewystarczający.
Jest przydatny, ponieważ wiele zjawisk Drugiej Reformy można przy jego pomocy objaśnić. Polskie teatry studenckie, ruch off, a potem off-off-Broadway, Living i Laboratorium były w swoim czasie awangardowe. Rozwiązywały nowe problemy teatralne, stawiały pierwsze kroki w przyszłość.

Jest niewystarczający, ponieważ teatr Drugiej Reformy obok tradycyjnych funkcji każdej awangardy, które jeszcze częściowo pełni nadal — zaczął tworzyć swój własny układ, stawał się stopniowo ruchem wyodrębnionym, odosobnionym, odciętym (i odcinanym) od całokształtu życia teatralnego społeczeństw wielu krajów. Powstawały czasopisma poświęcone wyłącznie „nowemu teatrowi". Niektórzy krytycy zajmują się tylko nim. Wytworzyła się publiczność tylko z tym teatrem związana. Ma on swoich impresariów i festiwale, na które zaprasza się zespoły wedle specjalnego klucza. Są spotkania, widowiska i staże tylko dla „swoich".

Podobne zjawisko obserwuje się zresztą również w innych dziedzinach sztuki, zwłaszcza w plastyce[34] i muzyce. Jest to fenomen nie znany dotąd w tej skali. Znamienny dla ostatniej ćwierci XX wieku. Powszechnemu rozwojowi komunikacji społecznej, otwieraniu się i zacieraniu granic, poszerzaniu się możliwości uczestnictwa w kulturze towarzyszy ruch przeciwny: wzmaganie się nacjonalizmów i partykularyzmów, a w dziedzinie sztuki rozrastanie się undergroundu, tworzenie się artystycznych sekt, grup zamkniętych, alternatywnych. Kultura spotyka się z kontrkulturą. Sztuka z antysztuką. Teatr z antyteatrem.

Dotychczasowe pojęcie awangardy zakładało rozwój sztuki, taki jak rozwój wielu innych dziedzin życia, na przykład nauki, sportu, gospodarki. Aby mogła się rozwijać produkcja masowa, muszą istnieć instytuty badawcze, które wypracowują metody aplikowane powszechnie. Nowy samochód, zrzucany potem z taśmy w milio-

---

[34] Por. B. Majewska, *Przewroty i ciągłość w sztuce*, „Polityka", 1978, nr 1.

nach egzemplarzy, musi mieć prototyp. Każda fabryka musi mieć laboratorium. W teatrze takim laboratorium był awangardowy zespół. Tak powstało Laboratorium Jerzego Grotowskiego i Odin Teatret; poprzednio zaś Vieux Colombier, Reduta i inne teatry.

Dziś jednak artyści zaczynają barykadować swoje pracownie. Uciekają na odludzie. Działają tak, aby ich „wynalazki" nie rozprzestrzeniały się zbytnio. Skrywają się przed tłumem. Zawężają pole swoich zainteresowań. Zmniejszają liczbę miejsc na widowni. Hermetyzują język.

Można rozumieć, że czynią tak w odruchu samoobrony: łatwość przepływu informacji sprzyja wulgaryzowaniu, odziera twórczość z niezbędnego elementu tajemnicy. Czynią tak w interesie sztuki: masowe powielanie czyni z dzieła artysty (tak może dziać się też z przedstawieniem teatralnym) produkt przemysłowy, artykuł spożycia, łatwo przyswajany, łatwo wydalany. W interesie człowieka: artyści walczą o zachowanie indywidualnego, niepowtarzalnego, osobistego kontaktu twórcy z odbiorcą, aktora z widzem, człowieka z człowiekiem; ten kontakt jest konstytutywny dla teatru, bez niego teatr ginie; sztuka z narzędzia rozwoju duchowego jednostki zamienia się w jeszcze jeden anonimowy system represyjny.

Jakiekolwiek byłyby powody tego niezwykłego procesu — obserwujemy w teatrze fakt odrywania się „awangardy" od „sił głównych". „Awangarda" usamodzielnia się i odosabnia. Zostaje bądź zepchnięta na margines, bądź sama odwraca się od całokształtu życia teatralnego, które w ten sposób zostaje pozbawione absolutnie niezbędnego mu wyzwania i dopływu nowych energii.

Aby cały układ życia teatralnego (życia artystycznego, gospodarki itp.) mógł funkcjonować prawidłowo, potrzebne są nie tylko laboratoria, mające możliwości rozwijania swych prac, ale również musi istnieć system powszechnego wdrażania, wchłaniania osiągnięć awangardy przez ogół. Stanowi to dla samej awangardy niezbędny czynnik stymulujący, sprawdzian w postaci społecznej akceptacji lub sprzeciwu. I taka, i taka informacja jest dla artysty teatru niezbędna. Nie może pracować w pustce. Byłoby to sprzeczne z istotą teatru jako procesu międzyludzkiego.

5 — K. Braun. Druga reforma

Kontakt z powszechnie uprawianym teatrem dostarcza awangardzie impulsów, podniet i swego rodzaju „zamówień" badawczych. Każda fala awangardy teatralnej XX wieku, jak dotąd, stopniowo rozszerzała swoje działanie, upowszechniała się — i potem zanikała. Na jej miejscu jednak rodziła się nowa grupa awangardy, która normalną koleją rzeczy również kiedyś zostawała szeroko zaakceptowana. Potem osuwała się na poziom średni — itd. Ten stały proces wymiany tkanek pomiędzy masowym, instytucjonalnym teatrem a teatralną awangardą zapewniał życie i prawidłowe funkcjonowanie całego organizmu. Jeśli zaś powszechnie uprawiany teatr awangardę odrzuca i jeśli ona sama odgradza się od niego — twórczy obieg informacji i energii ustaje. Tworzą się osobne układy. Zamknięte. Jałowe. Skazane na petryfikację.

Pierwsza Reforma — acz w ogromnym trudzie, acz nie bez walk, porażek, towarzyszących jej chichotów i oszczerstw — zdobyła sobie jednak autorytet i udrożniła kanały łączące ją z całym życiem teatralnym. W swoim czasie Meyerhold został przewodniczącym Wydziału Teatralnego Ludowego Komisariatu Oświaty (Ministerstwa) w Radzieckiej Rosji. Osterwa był prezesem Związku Artystów Scen Polskich. Schiller wygłosił programowy referat na nadzwyczajnym zjeździe tego związku w 1936 r., a wcześniej, w 1933 r., z zasad teatru Wielkiej Reformy uczynił podstawę programu nauczania na Wydziale Reżyserii w Państwowym Instytucie Sztuki Teatralnej w Warszawie. W 1936 r. Reforma opanowała ostoję konserwatyzmu w teatrze francuskim, Comédie Française: Copeau wyreżyserował tam *Mizantropa* Moliera (1936), Jouvet *Iluzję* Corneille'a (1937), Dullin *Każdy na swój sposób* Pirandella (1937), Baty *Słomkowy kapelusz* Labiche'a (1938). Wszyscy ci ludzie byli reformatorami, głosili poglądy dalekie często od powszechnego uznania, praktykowali jako twórcy awangardowi.

Dziś sytuacja jest odmienna. W życiu teatralnym wielu krajów obserwujemy drastyczne niekiedy rozdzielanie się dróg teatru oficjalnego i awangardowego. Są też obszary, gdzie awangardy po prostu w ogóle nie ma. Kształtujący się stan rzeczy może stać się porównywalny z okresem przed Pierwszą Reformą, w głębi XX wieku.

Teatr nie poddany niewygodnej, trudnej, kłopotliwej (oczywiście!) presji awangardy popada w samozadowolenie i sztampę, odrywa się od rzeczywistości. Staje się podobny do świata, w którym nie byłoby miejsca na pluralizm. Taki teatr bywa dobry technicznie i warsztatowo. Jednak pusty duchowo. Nie rodzi ani nie wchłania nowych idei. Nie wytwarza więzi między ludźmi. Peter Brook nazwał go: teatr martwiejący.

Podobny los może spotkać — i spotykał już czasem „awangardę", jeśli samotniała, zamykała się w swojej własnej problematyce, jeśli nie konfrontowała się stale z powszechnie uprawianym teatrem, a zwłaszcza z powszechnymi potrzebami narastającymi w teatrze i wokół niego; taka „awangarda" pewnego dnia okazuje się beznadziejnie zapóźniona. Staroświecka i niepotrzebna.

Teatr Drugiej Reformy był przez kilkanaście lat „awangardowy", a zarazem „otwarty". Funkcjonował jako ważny element pluralistycznego układu teatralnego w skali wielu społeczeństw i w skali światowej. Proces zamykania się i oddzielania awangardy od całokształtu życia teatralnego (proces dobrowolny i zachodzący pod presją) mógłby doprowadzić do momentu, w którym równowaga całego układu i sama zdolność jego życia mogłyby zostać zagrożone.

Otwieranie przestrzeni teatralnej

W Pierwszej Reformie do teatru weszli malarze sztalugowi. Ich nowoczesne malarstwo, związane z artystycznymi awangardami, przekształcało dekoracje i kostiumy, komponowane jednak nadal jako wypełnienie „obrazu" sceny w „ramie" prosceniowej. Część malarzy współpracujących z teatrami zaczęła uwzględniać w większym stopniu specyfikę teatralnego „obrazu" związaną z ruchem aktora, głębią i trójwymiarowością przestrzeni scenicznej. Ci stali się scenografami. Inni zaś doprowadzili do powstania nowego, specjalnego rodzaju widowiska: teatru tworzonego przez malarzy. Inscenizatorzy Pierwszej Reformy, pracując na makietach, rzucili myśl przekształcenia wnętrza pudełkowej sceny, tak aby wszystkie elementy ją wypełniające: aktor w kostiumie, zmienna dekoracja, światło i ruch (aktora, dekoracji i światła) stały się jednorodne. W tym celu należało zmienić również warunki obserwacji, a więc przebudować widownię. Kontestacja objęła więc całość architektury teatralnej. Inscenizatorzy/reżyserzy posługiwali się jako głównym tworzywem przestrzenią. Scenografowie, z pochodzenia malarze, stawali się inscenizatorami.

W Drugiej Reformie malarze/scenografowie/inscenizatorzy kontynuowali poszukiwania „teatru plastycznego", „teatru — happeningu", „teatru — environmentu", „teatru — emballage'u", „teatru — deballage'u" itp. W Drugiej Reformie nie jest to już margines, ale cały poważny nurt życia teatralnego z własnymi zespołami, publicznością i krytyką wyspecjalizowaną w towarzyszeniu tego typu widowiskom. Myśl zreformowania przestrzeni teatralnej rzucona w Pierwszej Reformie doprowadziła w Drugiej do zasadniczych zmian w budownictwie teatralnym i do powstania całkiem nowych — z punktu widzenia organizacji przestrzeni — teatrów w wielu krajach świata.

Przed Pierwszą Reformą obok teatru przetoczyła się cała fala impresjonizmu w malarstwie — i ani jeden impresjonista nie stał się wtedy scenografem: Salon Odrzuconych — 1863, ostatnia wystawa impresjonistów — 1886, otwarcie Théâtre Libre — 1887.

Jednak już niedługo potem w teatrze całymi grupami zaczęli działać malarze. Wchodzili doń przez bramy Théâtre d'Art (od 1891), de L'Oeuvre (od 1893), Baletów Rosyjskich (od 1909) i Baletów Szwedzkich Rolfa de Maré (w Paryżu, 1920–1924). Paul Fort zaprosił do współpracy w Théâtre d'Art Pierre'a Bonnarda, Maurice'a Denisa, Paula Sérusiera. W ciągu kolejnych sezonów Lugné-Poe ściągnął do swego teatru całą plejadę najznakomitszych współczesnych malarzy; w L'Oeuvre robili scenografie: Edward Munch, Henri Toulouse-Lautrec, Edouard Vuillard; także Denis i Sérusier. Dekoracje w Baletach Rosyjskich były początkowo dziełem Baksta, Benois, Gołowina, Gonczarowej, Jegorowa, Łarionowa. Potem zaczęła się osmoza. Malarze rosyjscy zaczęli robić scenografie w paryskich teatrach i operze, zaś Diagilew angażował malarzy ze środowiska Paryża; w baletach tworzyli scenografie Picasso, Picabia, Miró, Ernst, Chirico, Bracque, Léger i inni. Malarze zadomowiali się w teatrach. Fakt ten pozwolił — w usprawiedliwiony sposób — Zbigniewowi Strzeleckiemu pisać o scenografii kubistycznej, ekspresjonistycznej, surrealistycznej[1].

Istotnie, prądy artystyczne w malarstwie znajdowały w czasach Reformy natychmiastowe echa w teatrze. Czytelnika zainteresowanego tymi filiacjami trzeba odesłać do prac specjalistycznych[2]. Tutaj zaś chciałbym omówić tylko kilka wybranych przykładów, które będą nam szczególnie pomocne w rozumieniu dokonań Drugiej Reformy.

4 lipca 1908 roku w Teatrze Ogrodowym w Wiedniu odbyło się przedstawienie pt. *Morderca, nadzieja kobiet.* Autorem tekstu, scenografem i reżyserem był młody, dwudziestotrzyletni, ale znany już wtedy malarz Oskar Kokoschka. W przedstawieniu występowali artystyczni przyjaciele autora i studenci Akademii Sztuk Pięknych. Na ich twarzach i ciałach malowane było ludzkie unerwienie, przenoszące jakby na zewnątrz — wewnętrzny system nerwowy. Wykonywali oni dziwaczne, gwałtowne i dzikie

---

[1] Z. Strzelecki, *Kierunki scenografii współczesnej*, Warszawa 1970.
[2] Z. Strzelecki, *op. cit.*, oraz *Polska plastyka teatralna*, Warszawa 1963; D. Bablet, *Le décor du théâtre...*, Paris 1965.

ruchy, skoki i biegi, wydając okrzyki i dźwięki. Grała kilkunastoosobowa orkiestra. Dekorację stanowiła czerwona wieża na środku terenu gry. Sztuka miała przedstawiać − w ciągu metafor − pożądanie. Publiczność cały czas mieszała się do akcji − docinając aktorom, gwiżdżąc, śmiejąc się i klaszcząc; jedni widzowie usiłowali zagłuszyć bądź uciszyć innych. Po zakończeniu trwały kłótnie i wymiana obelg. A więc rok 1908 i teatr plastyczny, przedekspresjonistyczny, w skrajnej, ostrej postaci. Oddziałał na wielu inscenizatorów, zwłaszcza niemieckich.

W rok później (1909) ukazał się *Pierwszy manifest futuryzmu*, ruchu poetów i malarzy. W 1911 r. Marinetti ogłosił *Manifest dramatopisarzy futurystycznych*. Zawarte są w nim postulaty niecodzienności teatru, poddania sceny władzy maszyny, zerwania z fotografowaniem życia; aktorzy zaś winni dążyć do tego, aby być wygwizdywani... I rzeczywiście. W Teatro Mercadante w Neapolu w 1911 r. grupa Marinettiego wywołała takie wzburzenie widzów, że musieli interweniować karabinierzy. W 1913 r. Marinetti ogłosił kolejny manifest futurystyczny dotyczący teatru i będący szeroko uzasadnioną gloryfikacją music-hallu. W 1915 r. malarz Enrico Prampolini opublikował manifest pt. *Scenografia futurystyczna*. Znajduje się w nim kategoryczne twierdzenie, że jak dotąd Reforma Teatru okazała się pozorna i nieudolna. Prawdziwej Reformy dokonają dopiero futuryści, między innymi poprzez wprowadzenie „elektromechanicznej bezbarwnej architektury" [3]. Filippo Marinetti, Emilio Settinelli i Bruno Corba ogłosili z kolei w 1919 roku manifest *Teatr futurystyczny syntetyczny*, z podtytułem: „odrzucający technikę − dynamiczny − symultaniczny − autonomiczny − alogiczny − antyrealistyczny". Jest to trafne i esencjonalne określenie idei teatru futurystycznego. We „wnioskach" manifestu czytamy: „Trzeba wprowadzić na scenę wszystkie wynalazki i doświadczenia, nawet najbardziej niewiarygodne, najdziwniejsze i najbardziej antyteatralne, jakich geniusz

---

[3] R. Prampolini, *Scenographie futuriste* (*manifeste*), wg „Travail Théâtrale", printemps 1973, s. 57.

artystyczny i nauka dokonują codziennie na tajemniczych terenach podświadomości, w sferze sił jeszcze niezbadanych, w dziedzinie czystej abstrakcji, czystego rozumu, w przebłyskach fizycznego obłędu music-hallu i cyrku"[4].

Autorzy manifestu informują również o swoich dokonaniach: „Pierwsze syntezy teatralne Marinettiego, Settinellego, Bruno Corby, Remo Chitiego, Arnoldo Ginny [...] były zwycięsko przedstawiane przez zespoły teatralne Bertiego, Nichiego, Zoncady, Petroliniego masom publiczności w teatrach Bolonii, Ancony, Padwy, Wenecji, Werony, Genui, Rzymu, Neapolu, Florencji, Lucerny, San Remo, Mediolanu [...] Paryża"[5].

Można by powiedzieć, że przedstawienie teatralne, z góry zaplanowane i zrealizowane jako eksces, skandal, „event", jakbyśmy powiedzieli dziś — należało od początku do programu Reformy. Teatr futurystyczny był dzieckiem Reformy, choć wypierał się swych rodziców.

Do sztuki Kokoschki *Morderca, nadzieja kobiet*, wygwizdanej w 1909 roku w Wiedniu, napisał muzykę Paul Hindemith, a gdy została ona wystawiona jako opera w 1921 roku w Dessau, dekoracje i kostiumy zrobił do niej Oskar Schlemmer.

Wraz ze Schlemmerem dotykamy kolejnej obszernej problematyki, która może tu być tylko zasygnalizowana: związku abstrakcjonistów z teatrem Reformy, a także, ściślej, wzajemnych wpływów Bauhausu i Reformy.

Bauhaus grupował w Weimarze, potem w Dessau i Berlinie na przestrzeni lat 1919—1934 wielu najwybitniejszych malarzy swego czasu, jak El Lissitzky, Moholy-Nagy, van Doesburg, Paul Klee, Wassily Kandinsky i inni, oraz architektów, jak Gropius, założyciel uczelni; teatrem zaś zajmował się Schlemmer. Po Gordonie Craigu był on kolejnym tak konsekwentnym teoretykiem teatru totalnego, tworzonego przy pomocy marionet, światła, przedmiotu, nierealistycznej przestrzeni, zrytmizowanego

---

[4] *Le Théâtre futuriste sinthétique*, „Travail Théâtrale", printemps 1973, s. 63.
[5] *Op. cit.*, s. 65.

ruchu ciał, elementów tańca, pantomimy. *Die Bühne in Bauhaus* (1925) to kolejna księga proroctw i zapis doświadczeń Reformy. Schlemmer nie tylko teoretyzował. Prowadził w teatrze Bauhausu laboratoryjne doświadczenia. Były one jednym z elementów Reformy, choć na bieżąco nie wywarły bezpośredniego wpływu na praktykę teatralną. Po latach zaczną być coraz częściej przypominane[6]. Zainspirują Petera Schumanna i innych.

Przypomnijmy także bezpośrednie związki Reformy z dadaizmem i surrealizmem. Już pierwszy wieczór dadaistów w sali Zur Wag w Zurichu, 14 lipca 1916 r., był właściwie widowiskiem teatralnym[7].

Wystąpienia dadaistów każą przypomnieć jeszcze jedną postać teatru, która rozkwitła wraz z Reformą: kabaret. Wtedy, zawsze z udziałem malarzy. Gdy Tristian Tzara, Hugo Ball, Richard Hülsenbeck i Hans Arp chcieli znaleźć trybunę dla swych wypowiedzi artystycznych, sięgnęli właśnie po kabaret artystyczny.

Z kręgu bywalców i wykonawców Cabaret Voltaire wyszedł jeszcze jeden z teoretyków i praktyków Teatru Reformy, Kurt Schwitters. Swoje poglądy wyrażał w wydawanym przez siebie czasopiśmie Merz (1919–1932) oraz w scenariuszach widowisk opartych na ruchu i animacji przedmiotów, działaniu maszyn, wygłaszaniu fragmentów poematów czy artykułów z gazet przez aktorów zanurzonych w kłębach pary i potokach wody, oświetlanych błyskami lamp i reflektorów. Zacytujmy za Urszulą Czartoryską – typową eksplikację Schwittersa: „Scena Merz służy przedstawieniu dramatu Merz. Dramat Merz jest abstrakcyjnym dziełem sztuki. Według przyjętych powszechnie zasad dramat i opera opierają się na tekście pisanym, który jest sam wykończonym dziełem, bez sceny. Inscenizacja i muzyka służą jedynie do ilustracji tekstu, który sam stanowi ilustrację akcji. W przeciwieństwie do dramatu czy opery, wszystkie składniki inscenizacji Merz są nierozdzielnie ze sobą powiązane; nie

---

[6] Por. np. E. Michaud, *Le dernier chapitre de l'historie du monde*, „Travail Théâtrale", pintemps 1976.

[7] Por. H. Béhar, *Dada i surrealizm w teatrze*, Warszawa 1975, s. 113.

można jej zapisać, odczytać czy wysłuchać, może być ona jedynie stworzona w teatrze. Scena Merz zna jedynie stopienie wszystkich składników w złożone dzieło. Materiałami dla inscenizacji są wszelkie ciała stałe, płynne lub gazowe, takie jak białe mury, człowiek, kłęby drutu kolczastego, błękitny dystans, reflektor punktowy. Stosuje się przestrzenie dające się sprężać lub przestrzenie zanikające w okach sieci, i takie, które się składają jak kurtyna, rozciągają i kurczą. Zakładać można poruszanie się i obracanie się przedmiotów, linie będą mogły rozszerzać się, stając się płaszczyzną. Poszczególne elementy mogą być doczepiane do kulis, inne od nich odrywane. Materiał do opracowania muzycznego stanowić mogą wszystkie tony i dźwięki, dające się wydobyć ze skrzypiec, puzona, maszyny do szycia, zegarka dziadka, strumienia wody itp. Za materiał do tekstu służyć mogą wszystkie eksperymenty, prowokujące inteligencję i emocje. Owe tworzywa nie mają być stosowane logicznie, zgodnie z ich obiektywnymi relacjami, lecz jedynie w oparciu o logikę dzieła sztuki"[8].

Oto jedna ze skrajnych wizji teatru Reformy. Schwitters sam nie stał się inscenizatorem. Poprzestał na teoretyzowaniu i budowaniu kolejnych „Merzbau" — assemblage'y, w których rozgrywały się widowiska jego teatru marzeń. Ziściła je Druga Reforma.

Teatr malarzy posługujący się głównie środkami plastycznymi i przestrzennymi, z całkowitą lub częściową eliminacją słowa i aktora, był logicznym, choć skrajnym następstwem przymierza malarstwa z teatrem, jakie zawarto już w latach dziewięćdziesiątych XIX wieku. Był elementem tego samego programu, jaki w mniej ostrej formie, z ustępstwami na rzecz teatru zastanego, realizowali liczni wybitni malarze projektujący scenografie w teatrach akcydentalnie, jak i ci, którzy na stałe zeszli się z teatrem i pracowali dla niego regularnie: Georg Grosz, Feliks Krasowski, Andrzej Pronaszko, Christian Bérard, Emil Pirchan.

---

[8] Wg U. Czartoryska, *Od pop-artu do sztuki konceptualnej*, Warszawa 1973, s. 23—24.

O ile „teatr plastyczny" narodził się w Pierwszej Reformie, ale nie rozpowszechnił się, o tyle wydaje się być jednym z ważnych elementów Drugiej Reformy. Od Kokoschki, Prampoliniego, Schlemmera i Schwitersa biegnie bezpośrednia linia następstw do Kantora, Szajny, Wilsona i Foremana. O Foremanie i Wilsonie piszę na kartach tej książki przy innej okazji. O wspaniałych dziełach Tadeusza Kantora i Józefa Szajny, dziełach bardzo zresztą różnych, pisać nie czuję się na siłach. Zainteresowanych muszę odesłać do prac specjalistów[9].

Pierwsza Reforma była bardzo aktywna w dziedzinie przestrzeni teatralnej w ogóle. Nie tylko poprzez otwarcie teatru dla malarzy, przyjmujących częstokroć bezkrytycznie scenę „pudełkową", ale także poprzez działania zmierzające do zmiany architektury teatralnej.

Pierwsza Reforma zakwestionowała teoretycznie scenę pudełkową i „théâtre à l'italien" — teatr włoski, będący bezpośrednią spuścizną barokowego teatru dworskiego. Nie doprowadziła do licznych realizacji budowli nowej architektury teatralnej — tego dokona może Druga Reforma — ale uczyniła trzy decydujące kroki zmierzające do podważenia monopolu sceny pudełkowej i zarysowania nowych rozwiązań architektonicznych.

Te trzy kroki: 1. Poszukiwanie nowych, parateatralnych terenów gry, 2. przebudowywanie istniejących sal teatralnych, 3. budowanie, a zwłaszcza projektowanie, nowych teatrów.

---

[9] Niektóre ważniejsze wypowiedzi o dziele T. Kantora: M. Porębski, *Tadeusz Kantor*, „Współczesność", 1963, nr 8; W. Borowski, *Malarstwo Kantora...* „Współczesność", 1970, nr 9; W. Borowski, *Założenia Kantora*, „Dialog", 1973, nr 8, s. 130—133; T. Krzemień, *Przedmiot staje się aktorem* (rozmowa z T. Kantorem), „Kultura", 1974, nr 37, s. 11—12; K. Miklaszewski, *Umarła klasa...*, „Magazyn Kulturalny", 1976, nr 1, s. 22—25; U. Czartoryska, *Kantor. Nowe propozycje*, „Projekt", 1976, nr 4, s. 58—63.
Na temat dzieła J. Szajny:
M. Czanerle, *Szajna*, Gdańsk 1974; E. Morawiec, *Józef Szajna Plastyka, teatr*, Kraków 1974; Z. Watrak, *Znak plastyczny w teatrze Szajny*, „Teksty", 1976, nr 2, s. 47—68.

1. Prace w pierwszej dziedzinie wyraziły się w widowiskach w plenerze miejskim i wiejskim, w adaptowaniu dla potrzeb teatru przestrzeni dla niego nie przeznaczonych — od kawiarni do cyrku. (Była to około siedemdziesiąt lat temu wielka fala mody.)

Widowiska masowe i teatr plenerowy znane są od początku Reformy. Pierwszy fakt pochodzi z okresu przygotowawczego Reformy: 7 grudnia 1867 r. w starożytnym odeonie Herodos Attikos na zboczu Akropolu w Atenach wystawiono *Antygonę* Sofoklesa [10]. Kontynuując średniowieczne tradycje grano w ciągu XIX wieku widowiska pasyjne w licznych miastach i osiedlach Bawarii, Słowacji, Polski, Austrii, Szwajcarii, Włoch i in.

Od roku 1894 — zaczęto wykorzystywać dla widowisk stare rzymskie amfiteatry we Francji: w Orange, Nimes, Arles, Béziers. W 1898 r. w paryskim cyrku letnim Lugné--Poe wystawił z ogromnym rozmachem *Miarkę za miarkę* Shakespeare'a. W 1903 r. w Vaud, w Szwajcarii Firmin Gémier zrealizował ogromne widowisko historyczne z udziałem około 2400 aktorów i statystów. W 1904 i 1905 roku Stanisław Wyspiański projektował zbudowanie u stóp polskiego Akropolu — Wawelu teatru na wzór grecki. W latach 1910—1913 miały miejsce masowe widowiska Reinhardta w Wiedniu, Berlinie, Wrocławiu, Londynie. Potem Reinhardt odtwarzał je w Stanach Zjednoczonych. W latach 1911—1912 Gémier zorganizował wielki objazd Francji z widowiskami urządzanymi w namiocie cyrkowym, a w 1919 r. wystawiał spektakle z udziałem setek statystów w paryskim cyrku zimowym: *Edypa króla Teb*, dramat Saint-Georgesa de Bouhélier oraz *Pastorałkę* (*La Grande Pastorale*). (W tymże roku L. Schiller zrealizował w Teatrze Polskim w Warszawie *Szopkę staropolską*, zaś w 1922 r. w Reducie *Pastorałkę*.) W 1914 r. historyczne widowisko plenerowe nad Jeziorem Genewskim zrealizował Adolphe Appia. W latach 1914—1919 odbywały się w Stanach Zjednoczonych liczne widowiska uliczne (m. in. w Hempstead, St. Louis, Nowym Jorku). W 1920 roku Reinhardt działał w przebudowanym na

---

[10] *Le théâtre néogrec*, Athenes 1957, s. 18.

Grosses Schauspielhaus Cyrku berlińskim. Także w roku 1920 miały miejsce gigantyczne widowiska masowe w Rosji Radzieckiej: *Misterium wyzwolonej pracy, Blokada Rosji, Na rzecz komunistycznego świata* i — największe z nich — *Szturm Pałacu Zimowego w Petersburgu.* Na lata 1924— 1930 przypadły objazdy Reduty po całej Polsce, m. in. z plenerowym widowiskiem *Księcia Niezłomnego* Słowackiego/Calderona. W tym czasie, w latach 1924—1929, trwała podobna objazdowa działalność Copeau i jego grupy Copiaux. W 1927 roku w starożytnym teatrze w Delfach wystawiono *Prometeusza w okowach* i odtąd już co roku odbywał się tam teatralny festiwal zwany Świętami Delfickimi. W roku 1929, w stulecie śmierci Wojciecha Bogusławskiego, *Krakowiaków i Górali* wystawił na warszawskim rynku Starego Miasta Leon Schiller. W latach 1933 i 1935 widowiska plenerowe — *Misterium o świętej Ulivie i Savonarolę* — zrealizował we Florencji Jacques Copeau.

Teatr masowy i plenerowy był więc w „atmosferze świata" teatru Reformy. Był jednym z podstawowych punktów programu. Zadziwiające są zbieżności poczynań i krążenia pomysłów. Cyrkowe widowiska Reinhardta i Gémiera, objazdy Osterwy i Copeau odbywały się w tym samym czasie, choć w różnych warunkach i okolicznościach. Odpowiadały jednak na podobne potrzeby społeczne i twórcze. Inicjatywy artystyczne tego typu powstawały nieustannie w czasie całej Reformy, od lat dziewięćdziesiątych XIX wieku aż do trzydziestych XX. Widowiska plenerowe miały charakter ludowej rozrywki. Uzmysławiały one publiczności i samemu teatrowi jego starożytne i ludowe pochodzenie. Teatrowi — u progu Reformy — burżuazyjnemu, realizującemu (mimo zmieniających się warunków społecznych) ideały i zasady teatru dworskiego przeciwstawiały tradycję antyczną, średniowieczną, misteryjną (*The Miracle, La Grande Pastoralle, Misterium o świętej Ulivie*), wreszcie romantyczną, gdy teatr bulwarowy, pantomimiczny, cykloramy itp. cieszyły się masowym zainteresowaniem niskich warstw społecznych. W ogóle teatr ludowy od początku Reformy był problemem żywo obchodzącym teoretyków i praktyków. Dyskutowano o nim wszędzie, także w Polsce[11]. Jego potrzeba stała u podstaw szeregu dramatów i kampanii prasowej Romain Rollanda, który w 1903 r. wydał pracę teoretyczną *Teatr ludowy*. Potrzeba ta doprowadziła do powstania w Niemczech wielkiej organizacji Volksbühne, a w Rosji Proletkultu (1917). Jednym z jego przywódców był Płaton Kierżencew, autor innego dzieła teoretycznego o teatrze ludowym, pt. *Teatr twórczy* (1918).

W naturalny sposób plenerowe widowiska ludowe mogły przejąć także funkcje agitacyjne, budzić rewolucyjny zapał i uczucia patriotyczne. *Szturm Pałacu Zimowego* związano z obchodami rocznicy Rewolucji. Z *Księciem Niezłomnym* Reduta objeżdżała wschodnie i północne „kresy", m. in. garnizony wojskowe.

Właśnie te dwa widowiska są zapewne najbardziej charakterystyczne dla omawianego tu nurtu Reformy. Pierwsze ukazuje go w skali największej na świecie, drugie, będące najciekawszym na gruncie polskim, stało się po latach odniesieniem dla poczynań Drugiej Reformy.

Szturm Pałacu Zimowego był ewenementem jednorazowym, jednak przygotowanym poprzez podobne wcześniejsze doświadczenie. Widowisko to zrodził teatr Agitpropu: „czołówki" aktorskie dawały widowiska w fabrykach, koszarach, na placach i w parkach, podróżowały specjalnymi pociągami i statkami rzecznymi; grano także w teatrach. Wystawiano specjalnie na ten cel napisane dramaty — jak *Misterium-Buffo* Majakowskiego (1918), montaże współczesne — *D. E.* Meyerholda (1924, na podstawie utworów Ilji Erenburga, Bernharda Kellermanna, Pierre'a Hampa i Uptona Sinclaira), montaże historyczne — o powstaniach Spartakusa czy Stienki Razina; recytowano wiersze i śpiewano pieśni, odtwarzano niedawne wypadki rewolucyjne.

Szturm Pałacu Zimowego (7 listopada 1920 r.) przygotował i całością widowiska kierował Mikołaj Jewreinow. Jego współpracownikami byli Aleksander Kugel, Mikołaj Pietrow oraz scenograf Jurij Annienkow i kompo-

---

[11] Por. *Spór o teatr ludowy*, w: *Myśl teatralna Młodej Polski*, Warszawa 1966, s. 127—140.

zytor Hugo Warlich. Na ogromnym placu Uryckim pomiędzy budowlami Pałacu Zimowego i byłego Sztabu Generalnego zgromadziło się przeszło 100000 widzów. Otaczały ich i przenikały tereny gry, trasy przemarszów, ataków itp. O półkolistą fasadę Sztabu Generalnego oparto dwie wysokie platformy, po lewej (patrząc od Pałacu Zimowego) była platforma „czerwona", przeznaczona dla „proletariatu", po prawej stronie platforma „biała", „burżuazyjna". Obie miały wiele poziomów i schodów. Wysoki most łączył obie platformy; pod nim i poprzez plac, na wskroś tłumu wiodła trasa ataku na Pałac Zimowy. Jednostki wojskowe, w tym niektóre na ciężarówkach i wozach pancernych, zgrupowane były w ulicach wiodących na plac. W pobliskim parku stacjonowała artyleria, a na Newie zakotwiczona była „Aurora", której salwa rozpoczęła widowisko. Trwało ono wiele godzin i odbywało się w nocy. Zaczęło się o dziewiątej wieczorem. Ogromne reflektory usytuowane w centrum placu i na fasadzie Pałacu Zimowego oświetlały poszczególne tereny gry. Płonęły też, oblane benzyną stągi drewna. Jewreinow miał „punkt dowodzenia" na platformie pośrodku placu. Pietrow przy „czerwonej" platformie, Kugel i Annienkow przy „białej", asystenci przy artylerii, jednostkach piechoty, samochodach itp. Posługiwano się telefonami polowymi. Występowało około 8000 ludzi. Naturalnie dokładna liczba nie jest znana, wiadomo jednak, że np. na „białej" platformie było początkowo 2685 wykonawców – „burżujów", w tym 125 tancerzy, 100 artystów cyrkowych[12]. Użyto setek kostiumów ze wszystkich teatrów Petersburga. Na „czerwonej" platformie występowali robotnicy, żołnierze, bolszewicy. Akcja obrazowała różne epizody z okresu Rewolucji Październikowej, a kończyła się szturmem Pałacu Zimowego, w którym, porwani przez wykonawców, wzięli udział widzowie, co niewątpliwie było najpotężniejszym fenomenem współuczestnictwa w historii teatru.

Podobnie porywające, acz nie do fizycznego współ-

---

[12] F. Deak, *Russian Mass Spectacles*, „The Drama Review", t. 66, s. 16.

działania, było widowisko plenerowe *Księcia Niezłomnego* w inscenizacji Osterwy. Premiera odbyła się 23 maja 1926 r. na dziedzińcu Uniwersytetu im. Stefana Batorego w Wilnie. Następnie widowisko dawano m. in. we Lwowie, Katowicach, Krakowie, Poznaniu, Wejherowie, Warszawie, na czterech granicach Polski — w Bielsku, Pucku, Zaleszczykach, Nieświeżu, Pińsku, Krzemieńcu, Poznaniu, Nakle; łącznie w kilkudziesięciu (w samym roku 1927 — 60) miejscowościach, każdorazowo dla kilku tysięcy ludzi: mieszkańców miast i miasteczek, chłopów, żołnierzy. Inscenizacja była umowna i oszczędna, zawsze wykorzystywano jakąś zabytkową architekturę i dostosowano się do warunków przestrzennych danego terenu. Rolę Don Fernanda grał Osterwa, w początkowych partiach z konia głosząc wspaniałe monologi. Każdorazowo angażowano licznych konnych statystów, odbywały się jazdy z pochodniami, grała orkiestra. To niezwykłe zjednoczenie poezji i aktorów z naturą, miejscową ludnością robiło nieodmiennie wielkie wrażenie.

2. W dziedzinie przebudowywania istniejących gmachów teatralnych Reforma doprowadziła do przekształcenia wszystkich zapewne starych budynków teatralnych w Europie. Wszędzie bowiem likwidowano stopniowo dolne rampy, stanowiące dotąd nieprzekraczalny próg pomiędzy sceną a widownią. Dobudowywano proscenia i prowadzące na widownię schody. Na takich schodach przed kurtyną przy wpółzapalonej widowni grał Osterwa scenę z Maskami w II akcie *Wyzwolenia*. Zamalowywano na czarno lub biało ozdobne łuki proscenium. Na widowniach wbijając haki w złocenia i stiuki zawieszano coraz więcej reflektorów, likwidowano niektóre loże. Widownię dworską zamieniano w demokratyczną. Niektóre teatry przebudowywano bardziej radykalnie. Wzorem była tu działalność Copeau, który w teatrach Athénée Saint-Germain w Paryżu i Garrick Theatre w Nowym Jorku scenę iluzyjną zamienił w antyiluzyjną, umowną konstrukcję, zrobioną z częściowo stałych, a częścią wymiennych elementów. Widownię zaś pozbawiono lóż. Przebudowywali swoje teatry Gémier (Théâtre Antoine w Paryżu, 79

1917), Osterwa (Teatr na Pohulance w Wilnie, 1929), a także reformatorzy rosyjscy i niemieccy.

Pierwsza Reforma nie wykształciła jednak nowego typu przestrzeni teatralnej. Może dlatego że tak dużo budynków teatralnych w całej Europie, a także w USA, odziedziczyła. W latach 1870—1914 zbudowano całą masę teatrów w Europie, od Aten po Toruń. Były to wszystko teatry ze złoconymi ramami, kolumnami i pilastrami, z czerwonymi, wiśniowymi lub bordowymi fotelami, kotarami i kurtynami, z wielopiętrowymi widowniami i pudełkowymi scenami. Wzorcami były: mediolańska La Scala (zbudowana 1778), drezdeński Hoftheater (1737—1841) czy paryska Opera (1874). W końcu XIX i na początku XX wieku budowano teatry również na ziemiach polskich, m.in. w Poznaniu (1875), Lublinie (1886), Krakowie (1893), we Lwowie (1900), w Toruniu (1905), Warszawie (Teatr Polski, 1913).

3. Nie licząc przeróbek — ściśle budowlany dorobek Pierwszej Reformy jest bardzo ubogi. Po Bayreuth (1876) nowy teatr z amfiteatralną widownią, szerokim proscenium i płytką sceną zbudowano dopiero 1907 r. w Monachium. Był to Künstlertheater Fuchsa i Erlera. W 1921 r. na podobnych zasadach architekci Pogani i Heisart oparli teatr festiwalowy w Salzburgu. Widownia była amfiteatralna, półkolista, pomiędzy nią a sceną umieszczono szerokie proscenium.

Nie natrafiłem nigdy na jakiekolwiek informacje i nie słyszałem o zbudowaniu jakiegokolwiek naprawdę nowoczesnego teatru w latach dwudziestych i trzydziestych. W 1933 r. przerwano budowę nowego gmachu teatru Meyerholda w Moskwie, który zapowiadał się właśnie jako pierwsza konstrukcja nowoczesna: ze zmienną przestrzenią.

Wiele natomiast konstruowano w wyobraźni. Choć poszczególne projekty nie doczekały się realizacji, były znane dzięki wystawom i publikacjom. Zapładniały współczesnych. Wydały owoce w Drugiej Reformie.

80   Najciekawsze i najlepiej udokumentowane projekty no-

wych teatrów narodziły się mniej więcej równocześnie (tu też jest prawidłowość) w Niemczech i w Polsce. W 1927 r. architekt Walter Gropius we współpracy z Erwinem Piscatorem zaprojektował teatr zwany „totalnym". Rysunki i makiety przenoszą nas do kopulastej, owalnej sali. Jest w niej amfiteatralna widownia, naprzeciw której otwiera się bardzo szeroka scena. Może być ona wykorzystywana jako przestrzeń jednorodna lub też dzieli się na trzy duże mansjony. Widownia w jednym wariancie sięga aż ku scenie z owalnym pomostem proscenium, w drugim, pomiędzy sceną a widownią jest okrągła, otoczona z trzech stron przez publiczność orchestra; w trzecim wariancie orchestra ta, wraz z przednim segmentem widowni, może (nawet w czasie akcji) dokonać obrotu i stworzyć w efekcie centralny, okrągły teren gry otoczony dookoła przez widzów. To istotnie niezwykle pomysłowe urządzenie terenu gry i obserwacji uzupełniał jeszcze system ekranów dla projekcji filmowej.

Dokładnie w tym samym czasie, co Piscator i Gropius, w Polsce nad projektem nowego teatru pracowali Andrzej Pronaszko oraz architekci Szymon Syrkus i Stefan Bryła. Praca szła w dwóch kierunkach: stworzenia teatru stałego i przenośnego. Przyjęta została taka sama zasada rozwiązania przestrzeni, różne były szczegóły techniczne. Owalna, amfiteatralna widownia otoczona była dwoma ruchomymi pierścieniami terenu gry, bądź sama była ruchoma, sytuując się naprzeciw różnych terenów gry w różnych „kątach" sali. Rozwiązanie pierwsze dawało więcej możliwości (dwa pierścienie mogły poruszać się przeciwbieżnie). Przy tym rozwiązaniu współpracował Pronaszko z Syrkusem. Projekt nazwano Teatrem Symultanicznym. Pokazywano go na wystawach w Warszawie (1928 i 1929), Poznaniu (1929) oraz w Paryżu (1931). Opis opublikowano w 1930 r. [13] Rozwiązanie drugie było prostsze i tańsze, przeznaczone dla teatru objazdowego. Pronaszko pracował nad nim od 1927 r., a w 1934 r. wraz z inżynierem Bryłą zdefiniował go ostatecznie. Opublikował wy-

---

[13] Por. A. Pronaszko, *Zapiski scenografa*, Warszawa 1976, s. 329.

niki prac w 1935 r. w wywiadzie prasowym i wykładach w Warszawie, Lwowie i Krakowie[14].

Ze znanych mi realizacji z okresu Pierwszej Reformy najdalej posunięty, najbardziej nowoczesny był układ przestrzeni zastosowany w Studio Teatralnym im. S. Żeromskiego w Warszawie w roku 1933. Nie zbudowano tam jednak nowego teatru ani nie adaptowano teatru starego, ale przystosowano dla widowisk dawną kotłownię osiedla Żoliborz Warszawskiej Spółdzielni Mieszkaniowej. Adaptacji dokonali architekci Helena i Szymon Syrkusowie. Kierownikiem teatru była Irena Solska. Przestrzeń przeznaczona do gry i obserwacji była jednolita. Podłoga zbudowana została z drewnianych segmentów 1×2 m, które miały różną wysokość. Segmenty ustawiano zależnie od potrzeb inscenizacji. Była to więc w pełnym tego terminu znaczeniu sala „transformable", „flexible", taka jak te, które po wielu latach zaczęto budować w różnych teatralnych stolicach świata. W pierwszej i zarazem najbardziej wartościowej premierze danej w tej sali, *Bostonie* Bernarda Blume'a (31 V 1933) akcja rozgrywana była w paru punktach sali; ustawiono tam oszczędne dekoracje i sprzęty oznaczające kawiarnię, park, więzienie. Widzowie byli usytuowani na różnych poziomach na pojedynczych krzesłach w całej sali. Aktorzy grali w najbliższej odległości od widzów, przechodzili pomiędzy nimi, przerzucali kwestie ponad ich głowami. Poszczególni widzowie, acz nie włączeni czynnie w akcję, byli tak usytuowani, że „występowali" jako goście w kawiarni czy spacerowicze odpoczywający w parku. Za sprawą przestrzeni widzowie stawali się współuczestnikami widowiska. Takie zabiegi będzie stosował trzydzieści parę lat później Richard Schechner w swoim Performing Garage w przedstawieniu *The Commune*.

Punktem wyjścia dla Drugiej Reformy była jednak scena pudełkowa. „Appia nigdy nie miał teatru, Craig nie kierował nigdy takim teatrem, jakiego pragnął. Doświadczenia Copeau zostały ograniczone do Vieux-Colombier, Piscator nigdy nie miał środków, aby zbudować »Teatr

[14] Ibid. s. 340.

totalny« zaprojektowany przez Gropiusa. Dziś Vilar i Planchon pracują w teatrach (Maillot i Villeurbaune), w których mogą jedynie ujawniać wady tych budowli"[15] — powiedział swego czasu Denis Bablet. Scena pudełkowa trwała. Jednak zmieniła się postawa wobec niej. Przyjmowana jako zło konieczne i dobrodziejstwo inwentarza — jest modelowana, transformowana, używana wbrew jej założeniom, ośmieszana. Choć większość z nas musi jej używać — w braku innych pomieszczeń — mało kto poddaje się jej biernie. Ci, którzy nie są zmuszeni do prowadzenia regularnej działalności w istniejących budynkach teatralnych, wybierają z reguły przestrzenie pierwotnie nieteatralne. Powstały też w ciągu Drugiej Reformy liczne teatry z innymi niż „pudełko" rozwiązaniami terenu gry. W tej też kolejności zajmę się tym problemem: 1. Transformacje teatru włoskiego, 2. Przestrzenie nieteatralne, 3. Nowa architektura teatralna.

1. Transformacje teatru włoskiego omówię na przykładzie własnych doświadczeń. Ilustrują one naturalnie nie tylko moją postawę i poczynania.

Tradycyjny teatr włoski ma bardzo sztywny układ sceny i widowni. Z reguły widownia posiada co najmniej jeden (lub więcej) balkon; ogranicza on swobodę posługiwania się partnerem, z uwagi na malejącą widoczność tego, co jest w dole z dalszych rzędów krzeseł na balkonach. Teatr taki ma też z reguły trudną do wyeliminowania ramę sceniczną. Niemniej tradycyjny układ terenów gry i obserwacji można transformować na różne sposoby.

Scena centralna arenowa — widownia en rond
Realizując *Pierwszy dzień wolności* Leona Kruczkowskiego[16] — współczesną tragedię, jaką jest ta sztuka — postanowiłem rozegrać ją jak tragedię starożytną. Na orchestrze. Na planie koła.

Kilka pierwszych rzędów oraz proscenium teatru zostało przykryte kolistym podestem (w inscenizacji uży-

---

[15] D. Bablet, *Le Remise en question du lieu théatral*, [w:] *Le Lieu théatrale dans la societe moderne*, Paris 1963, s. 21

[16] Teatrul de Stat Galati, Rumunia, premiera 19 XII 1971.

83

wano nielicznych sprzętów i rekwizytów, kostiumy były realistyczne). Widzowie siedzieli na parterze i na balkonie istniejącej w teatrze widowni; w dwóch lożach prosceniowych ustawiono krzesła równolegle do balustrad lóż; na scenie, na amfiteatralnych podestach, ustawiono również około stu miejsc. Widzowie otaczali więc — acz nierównomiernie — teren gry dookoła. Na tak stworzoną „orchestrę", o średnicy około 9 m, prowadziły dwa przeciwległe wejścia z przesmyków, jakie tworzyła podwójna rama sceniczna.

Scena centralna „ulicowa" — widownia z dwóch stron

W didaskaliach do *Kartoteki* pisze Tadeusz Różewicz: „Wygląda to tak, jakby przez pokój Bohatera przechodziła ulica". Realizując ten utwór[17], ustawiłem prostokątny podest (ok. 8×6 m), położony na grzbietach oparć foteli parteru. Podest ten, wypełniający całą szerokość widowni, krótszymi bokami dotykał parterowych lóż. Przez te loże z dwóch przeciwległych kierunków prowadziły wejścia na teren gry. W środku podestu stało łóżko Bohatera. Ludzie/postaci sztuki nieustannie, wahadłowo przechodzili obok niego lub otaczali je.

Widzowie zajęli miejsca po dwóch stronach podestu, równolegle do łóżka, z jednej strony na wolnej, nie przykrytej podestem części parteru i na balkonach, oraz z drugiej strony na wybudowanej na scenie „trybunie". W ten sposób dla jednej i drugiej grupy widzów Bohater i pozostali aktorzy mieli stale w tle innych ludzi. Współczesny moralitet, opowieść o polskim „everymanie" zyskiwała w ten sposób dodatkową perspektywę. Bohater sztuki był na pierwszym planie, ale tylko o krok bliżej od każdego z nas, widzów. Fakt stałej obserwacji widzów przez siebie nawzajem był elementem budującym dodatkowe „piętro" interpretacyjne.

Scena otwarta złączona z widownią.

Była ona niezbędna dla realizacji *Matki Courage i jej dzieci* Bertolta Brechta[18]. Akcja dramatu stale rozgrywa

[17] Teatr im. J. Osterwy, Lublin, premiera 13 II 1972, oraz Teatr „Sofia", Sofia, premiera 19 II 1978.
[18] Teatr Współczesny, Wrocław, premiera 20 X 1976.

się w plenerze. Obejmuje tak protagonistów, jak i statystów wojny. Zadaniem więc do spełnienia w małej sali typu włoskiego było zintegrowanie przestrzeni, wyprowadzenie akcji z „pudełka", przekształcenie iluzji w symbolikę. Szerokie proscenium złączono z jednej strony z pustą sceną okotarowaną płasko w stosunku do ścian (nie kulisowo) jednolitymi, szarymi płachtami z juty. Od strony widowni proscenium złączono z widownią poprowadzonym przez nią prostopadłym do proscenium podestem. Wyznaczono dwa przeciwległe wejścia i zejścia aktorów na ten podest między rzędami krzeseł z drzwi widowni (równolegle do proscenium), ponadto zespół muzyczny umieszczono na balkonie sali teatralnej. W ten sposób stworzono rozległy i zróżnicowany teren gry, obejmujący jak ramionami widownię i przenikający przez nią. Zrezygnowano z jakichkolwiek dekoracji. Używano tylko wozu Matki Courage wyposażonego w niezbędne sprzęty.

Przekształcenie sceny i widowni w jednolitą przestrzeń, wykorzystanie innych pomieszczeń teatru i jego otoczenia — nastąpiło w mojej realizacji sztuki Różewicza Stara kobieta wysiaduje[19]. Pierwszą część widowiska rozgrywano w jednolitej przestrzeni uzyskanej poprzez pokrycie prawie całego parteru widowni typu włoskiego podestem o wysokości podłogi scenicznej, tak że podest ten wraz ze sceną tworzył jednolity, prostokątny teren gry o wymiarach 18 × 8 m. Balkony sali teatralnej zasłonięto — zwieszając z sufitu sali, w końcu krótszego boku podestu, czarną kotarę. Podobną kotarą zamknięto z przeciwnej strony głębię sceny. Po obu długich bokach prostokąta terenu gry ustawiono dwa rzędy siedzeń dla widzów — około osiemdziesięciu osób.

Druga część widowiska rozgrywana była na podwórzu teatru, gdzie widzowie wychodzili via szatnia (przedstawienie dawano w lecie, późną jesienią, a potem i w zimie). Na podwórzu grano na planie koła wyznaczonego światłem reflektorów oraz na dachu znajdującego się tam składu dekoracji, używając drabin. Wykorzystywano też wejście

[19] Teatr im. J. Osterwy, Lublin, premiera 13 VI 1973.

na podwórze z teatralnej malarni i z bramy wjazdowej od ulicy.

Trzecią część przedstawienia stanowił pochód widzów i aktorów za młodą parą jadącą w samochodzie ulicami miasta. Widzowie i aktorzy nieśli parometrowy welon panny młodej zwisający z otwartego okna samochodu.

Czwarta część widowiska miała miejsce w poklasztornym wirydarzu szkoły położonej w sąsiedztwie teatru (z części tej po paru spektaklach zrezygnowano).

Kolejna część miała miejsce w małej sali, zwanej Reduta 70, na drugim piętrze budynku teatralnego. W owalnej salce znajdował się pośrodku niski stół z surowych desek, na nim chleb, mleko, owoce i świece. Ściany zasłonięto białymi płótnami. Część tę zwano *Nocne czuwanie teatralne*. Zazwyczaj trwało parę godzin. Aktorzy i widzowie gromadzili się dookoła stołu bez żadnych przedziałów i wspólnie wykorzystywali całą przestrzeń.

2. Przestrzenie nieteatralne adaptowane i spożytkowywane dla widowisk.

Jednym z najbardziej znanych, dobrze udokumentowanych rozwiązań jest adaptacja starego warsztatu samochodowego w Nowym Jorku — Performing Garage Richarda Schechnera [20]. Jego częściowo stała, a w części zmienna, zależnie od przedstawienia, zabudowa oparta jest na zasadach ścisłej współzależności akcji i przestrzeni. Każde miejsce we wnętrzu garażu może być wykorzystane bądź przez aktorów, bądź przez widzów i każde może być żywe, nośne, funkcjonalne. Przygotowywanie i definiowanie przestrzeni do każdego widowiska następuje w czasie prób, a więc jest dziełem aktorów, którzy „rodzą" przestrzeń (tak jak w création collective rodzą tekst).

Najczęstszą praktyką Drugiej Reformy stało się organizowanie przedstawień w zabytkowej architekturze. Kontynuując tradycje Pierwszej Reformy gra się w starożytnych teatrach, ale także w różnego rodzaju zabytkowych bu-

---

[20] R. Schechner, *Environmental Theater*, New York 1973, zwłaszcza rozdział „Space", s. 1—39; R. Schechner, [Edited by], *Dionisus in 69*, New York 1970; Por. też szkic *Rozprysk fali* w tym tomie, s. 218.

dowlach lub ruinach. W Polsce dawano przedstawienia na dziedzińcach zamków na Wawelu i w Baranowie, na tle zamku w Chęcinach i Ratusza w Zamościu. W Szczecinie przysposobiono na stałe do przedstawień salę w Zamku Książąt Pomorskich. W Warszawie widowiska dawane są regularnie w Starej Prochowni. Teatr wałbrzyski dawał przedstawienia w salach zamku w Książu. Wrocławski Teatr Współczesny wykorzystywał we Wrocławiu dla przedstawień Muzeum Architektury, Muzeum „Awangarda" i kościół Św. Marii Magdaleny. Widowiska w pałacach i zamkach gra się w całej Europie: w Awinionie, Dubrowniku, Spoletto i innych „miejscach teatralnych".

Trzeba podkreślić bardzo silnie tę zasadę przyjętą i rozpowszechnioną przez Drugą Reformę: przestrzeń widowiska nie jest z góry dana, widowisko nie jest „włożone" w jakąkolwiek przestrzeń, odwrotnie, to ono opanowuje i podporządkowuje sobie każdą, najbardziej pierwotnie „nieteatralną" przestrzeń, ono artykułuje przestrzeń i organizuje ją wokół aktorów i widzów. Gra się z równą swobodą w górach, lasach, na campingach, na ulicach miast, w kościołach, na strychach i piwnicach.

3. Nowa architektura teatralna.
W czasie Drugiej Reformy zbudowano już wiele jej pomników. Są nimi nowe teatry. W kamieniu, betonie, stali, drewnie odciśnięte są idee tej Reformy. Budowle różnią się między sobą materiałem, wielkością, wyposażeniem, techniką. Mają jednak wspólną zasadę: ich przestrzeń jest zmienna-transformable-flexible. W jednym pomieszczeniu można organizować najróżnorodniejsze warianty usytuowania terenu gry i obserwacji, zderzać je i mieszać. Można posługiwać się sceną centralną i boczną, kolistą i kwadratową, lub wieloma terenami gry i wieloma segmentami widowni. Teatry ze zmienną przestrzenią buduje się na całym świecie już od lat pięćdziesiątych, ale zdecydowane nasilenie ich powstawania przyniósł dopiero przełom lat sześćdziesiątych i siedemdziesiątych[21]. Budu-

---

[21] Por. specjalny numer „L'Architecture d'aujourd'hui", nr 152, *Le Lieux du spectacle*. Por. też J. Bojar, *Nowe tendencje w budownictwie teatralnym*, „Teatr", 1973, nr 20.

je się je bądź jako małe sale w dużych obiektach widowiskowych, które mają dwie lub więcej sceny, bądź samodzielnie. Można powiedzieć, że w chwili obecnej już praktycznie nie buduje się dużych gmachów teatralnych, które nie posiadałyby małej sali ze zmienną przestrzenią. Nie buduje się też pojedynczych teatrów bez zmiennej przestrzeni. Najwięcej teatrów z takimi salami powstało w Niemczech Zachodnich, Stanach Zjednoczonych, Wielkiej Brytanii, a także we Francji. Teatry takie są w Ulm, Düsseldorfie, Münster, Karlsruhe, Walencji, Milwaukee, Chicago, Nowym Jorku, w Birmingham, Hull, Bolton, Bristolu i Londynie, na przedmieściach Paryża w Malakoff, Vitry, Nanterre, w Grenoble, a także w De Meerpaal (w Holandii), w Ottawie i wielu innych miastach.

Przyjrzyjmy się przykładowo niektórym z tych konstrukcji. Najprostszym, najbardziej typowym rozwiązaniem jest prostokątna sala/studio, która może służyć tak wszelkiego typu zgromadzeniom, jak widowiskom, a nawet nagraniom telewizyjnym. Sale tego typu mają:
— podłogę wyposażoną w zapadnie lub podesty (lub jedne i drugie), pozwalające dowolnie kształtować poziomy terenów gry i obserwacji;
— siedzenia, które można montować/ustawiać — pojedynczo i w dowolnym miejscu, w ilości od około 200 do 800;
— sufit wyposażony w wyciągi i podwieszenia oraz aparaturę oświetleniową.

Tego typu rozwiązania mają na przykład teatry uniwersytetów w Hull (architekt Peter Moro), w Oxfordzie, USA (architekci Hugh Stubins i George C. Izenour), w Malakoff (architekci Serge Lana i Daniel Rosen).

Teatry w Ulm i Vitry mają plan sześcioboku. W Ulm sala teatralna ze zmienną przestrzenią jest drugim pomieszczeniem w gmachu Teatru Miejskiego, obok dużej sali „tradycyjnej". Całość zaprojektowali architekt Fritz Schäfer i scenograf Thomas Münter. „Teatr eksperymentalny" w Ulm mieści się w podziemiu, pod widownią dużej sceny. Posiada system podestów (zapadni hydraulicznych) dla dowolnego kształtowania podłogi oraz 200 pojedynczych obrotowych foteli. Średnica sali wynosi 18 m.

Cały sufit posiada urządzenia świetlne i akustyczne. Wejścia do sali określać można dowolnie przy pomocy zastawek/korytarzyków. Ilość wariantów wzajemnego sytuowania widzów i aktorów jest praktycznie nieograniczona.

Teatr w Vitry, oparty na podobnych zasadach i planie, jest budynkiem samodzielnym, ma tylko tę jedną, nowoczesną salę. Zaprojektowali go Pierre Braslawski, architekt, i Bernard Guillaumont, scenograf. We wnętrzu sześcioboku można ustawiać na amfiteatralnych podestach do 850 miejsc, wtedy gdy sala ma służyć do zebrań publicznych czy konferencji i jest wyposażona tylko w małe podium. Scenę włoską oraz centralną (arenową) można ustawić dla 700 widzów. Różne wiarianty swobodnego wykorzystywania przestrzeni mieszczą przeciętnie około 400 widzów. Siedzenia są skonstruowane bardzo pomysłowo. Po złożeniu stanowią płaską kostkę, która może być używana jako teren gry. Podesty kształtujące podłogę zmienia się mechanicznie. Sufit wyposażony jest w dużą kratownicę z reflektorami i pewną ilością wyciągów.

W sumie, w zakresie przestrzeni Druga Reforma: zdemistyfikowała iluzyjną scenę pudełkową i podporządkowała sobie cały budynek teatru włoskiego, wprowadziła praktykę organizowania widowisk, a także stażów, ćwiczeń itp. we wszelkich przestrzeniach pierwotnie nieteatralnych oraz zapoczątkowała nowy typ budownictwa teatralnego, jej owocem jest sala ze zmienną przestrzenią. Co bardzo ważne: sala taka daje różnorodne możliwości kształtowania terenu dla widowisk teatralnych, ale również, jest dogodnym miejscem dla koncertów, zgromadzeń, odczytów, nawet zabaw. Teatr otworzył się na różnorodne przejawy i funkcje życia, jego przestrzeń przestała być tylko „teatralna”. Jest przestrzenią społeczną. Sala taka ma także wiele ograniczeń: jest przestrzenią laboratoryjną, technologiczną. Do nowych syntez w dziedzinie przestrzeni teatralnej jeszcze daleko.

Teatralna reformacja

Wyrazić taką (mniej więcej) myśl: spośród naszych poprzedników, z perspektywy dnia dzisiejszego, Juliusz Osterwa okazuje się tym, który ma nam najwięcej do powiedzenia. Jego posłanie nie odnosi się bowiem do sfery estetyki i stylów, środków wyrazowych — zawsze uwarunkowanych historycznie, szybko się starzejących, umierających. Jego posłanie odnosi się do sfery etyki, postaw i motywacji w uprawianiu teatru, do moralności, do funkcji społecznych i kulturowych teatru. Posłanie Osterwy odnosi się do sfery wartości. Jest związane blisko i bezpośrednio z człowiekiem. Teatr wedle koncepcji Osterwy to żywa mowa, którą porozumiewają się ludzie.

Reformowano teatr na wielu płaszczyznach i przeobrażano go niejako od zewnątrz, zaczynając od form i technik, wiążąc teatr z modami literackimi, prądami malarstwa, ruchami społecznymi i wypadkami politycznymi. Słabości Wielkiej Reformy sam Osterwa widział wyraźnie: „Mam wiele współczucia dla wszelkich reformatorów we wszelkich dziedzinach. Mogę np. z Lutrem, Kalwinem, Erazmem z Rotterdamu, Husem itp. nie zgodzić się, mogę ich nawet z punktu religii katolickiej potępiać, przeklinać, ale nie mogę im odmówić dobrych chęci. Podobnie się rzecz ma i z reformą teatru. Współczuję, ale uważam ją za bezsens. Teatr współczesny jest przeżytkiem, jakim był Stary Zakon. Chrystus nie był reformatorem, tylko twórcą Nowego Zakonu — nie odrzucając Starego. Otóż ten, co nie będzie odrzucał Starego Teatru, ale stworzy Nowy, tego będę uważał za Mesjasza Sztuki. (Był w Polsce taki materiał: Wyspiański, ale żył za krótko i w okrutnych społecznie, potwornych politycznie warunkach. Skończyło się tylko na proroctwie.) Wszyscy inni reformatorzy, którzy nicują stare łachy, farbują na inny kolor, są licha warci ze swoimi wysiłkami"[1].

Osterwa nie uważał się za reformatora w technicznym,

---

[1] J. Szczublewski, *Żywot Osterwy*, Warszawa 1971, s. 204.

czy formalnym znaczeniu. Chciał być i w istocie był twórcą nowego teatralnego przymierza. W latach Pierwszej Reformy ustanawiał prawa Drugiej.

Można by powiedzieć, że Pierwsza Reforma zaczęła się z dala od człowieka, obok niego, dokoła niego — w światłach reflektorów, w makietach dekoracji — i dopiero stopniowo do człowieka się przybliżała. Do aktora i widza. Można by także powiedzieć, że z kolei Druga Reforma zaczęła od samego człowieka i z tej perspektywy anektowała i wykorzystywała potrzebne jej środki wyrazu — w dziedzinie aktorstwa, dramatu i inscenizacji.

Jeśli w ten sposób zbudujemy dwa dynamiczne modele dwóch reform, to Juliusz Osterwa okaże się łącznikiem między nimi. W apogeum Pierwszej Reformy postawił problemy, które w pełny sposób zostały podjęte i zrozumiane w czterdzieści i pięćdziesiąt lat później, w Drugiej Reformie. Ta zaś Reforma — po otrząśnięciu się z dziecięcych złudzeń każdej awangardy, która sądzi, że od niej zaczyna się historia — uświadamia sobie, że ma do kogo się odwołać w przeszłości. Ma poprzedników — wśród nich Osterwę. Nie można jednak, najpierw, nie oddać sprawiedliwości Stanisławskiemu, a także naturalistom. Oni rozpoczęli Reformę[2].

---

2 30 marca 1887 roku odbyło się pierwsze, klubowe przedstawienie Théâtre Libre, przygotowane przez Antoine'a. Dano cztery jednoaktówki: *Jacques Damour* Emila Zoli (adaptacja noweli), *La Cocarde* Julesa Vidala, *Mademoiselle Pomme* Paula Alexisa, *Un Préfet* Arthura Byla. Théâtre Libre działał do roku 1894. W latach 1897—1906 Antoine prowadził teatr swego imienia, a od 1906 objął dyrekcję Odeonu — drugiego co do rangi, po Comédie Française, teatru Paryża.

W 1889 r. Otto Brahm założył w Berlinie Freie Bühne, a w 1894 przeszedł na stanowisko dyrektora Deutsches Theater w Berlinie.

W 1891 Jack Grein założył w Londynie Independent Theatre.

W 1898 z inicjatywy Konstantego Stanisławskiego i Niemirowicza-Danczenki powstał Moskiewski Teatr Artystyczny (MChAT). Stanisławski już w 1888 r. zapoczątkował prace teatru amatorskiego przy moskiewskim Towarzystwie Sztuki i Literatury.

W 1901 roku Konstanty Christomatos otworzył w Atenach teatr Nea Skini.

Ostanim kręgiem tej fali było spóźnione, ale i oryginalne utwo-

Głównym celem naturalistów była prawda. Chodziło o ukazywanie prawdziwych ludzi w prawdziwych środowiskach. Stąd wywodził się i realizm psychologiczny, i weryzm ubrań, rekwizytów, a nawet materiałów używanych do budowy dekoracji. Naturalizm w teatrze był prądem żywym przez cały pierwszy okres Reformy, jeszcze w latach dwudziestych owocując jako podwalina pod gmach nowoczesnego teatru amerykańskiego.

Myślę, że naturalizm do dziś nie jest należycie zbadany i oceniony. Istnieje na jego temat wiele całkowicie sprzecznych ze sobą sądów. Historycy spierają się, czy naturalizm był kolejnym, bogatym, bardziej wartościowym stadium rozwoju sztuki – w różnych jej dziedzinach – wyostrzeniem i ukoronowaniem odwiecznych dążeń do realizmu, czy też, jak powiadają inni, był przejawem degeneracji sztuki, która po wielowiekowym rozwoju, aż tak nisko upadła w końcu XIX stulecia. Wtedy właśnie w naturalizmie – mówią oni – rozpoczęła się ostateczna faza

---

rzenie w 1919 roku Reduty w Warszawie przez Osterwę i Limanowskiego.

Bardzo niedługo po wejściu do teatru naturalizmu nastąpiła przeciw niemu reakcja. Również ogromnie niejednolita. Teatry: Théâtre d'Art (1891) młodziutkiego, dziewiętnastoletniego Forta i przejmujący sukcesję po nim Théâtre de l'Oeuvre (1893) Lugné-Poe'go, budapeszteński Teatr Thalia pod kierunkiem Sandora Havesiego (1904) oraz Théâtre des Arts (1910) Jacquesa Rouché znajdowały się pod wpływem symbolizmu w poezji i malarstwie. Nie można już tego powiedzieć o Vieux Colombier (1913) Jacquesa Copeau, teatrze surowym, syntetycznym, „umownym", jakbyśmy powiedzieli dzisiaj. Antynaturalistyczne były też inscenizacje Gordona Craiga (*Eneasz i Dydona* w Londynie 1900, *Hamlet* w Moskwie 1910) oraz Georgesa Fuchsa w Künstler Theater w Monachium (od 1907). Przeciwna naturalizmowi była myśl teatralna wyrażana w pismach Appii – *Le Mise en scène du drame wagnérien* (1895), *Die Musik und die Inschenirung* (1899) i *Comment réformer notre mise en scène* (1904), Fuchsa *Die Schaubühne der Zukunßt* (1904) i *Die Revolution des Theaters* (1909) oraz Craiga *Die Kunst des Theaters* (1905); książka ta wyszła najpierw po niemiecku, potem zaś po angielsku pod tytułem *The Art of the Theatre*. Nowa redakcja dzieła miała tytuł *On the Art of the Theatre* (1911).

Uwaga: posłużyłem się tu fragmentem mego artykułu pt. *Paradoksy teatru faktu*, „Kontrasty", 1976, nr 10.

trwającego do dziś rozkładu sztuki. Jeszcze inni twierdzą, że naturalizm był pierwszą fazą rozwoju sztuki nowoczesnej, pierwszą zdrową reakcją na fałsz, sztuczność i obłudę sztuki, obyczaju, życia politycznego i moralności ówczesnych społeczeństw.

Tak czy inaczej, naturalizm był okresem rewolucyjnych przemian w sztuce. Zarówno on sam, jego odmiany i kontynuacje, jak i natychmiastowe reakcje na naturalizm i sprowokowane przezeń tendencje przeciwne. Był także naturalizm progiem, od którego – jak nigdy dotąd – obserwować można równoczesne występowanie najbardziej różnorodnych prądów artystycznych, koegzystencję i walkę całkowicie sprzecznych ze sobą programów i szkół. Znaczenie naturalizmu we wszelkich dziedzinach sztuki wydaje się – między innymi – opierać na tym, iż po raz pierwszy z cytatu z rzeczywistości uczyniono przedmiot artystyczny. „Cytatem" był brukowy język bohaterów Zoli, prawdziwa klamka w przedstawieniu Antoine'a, naśladowczy dźwięk Strawińskiego. „Cytatem" była fotografia, a potem obraz filmowy.

Przechodząc dziś do porządku nad ówczesnymi zażartymi sporami i nad nieco sztucznie przez historyków wydzielanymi kierunkami i kontrkierunkami, grupami i klasami utworów, widzi się wyraźnie, jak niewielka w istocie odległość dzieli naukowe rozszczepianie widma słonecznego przez impresjonistów od *Suszarki do butelek* Duchampa. W jednym i drugim wypadku następowała artystyczna nobilitacja zjawiska czy przedmiotu istniejącego niezależnie od kreatywnej woli artysty. Rzeczą artysty od czasów naturalizmu stawało się coraz częściej ujawniać istniejące w rzeczywistości „dzieła sztuki". Więcej: już właśnie od czasu Duchampa i Schwittersa artysta stawał się tym, który – dla innych arbitralnie – uznawał jakiś przedmiot, zjawisko, a w najnowszych czasach nawet samą myśl ludzką, za „dzieło sztuki", wyrywając je (cytując) w ten sposób z otaczającej je potocznej rzeczywistości.

Wybitny historyk architektury, Siegfried Giedon, jedną z części swojej fundamentalnej pracy *Przestrzeń, czas i architektura* zatytułował *Potrzeba moralności w architektu-*

rze[3]. Mówi tam między innymi o ruchu l'art nouveau, o pracach Henri van de Welde'a i Victora Horty z końca XIX wieku. W okresie tym w różnych krajach, poczynając od Belgii, wielu nowocześnie myślących architektów uznało, że najpowszechniej praktykowana architektura jest nie tylko anachroniczna wobec możliwości materiałów stosowanych lub możliwych do zastosowania w budownictwie, że jest nie tylko niewydajna i niewydolna z punktu widzenia konstrukcyjnego, ale że — przede wszystkim — jest niemoralna. Otacza bowiem człowieka tworami sztucznymi i formami skłamanymi. Jej zasadą jest naśladownictwo, udawanie i imitowanie dawnych historycznych stylów oraz kamuflowanie i nieujawnianie prawdziwych właściwości i faktur materiału. To właśnie uznano za niemoralne. Taka reakcja na budowane masowo w XIX wieku „gotyckie" kościoły czy „renesansowe" teatry, dążenie do ujawnienia możliwości wyrazowych i funkcjonalnych żelaza i żelazobetonu były istotnie walką o moralność, tak samo jak poszukiwania impresjonistów w malarstwie i muzyce, tak jak naturalistyczny przewrót w literaturze i w teatrze.

Pozostając na gruncie teatru — chociaż właśnie w paralelach, we wzajemnych związkach pomiędzy różnymi dziedzinami sztuki kryje się fascynujące bogactwo refleksji — można powiedzieć, że lata dziewięćdziesiąte XIX wieku to również początek walki o nową moralność w teatrze. I ten właśnie nurt — filozoficzny — związany z etyką — wydaje się z perspektywy czasu najpoważniejszym punktem wyjściowym programu Wielkiej Reformy, zdobyczą, której osiągnięcie i wdrożenie trwało najdłużej.

Do programu walki o moralność w architekturze można na gruncie teatru przyrównać zapoczątkowane w naturalizmie dążenie do wprowadzania na sceny współczesnej dramaturgii, w której działające postaci były ziomkami i znajomymi widzów, zapełnianie scen prawdziwymi przedmiotami, które i na co dzień towarzyszą człowiekowi, uzwyczajnianie języka, łącznie z nobilitowaniem slangów, żargonów i gwar (*Wesele*), a nawet słów obscenicznych

[3] S. Giedon, *Przestrzeń, czas, architektura*, Warszawa 1968, s. 321.

(ibidem). Były to zabiegi mające za zadanie odkłamać teatr. Zbliżyć go do życia.

Najważniejszym aspektem działalności naturalistów w teatrze wydaje się więc być złączenie problematyki czysto warsztatowej, przede wszystkim aktorskiej, z problematyką moralną. Uświadomiono sobie ścisłe zależności, jakie łączą postawę aktora, jego osobowość i przekonania z rezultatami jego działań scenicznych. Dlatego też powiązano ze sobą, ujęto jako jeden problem zawodową i osobistą etykę ludzi sceny.

Teatr jest formą miłości ludzi. Pięknie pisał o tym Giraudoux. W *Improwizacji paryskiej* mówi Jouvet (postać sceniczna): „... mam na myśli miłość. Miłość do ludzi, zwierząt, roślin. Jeżeli cała publiczność zaraz po zgaszeniu świateł roztapia się i skupia w mroku, to dlatego że chce się zgubić, oddać się, wyjść z siebie. Chce zacząć nowe życie w jakimś wzruszeniu ogarniającym cały świat. Nagle czuje swój własny uśmiech oddalony o centymetr od swoich warg, widzi łzy swoich oczu, przeżywa udrękę swojego serca. Krótko mówiąc − kocha. Ale to już nie jest miłość egoistyczna, ciasna. Znieruchomiała, bezwładna publiczność kocha tak, jak potrafi kochać Bóg, kiedy przez nagle rozchylone chmury zdarzy mu się śledzić jakieś nędzne albo też wspaniałe stworzenie"[4].

Miłość kończy się tam, gdzie zaczyna się samolubstwo. Teatr powstaje tylko w wyniku wspólnego działania wszystkich aktorów na scenie, wspólnego działania aktorów i widzów. Teatr kończy się tam, gdzie aktorzy między sobą, gdzie aktorzy i widzowie nie znajdują wspólnych myśli, działań, marzeń, przeżyć, doświadczeń, uczuć. Gdy nie uczestniczą we wspólnych zdarzeniach.

Od samego początku reformatorzy mieli świadomość konieczności wszechstronnego, nie tylko warsztatowego, kształcenia siebie i swoich aktorów. Stąd regułą był studyjny charakter prób, wreszcie dowartościowanych, idących w dziesiątki i setki, stąd mnożące się jak przysłowiowe grzyby po deszczu „studia", i szkoły przy teatrach.

---

[4] J. Giraudoux, *Improwizacja paryska,* przeł. M. Żurowski, w: *Teatr*, Warszawa 1957, s. 29.

Szkołę miał Copeau przy Vieux Colombier. Szkołą była Reduta i szkoła była przy Reducie. Reforma ogłosiła wielki program powszechnego doskonalenia się, uczenia, dokształcania.

Chyba w odniesieniu do żadnej sztuki w końcu XIX wieku nie szerzyło się tyle przesądów i nie panowała taka ciasnota poglądów, jak w stosunku do sztuki teatru — w samym teatrze i wokół niego. Większości ludzi nie przychodziło wtedy na myśl, że praca w teatrze wymaga specjalnego poziomu etycznego. Że etyka zawodowa człowieka teatru musi być inna niż etyka zawodu urzędnika, kupca, policjanta, rzemieślnika, nawet każdego innego twórcy.

Etyka zawodowa to etyka, której normy określa charakter, rodzaj i specyfika zawodu.

Reforma etyki teatru była równie potrzebna, jak trudna. Może najtrudniejsza. Teatr to nic innego, jak żywi ludzie i ich proces tworzenia. W teatrze nie da się oddzielić dzieła od twórcy. Choć postawa moralna, postępowanie, poglądy osobiste, na przykład — pisarza, wpływają oczywiście na jego sztukę, to wpływają pośrednio. Do czytelnika nie docierają bezpośrednio. Podobnie pośrednio tylko spotyka się z widzami malarz i ze słuchaczami kompozytor. W teatrze człowiek jest naprzeciw człowieka. I nie da się oddzielić tego, co robi, od tego, kim jest. Już pierwsi reformatorzy zdali sobie sprawę z tego faktu: nie zbudujemy nowej sztuki teatru, jeśli nie przebudujemy samych ludzi teatru.

Reformatorzy rozumieli, jaką wagę ma atmosfera wewnątrz teatru. Rozumieli, że widowisko zespołowe to nie wynik „postawionych" przez reżyserów kontaktów, ale wynik świadomego współgrania całego zespołu. Więcej, przyjaźni całego zespołu. Rozumieli, że bez grupy przyjaciół nie ma dobrego teatru, że wartość aktora/ człowieka w życiu prywatnym ma bezpośredni związek z wartością aktora/postaci na scenie. Reformatorzy rozumieli, że praca teatralna to praca z ludźmi. A więc praca delikatna, skomplikowana, wymagająca subtelności i znajomości ludzi. Dlatego wielu z nich było pedagogami. Zamiłowanymi i oddanymi.

Stanisławski przez wiele lat zajmował się przede wszystkim reformą techniki aktorskiej, warsztatu aktora. Problematyka aktora — osoby ludzkiej była w tle, była przez długie lata wtórna. *Etyka* — zbiór luźnych notatek Stanisławskiego — narastała długo. Dziś okazuje się w jego spuściźnie punktem najjaśniejszym, światłem żywym. Jest to jedna z najdziwniejszych ksiąg Reformy. Jest to zbiór notatek gromadzonych na przestrzeni wielu lat, wydanych po raz pierwszy dopiero po śmierci autora, w 1944 roku.

Jest to istotnie „księga" — tak nazwałby ów tekst Ludwik Flaszen[5]. Kilkanaście kart niezwykłego manifestu — rachunku sumienia — kazania. Jeśli się w nie uważnie wczytać (a mam wątpliwości czy robiono to często) — Reforma, której przesłaniem jest ten tekst, jawi się jako głęboki nurt odnowy moralnej ludzi teatru. Etyka daje świadectwo atmosferze i treści rozmów, jakie musiały się toczyć w MChAT-cie, w Reducie i niewątpliwie w wielu innych ośrodkach. Przybliża ludzi Reformy. Raczej: teatralnej reformacji.

Etykę wydano w Polsce w 1951 r., a potem w „pomnikowym" wydaniu pism Stanisławskiego w 1956 r. Nie był to czas, gdy chętnie i w sposób otwarty czytało się u nas Stanisławskiego.

„Chrońcie swój teatr przed wszelką nieprawością, wtedy powstaną same przez się warunki sprzyjające twórczości i niezbędnemu dla was aktorskiemu samopoczuciu.

Myślcie mniej o sobie, więcej o innych. Troszczcie się o ogólny nastrój i o wspólną pracę, wtedy i wam będzie dobrze. Kto jest bardziej wolny: ten, kto broni własnej tylko niezależności, czy ten, kto zapominając o sobie troszczy się o wolność innych?"

„Kochaj sztukę w sobie, a nie siebie w sztuce".

„... trzeba wierzyć, że każdy człowiek w głębi duszy dąży do dobra i że w tym dążeniu napotyka na pewne przeszkody. Jeżeli jednak zbliży się do celu, to już nie cofnie, gdyż dobro da mu więcej zadowolenia niż zło.

---

[5] L. Flaszen, *Księga*, „Odra", 1973, nr 9.

Najważniejsze — poznać trudności, które nie pozwalają zbliżyć się właściwie do cudzej duszy, i usunąć to, co w dążeniu do dobra przeszkadza. Na to wcale nie trzeba być subtelnym psychologiem, wystarczy po prostu zainteresować się i poznać tego, z kim ma się do czynienia, zbliżyć się do niego i dokładnie mu się przyjrzeć. Wtedy jasno zobaczy się drogi wiodące do cudzej duszy, zobaczy się to, co broni do niej dostępu, i wszystko, co przeszkadza zamierzonej sprawie. Przychodźcie do każdego człowieka indywidualnie, dogadajcie się z nim".

„Rola aktora nie kończy się z chwilą, gdy zapada kurtyna — w życiu także obowiązany jest być krzewicielem i przewodnikiem piękna. W przeciwnym razie jedną ręką będzie tworzył, a drugą obalał własne dzieło. Musicie to zrozumieć od pierwszych lat waszej służby sztuce i przygotowujcie się do tej misji. Musicie wyrobić w sobie niezbędną wytrwałość, zasady etyczne i dyscyplinę działacza społecznego, który niesie w świat to, co piękne, wzniosłe i szlachetne"[6].

Stanisławski stworzył w MCHAT-cie — wraz z przyjacielem-współpracownikiem, Niemirowiczem-Danczenką, wzór teatru — zespołu. Wzór naśladowany przez wiele innych teatrów. Naśladowanie nie jest tu pejoratywem. Jest miarą mądrości i umiłowania sztuki. Zespołowa gra na scenie najsilniej łączy widownię ze sceną. Działa tu to proste prawo psychologii, które sprawia, że harmonia i zrozumienie między dzieckiem i rodzicami panuje wtedy, gdy między samymi rodzicami jest harmonia i zrozumienie. I nie wystarczy, aby była ona w słowach. Musi być wewnętrzna, musi przenikać intencje i działania. A zespołową grę na scenie można uzyskać tylko poprzez zespołowe przygotowanie widowiska i poprzez atmosferę zespołowej pracy w teatrze.

Prawie każdy teatr, który coś znaczył w historii obu

[6] K. Stanisławski, *Etyka*, [w:] *Artykuły, fragmenty, rozmowy*, Warszawa 1956.

Reform, był oparty na zespole rozumiejących się ludzi. Więcej, prawie każdy na pozór indywidualny sukces aktora, reżysera czy scenografa był wynikiem współpracy zespołu ludzi. Był wynikiem pomocy reżysera dla aktorów, dogadania się reżysera i scenografa, współpracy scenografa z aktorami, wychodzenia przez aktorów naprzeciw reżyserowi. Każde osiągnięcie jednostki w teatrze to wynik pracy zespołu, a więc sukces zespołu. Także odwrotnie. W teatrze nie ma indywidualnych klęsk. Przegrywa zespół, a najczęściej przegrywa właśnie wtedy, gdy nie zjednoczył swych sił i talentów, gdy skłócony wewnętrznie zwalczał w samym sobie to, co dobre.

Dla teatrów Europy zachodniej wzorem teatru — zespołu był Vieux Colombier. Nazwa „Stary Gołębnik" — miała w sobie coś symbolicznego i konkretnego zarazem. Z gołębnika wylatuje stado, grupa, zespół. Lot gołębi to akrobacja zespołowa. Z tego gołębnika wyszli Jouvet, Dullin, Saint-Denis, Barsaque, Dasté i tylu innych.

Na gruncie polskim takim teatrem — macierzą była Reduta. Jej wychowankowie stawali się potem zaczynem nowych zespołów, najlepszym elementem innych teatrów. Było to oparte nie tylko na przygotowaniu warsztatowym. Najważniejsza była formacja moralna i osobowa tych ludzi.

W marcu 1922 roku w czasopiśmie „Scena Polska" ogłoszono pierwszy zarys programu ideowego Reduty. Oto jego istotne fragmenty: „Genezy ideologii artystycznej Reduty szukać należy nie we wpływach Stanisławskiego i systemu »przeżywania«, który jest dla Reduty tylko jednym ze środków do realizacji własnych artystycznych celów — lecz podstaw ideologii szukać należy w Wyspiańskiego koncepcji teatru. [...] Ideałem Wyspiańskiego jest »teatr prawdę głoszący, teatr pod opieką tych praw i tych rządów, którymi kieruje Boża ręka«. [...] »Prawda Teatru, prawda rzeczy tworzonej, stać się musi prawdą własnej duszy aktora. Prawda sztuki aktorskiej urasta tu bezpośrednio do symbolu ofiary, aktu odkupienia, jakie osiąga aktor wyzwalając innych za pośrednictwem przeżywania wobec nich jako świadków, a nie widzów«. Praca wewnętrzna, ofiarna, mozolna w czasie prób, urasta do zasadniczego momentu w działalności teatru. Przedstawienia same są już jeno drugorzędnymi, niemal przypadkowymi demonstracjami rezultatów, nie ujawniają istotnych pracy momentów, na których zostały skupione całkowite wysiłki kierownictwa. [...] Budowanie od podstaw nowej psychiki aktora polskiego ma pod względem społecznym doniosłość uświadomienia i podniesienia ideowego całego stanu aktorskiego, który z beznadziejnej kasty pogardzanego przez przedstawicieli innych sztuk kabotyństwa stać się ma wreszcie równouprawnionym obywatelsko czynnikiem w Rzeczypospolitej Polskiej Sztuki"[7].

Fragment ten zacytowałem ze znakomitej książki Józefa Szczublewskiego. Zrekapitulujmy.

Reduta chce być teatrem prawdy. Akcent pada więc nie na estetykę czy technikę teatru, ale na stronę moralną działalności teatralnej i na jego funkcje społeczne, obywatelskie.

Prawda teatru musi być własną, osobistą prawdą aktora. I odwrotnie: aktor wypowiadający, wyzwalający z siebie swoją własną prawdę jest podstawą głoszenia prawdy przez teatr.

Aktor nie „gra", aktor dokonuje aktu ofiary, aktu odkupienia widzów — nazwanych świadkami. (Tę terminologię Osterwy przejmie po latach á la lettre Grotowski.) Materią teatru jest zatem nie „gra" dla „widzów", ale kapłańska ofiara za lud, dokonywana wraz z ludem. A więc akt święty, a nie akt artystyczny. A więc uczynek ludzki, działanie jednego człowieka względem drugiego, a nie granie „ról" czy to „aktorów", czy to „widzów".

Zasadniczym momentem w działalności teatru jest proces prób. Przeniesienie akcentu z „widowiska" na „próbę" było w swoim czasie absolutnie rewolucyjne. Godziło w całą dotychczasową praktykę teatru i ogólnie panującą koncepcję teatru. Ten postulat Osterwy Reduta wcielała w życie, choć — jak sądzę — nikt wtedy ani wewnątrz, ani wokół niej nie rozumiał istoty tego typu pracy. Dopiero w Drugiej Reformie zostanie to w pełni uświadomione. Osterwa pierwszy z taką siłą, praktycznie

7 J. Szczublewski, *op. cit.*, s. 211.

i teoretycznie, postawił na procesualny charakter sztuki teatru. W świetle jego deklaracji o prymacie próby w teatrze jasne stają się zarówno jego prace studyjne, powołanie i prowadzenie Instytutu Reduty i szkoły teatralnej, wędrówki teatralne po całej Polsce, organizowanie przedstawień szkolnych z prelekcjami i „spotkaniami", stawianie w teatrze na „pedagogikę" — zamiast na „reżyserię", i na „animację" — zamiast na „reklamę" wokół teatru. Osterwa pierwszy wprowadził otwarte, publiczne próby teatralne. Zapraszał młodzież na próby generalne. Przyjaciół nawet na próby czytane. Myślał też o tworzeniu teatru artystycznego dla dzieci. Organizował koła przyjaciół Reduty. Popierał teatr amatorski. Cytuję Osterwę (za Ireneuszem Guszpitem): „Był, zdaje się taki czasokres w Związku (ZASP-ie), że nie tylko objawiono obojętność dla teatrów amatorskich, ale nawet ze względów konkurencyjnych usiłowano je tępić. Sprzeciwiałem się temu stanowczo, uważając, że jeśli się nie chce ich popierać, to [należy] pozostać raczej obojętnym. [...] Zespół nasz nie tylko będzie starał się popierać wszelkie wysiłki miłośników żywosłowia [teatru — przyp. I. G.], ale będzie im dopomagał w znaczeniu rzemieślnym, umiętniczym [zawodowo-warsztatowym — przyp. I. G.], będzie im służyć swoją własnością spełniczą [sceniczną — przyp. I. G.] — książkami, ubiorami, urządzeniami społecznymi i żywą pomocą, współpracą [...] Będzie je popierał [...], aby im ułatwiono działalność"[8].

W roku 1931 pisano: „Powrót Reduty do Warszawy nie oznacza bynajmniej nowej konkurencji teatralnej, gdyż będzie to nie teatr, lecz instytut teatrologiczny, o zadaniach znacznie rozleglejszych niż wystawianie sztuk i aktorstwo, które stanowić będą tylko jeden z elementów pracy". „Program prac Instytutu obejmuje: organizowanie odczytów i wykładów z dziedziny poruszającej wszelkie problemy sztuki teatralnej, organizowanie zjazdów i kursów dla teatrów amatorskich, działających na rubieżach Rzeczypospolitej, organizowanie konkursów scenicznych,

---

8 I. Guszpit, *Osterwa: wypisy na zadany temat*, „Tygodnik Powszechny", 1977, nr 29, s. 6.

101

jak autorskich, malarskich i — po raz pierwszy —aktorskich (polegających na opracowaniu ról czy scen ważniejszych), dalej analizę utworów dramatycznych, dotąd na scenie nie grywanych lub przedstawianych niewłaściwie, szerzenie kultury dramatycznej w Polsce przez organizowanie zespołów objazdowych. Osobny dział pracy stanowić mają studia nad reformą polskiej szkoły dramatycznej (odnośnie do czego dyr. Osterwa ma już konkretne plany, mogące w dużym stopniu używotnić dzisiejszy system „szkół dramatycznych"), wreszcie studia nad organizacją wzorowego teatru szkolnego. Ta ostatnia sprawa jest szczególnie ważna. Idzie tutaj o praktyczny teatr szkolny, gdzie młodzież na przedstawieniach aktorskich, wzorowo wystawianych, uzupełniać mogłaby lekcje szkolne bezpośrednim poznaniem na scenie czytanych i omawianych w klasie autorów"[9].

Osterwa rozumiał więc jasno, że zadaniem pierwszoplanowym jest przebudowywanie świadomości ludzi teatru, a także ludzi wokół teatru. Dlatego ważniejsza od „pracy z aktorem" była dlań praca z ludźmi. Klasztorne, zakonne — wyśmiewane przez obskuranckie środowiska — metody postępowania i życia były tego prostą konsekwencją. Jak i na innych polach niezrozumiany za życia, tak i tu okazał się prekursorem tych niezliczonych dziś grup teatralnych, które żyły i żyją we wspólnotach, mieszkają, pracują i żywią się razem, dzielą się dochodami. „Ideał człowieka doskonałego [zajmował] pierwsze miejsce przed wzorem doskonałego artysty"[10] — zanotował Jan Kochanowicz. A pisarz Jerzy Zawieyski, również w młodości redutowiec, zaświadczał: „Zagadnienie życia wewnętrznego w Reducie, życia wewnętrznego członków zespołu jako całości stało się jednym z ważniejszych zagadnień. [...] Osterwa [...] świadomie w swoich metodach wychowawczych posługiwał się metodami wychowania klasztornego"[11].

[9] J. Szczublewski, op. cit., s. 355.
[10] O Zespole Reduty 1919—1939, Wspomnienia, Warszawa 1970, s. 56.
[11] Op. cit., s. 76.

Gdy przypomni się Osterwę, Stanisławskiego, Copeau i innych, jasne stają się rodowody i sama nawet frazeologia wielu twórców Drugiej Reformy.

Byłoby łatwo sporządzić pokaźny zestaw znaczących słów, zdań i sądów z dziedziny filozofii teatru, w tym zwłaszcza etyki i aksjologii powtarzanych przez twórców Drugiej Reformy za poprzednikami. Świadomie i nieświadomie podjęli oni po latach te wątki z Pierwszej Reformy, które w swoim czasie były sformułowane jako postulaty, ale ich wprowadzanie w życie napotkało na ogromne przeszkody, zostało ledwie rozpoczęte.

Wymogi stawiane aktorowi nie w dziedzinie warsztatowej i technicznej, ale w sferze etyki i moralności były, poza wyjątkami, powszechnie lekceważone, pomijane, nie rozwijane. Druga Reforma podejmując tę problematykę sięgnęła więc ku temu, co w Pierwszej było głębokie, najbardziej skomplikowane.

Nowa etyka teatralna postulowana i uprawiana przez wielu współczesnych twórców prowadzi niewątpliwie do głębokich przeobrażeń ludzi teatr uprawiających; zapewne zmiany te zadecydują o przyszłości teatru. Nie można mówić w sposób precyzyjny o tych przemianach wewnętrznych, duchowych, często niejasnych i tajemniczych.

Można natomiast mówić o ewidentnych skutkach, jakie te wewnętrzne przeobrażenia postaw, zmiany rodzaju wyznawanych wartości i celów stawianych sobie i teatrowi wywołały w sposobie przygotowywania przedstawień, w strukturach i środkach wyrazowych widowisk, w warsztacie aktora. Można też mówić o takich faktach, jak formułowane w mowie i piśmie programy działania, o stylu bycia, o publicznych wystąpieniach i uczynkach ludzi teatru w obrębie widowisk i poza nimi.

Po raz pierwszy w historii teatru, w Drugiej Reformie, powszechnie i głośno − m. in. przy pomocy środków masowego przekazu − w środowiskach teatralnych wielu krajów na czoło całej problematyki teatralnej wysunięto hasła z dziedziny etyki. Sformułowano program odnowy moralnej ludzi teatru. Wysunięto wskazania braterstwa, przyjaźni, ubóstwa, solidarności, nieużywania przemocy (non-vidence). Szeroko je praktykowano. Działalność teatralna wielu grup toczyła się w niezwykłej atmosferze, znanej dotąd z pracy bardzo nielicznych zespołów (m. in. Reduty). Ludzie teatr uprawiający autentycznie przyjaźnili się ze sobą, pomagali sobie, żyli we wspólnotach. Dawane przez nich przedstawienia były przeniknięte duchem autentycznej, szalenie intensywnej zespołowości. Niezwykłe było to zespolenie grup aktorów i zespalanie się wokół nich grup widzów. Równocześnie, jak prawie nigdy dotąd, każdy z członków twórczej grupy poczuł się osobiście odpowiedzialny za całość spektaklu. Sprawa ogółu była jego własną sprawą. Być może właśnie to głębokie poczucie odpowiedzialności emanujące z każdego aktora było najbardziej uderzające dla widzów przedstawień Drugiej Reformy. Jakiż kontrast w stosunku do karnych, ale anonimowych niemal wykonawców scen zbiorowych lub rozwarstwienia na gwiazdy i statystów w Pierwszej Reformie. Zespół teatralny w Drugiej Reformie to grupa jednostek — złączona świadomością wspólnego celu, mająca wspólne przekonania i — co najważniejsze — wyznająca taką samą skalę i rodzaj wartości.

W dążeniu do autentyzmu i szczerości, w oparciu o zasadę osobistej odpowiedzialności aktora za to, co czyni i mówi publicznie, wprowadzono na nie znaną dotychczas (od czasów commedii dell'arte) skalę próby i spektakle improwizowane. Przy pomocy improwizacji budowano etiudy i całe widowiska, tworzono pieśni i dialogi. Aby były własne. Aby były wypowiedzią osobistą, moją i tylko moją. Przez nikogo nie narzuconą i nie podpowiedzianą. Abym to ja sam mówił, od siebie, przez siebie, to co ja sam uważam za ważne. Rezygnowano też z kostiumu — przebrania i grano w codziennych strojach. Rezygnowano z iluzyjnych dekoracji i z samego nawet budynku teatralnego. Robiono teatr „tu i teraz".

Prorokowanie, nauczanie i moralizowanie Drugiej Reformy zostało wcielone w życie i w teatr. W teatrze musiało zaważyć w decydujący sposób na warsztacie aktora. Doprowadziło, jak sądzę, do powstania specyficznego stylu aktorskiego będącego jednym z podstawowych wyróżników Drugiej Reformy.

104   Pierwsza Reforma styl swój miała. Rozwinął się on

w naturalizmie, został następnie skodyfikowany przez Stanisławskiego. To styl aktorstwa psychologicznego, z jego odmianami europejskimi i amerykańską ("the Method"). Było to aktorstwo "roli" lub "postaci", oparte na przemianie, wcieleniu się aktora w postać, przeżywaniu przez aktora stanów i uczuć postaci. Aktor chował się za postać, zasłaniał się nią, działał tak jakby działała postać, miał myśleć jak ona; grał kogoś innego, "osobę trzecią". W centrum uwagi stała postać sceniczna. Osoba aktora kryła się za nią. Trzeba przy tym rozumieć, że Stanisławski i Osterwa pragnęli doskonalić osobowość aktora po to, aby tym doskonalszy był jego warsztat; upraszczając: pragnęli, aby aktor był "lepszym człowiekiem" po to, aby stał się "lepszym aktorem". Te próby były odosobnione, nie doprowadziły do istotnych przemian w dziedzinie warsztatowej i panującym stylem Pierwszej Reformy pozostało psychologiczne "aktorstwo roli" z fundamentalnym dualizmem, rozdzieleniem aktora od "postaci". Centralnym pytaniem Pierwszej Reformy (w dziedzinie aktorstwa) pozostało: jak grać?

Powstanie nowego stylu aktorskiego jest bardzo ważnym argumentem w dyskusji o istnieniu lub nieistnieniu Drugiej Reformy. Pierwsza — posiada tę legitymację. A Druga? Wysuwano zarzuty, że nie można Drugiej Reformy wyodrębnić w historii teatru właśnie dlatego, że nie wytworzyła ona osobnego, nowego stylu aktorskiego. Nie sądzę, aby zarzuty te były słuszne.

Wiele wielkich okresów historii teatru istotnie wykształcało jak dotąd swoje style aktorskie, ale także brak stylu mógł być wyraźnym znakiem szczególnym. Na przykład teatr średniowieczny, religijny, angażujący do widowisk całe cechy, bractwa, ludność miasteczka, był żywy, jego manifestacje były ogromnie doniosłe społecznie, ale nie miał "aktorstwa", a tym bardziej "stylu aktorskiego". Widowiska celebrowano, odprawiano, odgrywano, ukazywano święte i potępione postaci, ich symboliczne przygody i życiowe czynności. Z istniejących przekazów pisanych i ikonograficznych wynika, że sposób przedstawienia był często bardzo dosłowny, ofiary rzeczywiście maltretowano, władców okadzano, Chrystus niósł bardzo ciężki krzyż. W innych wypadkach, w obrębie tych samych widowisk, gra była umowna i symboliczna – przejście paru kroków mogło być całą podróżą z Palestyny do Egiptu. Nie było aktorów, ale przedstawiający (performers).

Czy jest to casus Drugiej Reformy? Czy ma ona jednak swój aktorski styl?

Na dorobek Drugiej Reformy w dziedzinie aktorstwa składa się parę zasadniczych elementów.

Nowe postulaty wobec aktora wysunął już Bertolt Brecht. Jego oddziaływanie było opóźnione, głównie pośmiertne, obejmuje zatem czas Drugiej Reformy. Aktor interesował Brechta nie mniej niż postać. W procesie gry miał być sam jakby partnerem kreowanej postaci, miał ukazywać ją „krytycznie", „z dystansem", komentować i oceniać. Miał zachowywać swój osąd wobec przedstawianej postaci i zdarzeń, w jakich ona uczestniczy. Tak więc osobowość, postawa i poglądy aktora stały się równie ważne, jak sprawy związane z postacią sceniczną. Aktor, wedle koncepcji Brechta, miał być filozofem, działaczem, agitatorem politycznym i społecznikiem – posługującym się formą teatru w dążeniu do przebudowy świata. Rozwijając koncepcje Brechta wiele zespołów europejskich oraz północno- i południowoamerykańskich doszło do zdecydowanego wysunięcia na pierwszy plan samego aktora. Przestano zajmować się jego psychiką. Zażądano sprawności technicznej. Postać sceniczną sprowadzono do symbolu, karykatury, kukły. Należało umieć ją obsługiwać, manipulować nią, animować.

Drugim ważnym składnikiem aktorskiego dorobku Drugiej Reformy było „aktorstwo ubogie", wypracowane i skodyfikowane przez Jerzego Grotowskiego w latach 1960–1968. Ćwiczenia psychiczne, fizyczne i głosowe oraz technika pracy nad sobą pochodzące z Teatru Laboratorium rozprzestrzeniły się po całym świecie powszechniej, niż by to mogło się wydawać polskiemu obserwatorowi. Technik tych nauczał sam Grotowski oraz jego aktorzy na niezliczonych stażach, seansach, sesjach roboczych odbywających się w Polsce i wielu innych krajach Europy, Ameryki i Australii, w czasie festiwali, na uniwersytetach, w teatrach. „Aktorstwo ubogie" zmierzało nie do pomnażania środków wyrazowych, ale do eliminowania oporów psychofizycznych w ujawnianiu, odsłanianiu, ukazywaniu przez aktora swojej własnej osobowości. „Postać" została stopniowo w ogóle wyeliminowana. Pozostał sam aktor. Grający samego siebie. Nie chodziło więc już o to, aby „grał". Miał po prostu „być". Publicznie. „Całym sobą"[12].

Zarówno Brecht, jak Grotowski na różny sposób akcentowali samego aktora. Brecht radykalnie odseparował go, oddalił od granej postaci. Grotowski czynił go zdolnym do grania siebie, a potem do „bycia sobą"; postać została pochłonięta przez osobowość aktora. Tam i tu proces wydobywania aktora spod władzy postaci oparty był na żmudnych ćwiczeniach i wymagał wysokiej techniki osobistej. U Brechta bardziej zewnętrznej, u Grotowskiego wewnętrznej. U obu decydowała osobowość aktora.

Paradoksalnie, obie te szkoły okazały się bliskie całkiem amatorskiemu brakowi techniki zastępowanemu „naturalnością" i „spontanicznością" w Living Theatre i niezliczonych grupach jemu podobnych. „Nie graj, rzuć się!" — mówiono. Pomagano sobie różnymi metodami transu. Starano się być sobą i tylko sobą. Stąd swoje onieśmielenie trzeba było często zakrzyczeć, wstyd przełamać ekshibicjonizmem. Nieumiejętność ruchu nadrobić odwagą. Braki dykcyjne pokryć nieartykułowanym dźwiękiem. I w tym jednak wypadku akcent padał na samego aktora, na jego podświadomość, cechy psychofizyczne, wrażliwość, charakter, osobowość.

Zespoły typu Living, typu Laboratorium i post-brechtowskie łączyły podobne zasady moralne, przewodzili im wspólni prorocy, ogarniał je szeroki nurt kontestacji starych form ustrojowych, społecznych i teatralnych. Choć różniły się między sobą, miały wiele wspólnego. Najwięcej może właśnie na płaszczyźnie traktowania aktora i aktorstwa.

Można więc ryzykować twierdzenie, że w Drugiej Reformie wykształcił się charakterystyczny styl aktorski

---

[12] Wyrażenie J. Grotowskiego.

polegający na programowym „graniu siebie", styl introwertyczny, aktorstwo „bycia", „aktorstwo id"[13].

Sądzę, że jest to styl aktorski, choć przeciwstawny całej dotychczasowej tradycji związanej z tym pojęciem: *Wielka encyklopedia powszechna* PWN: „AKTORSTWO (łac. *actor*), sztuka polegająca na tworzeniu postaci scenicznej, działającej wobec publiczności, najczęściej, choć nie zawsze (np. commedia dell'arte) — w oparciu o gotowy tekst. Aktor może dla odegrania danej roli posługiwać się mimiką, gestem, ruchem i odpowiednim sposobem wygłaszania tekstu, a także charakteryzacją i kostiumem"[14] (podkreślenie w cytacie moje — K. B.). Tego rodzaju aktorstwo funkcjonuje nadal na ogromnych obszarach teatru i spełnia nadal, tak samo dziś, jak przez wieki, swe funkcje estetyczne i katartyczne. I nie wydaje się możliwe, aby to stare aktorstwo mogło być kiedykolwiek porzucone.

Tak jak potrzeba szczerości, wyjawienia tajemnicy, określenia się, nadania ekspresywnego kształtu swoim przeżyciom wewnętrznym, zakomunikowania siebie — tak samo i przeciwna jej i uzupełniająca ją potrzeba odgrywania ról, jest potrzebą ograniczoną, naturalną, można by rzec niezbywalną potrzebą ludzką; ta właśnie potrzeba łączyła się zawsze z ludzkimi snami, marzeniami i fantazjami. Ludzie zawsze marzyli o przebywaniu w niezwykłych miejscach, o odbywaniu cudownych podróży, fantazjowali o uzyskiwaniu nowych umiejętności — na przykład latania, śnili sny rozkoszne i przerażające — o niemożności ucieczki, o wrośniętych w ziemię nogach. To właśnie we śnie i w sztuce człowiek od zarania swoich dziejów bywał gdzie indziej, bywał kim innym. A publiczne bycie kimś innym to aktorstwo.

Druga Reforma wypracowała jednak nowe pojęcie aktorstwa, polegające na publicznym byciu sobą.

Okazuje się więc, że właśnie na naszych oczach, w czasie Drugiej Reformy zredagowane nie tak dawno (w 1962 roku) hasło w *Encyklopedii* przestaje wyjaśniać, co to jest

---

[13] Por. szkic *Aktor/Poeta*, s. 177.
[14] *Wielka encyklopedia*, PWN, Warszawa 1962, t. 1, s. 106.

aktorstwo. Trzeba by je rozszerzyć o teraźniejsze pojęcie aktorstwa — bogatsze o doświadczenia Brechta, Grotowskiego, Becka, Chaikina i innych.

Widzimy, że zmiany w dziedzinie aktorstwa w Drugiej Reformie są radykalne. Konstatujemy to w pracach praktycznych. Spostrzegają to teoretycy. „Postać teatralna przeżywa kryzys. To nic nowego. Ale bez trudu można dostrzec, iż jej stan się pogarsza" — tymi słowy rozpoczyna interesujące studium o postaci scenicznej Anne Ubersfeld[15]. Analizuje ona wielowarstwową strukturę i ustala typologię postaci. Nie wychodzi jednak poza to aktorstwo, którego definicję odczytaliśmy przed chwilą z *Encyklopedii*. Czy jest to kryzys?

Raczej historyczna przemiana. Nie tylko bowiem wytworzył się nowy „styl aktorstwa", ale poszerza się samo pojęcie aktorstwa.

To jednak dopiero pół prawdy. Jej dalsza część jeszcze niejasna, dopiero kształtująca się w mroku — to proces porzucania „aktorstwa" w ogóle. Jest on naturalną konsekwencją, wydaje się logicznym następstwem powstania aktorstwa osobowości jako alternatywy wobec aktorstwa roli. W różnego typu działaniach parateatralnych i postteatralnych samo pojęcie aktorstwa przestaje funkcjonować. Nie występuje. Ten proces na razie został zapowiedziany. Niewątpliwie narasta. Czas pokaże jego następne fazy i konsekwencje.

Aktorstwo roli było charakterystyczne dla Pierwszej Reformy, aktorstwo osobowości dla Drugiej. Aktorstwo roli pozwalało umacniać i rozwijać teatr. Aktorstwo osobowości otwiera drogi wyjścia z teatru.

Centralnym pytaniem Pierwszej Reformy pozostało: jak grać? Druga Reforma zapytuje: jak żyć?

---

15 A. Ubersfeld, *Notes pour l'analyse du personage de théâtre*, „Travail Théatrale", éte-automne 1976, s. 103; por. tej samej autorki *Live le théâtre*, Paris 1977, rozdział *Le personage*, s. 119—151 (będący inną wersją tego samego szkicu).

II. Wobec Drugiej Reformy

15 A. Übersfeld — Notes pour l'analyse du personnage de théâtre, „Travail Théâtral" été-automne 1976, s. 103; por. tej samej autorki Lire le théâtre, Paris 1977, rozdział Le personage, s. 119—151 (będący inną wersją tego samego szkicu).

Teatr wspólnoty 1970

Od zbiorowej twórczości grupy aktorów na scenie już tylko krok dzieli do następnego stadium rozwojowego teatru: zbiorowej twórczości aktorów i widzów. Wspólnie. Na scenie i widowni. A raczej już po prostu we wspólnej przestrzeni teatralnej, we wspólnym czasie.

Cały dotychczasowy rozwój nowego teatru zmierzał ku postawieniu tego kroku. Tu i ówdzie został on już — nieporadnie — postawiony. Jest on, wbrew obawom i oporom, konieczny i logicznie wypływa z przeszłości.

Konstruując świadomie uproszczony model zmian w teatrze, można by zbudować go w oparciu o wyróżnienie autora tworzącego sztukę teatru i ustalenie najważniejszego tworzywa.

W teatrze literatury jest nim pisarz, operujący słowem.

W teatrze inscenizacji — inscenizator, kształtujący widowisko.

W nowym teatrze poetyckim właściwym autorem jest aktor — tworzący w materii swego ciała i psychiki, aktor tworzący w zespole, wspomagany i inspirowany przez reżysera.

Czy w teatrze wspólnoty autorem stanie się widz? Myślę, że stanie się on rzeczywistym współtwórcą razem z zespołem profesjonalistów obejmującym i pisarza, i aktorów. Zmieni się także materia sztuki teatru. Nie słowo, nie aktor ofiarowujący się widzom, nie widowisko, ale zapewne sam proces twórczy wspólnej pracy trwający w czasie będzie materią teatru. Myślę, że właśnie w tych rejonach: na widowni, w dowartościowaniu procesu twórczego, w nowych relacjach wewnątrz teatralnej grupy, trzeba szukać nowego teatru.

Tego nowego teatru szukamy wszyscy. Wszyscy wyrywamy się ku rzeczywistej wspólnocie wewnątrz teatru i ku rozszerzaniu tej wspólnoty na całą grupę zebraną w jednym czasie i miejscu.

Tęsknotę tę wyraża pięknie Maurice Béjart w Posłaniu na Międzynarodowy Dzień Teatru w roku 1972:

„Słowo Teatr jest dla mnie synonimem Więzi. Bardzo 111

wiele powiedziano już o tej więzi, o zjednoczeniu, »komunii« aktora z widzem, zaś w ciągu ostatnich dziesięcioleci jednym z głównych problemów zaprzątających ludzi teatru była potrzeba usunięcia tej przegrody, granicy, rampy — rzeczywistej czy psychicznej — która dzieli patrzącego od oglądanego.

Nie ma aktora, który by pewnego dnia nie odczuł głęboko i boleśnie owej »bariery rasowej«, jaka oddziela człowieka siedzącego w ciemności w swoim codziennym ubraniu od człowieka w przebraniu, zalanego światłem sceny.

Jak obalić ten podział, jak odnaleźć i urzeczywistnić ową więź?

Sądzę, że istota problemu leży w czym innym.

Pewnego dnia, gdy cała ludzkość wydawała mi się rozpaczliwie obca i wroga, przyjaciel, któremu się zwierzyłem, powiedział mi: »Jak możesz chcieć być w zgodzie z innymi, jeżeli nie jesteś w zgodzie z samym sobą«.

Jak więc aktor może odnaleźć więź z publicznością, jeśli nie odkryje przedtem w sobie samym jedności różnych składników swojego »ja«? Najgłębszego związku serca i ciała, głowy i mięśni, totalnego języka, w którym ręka jest znakiem, ciało tańcem, a słowo — jednym z instrumentów w wielkiej orkiestrze, jaką stanowi istota ludzka — aktor, którego myśl objawia się w palcach stóp, którego oddech przepływa przez kręgosłup, a struny głosowe stają się harfą w służbie całego ciała, nie podlegającego już rozdarciu [...] Istotą teatru jest aktor, bowiem z teatru można usunąć wszystko: dekoracje, kostiumy, nawet tekst, wszystko prócz aktora.

Niech więc aktor przestanie być maszyną do mówienia, niech pamięta, że w dawnych chłopskich korowodach śpiew i taniec łączyły się w jedno: niech stanie się rzeźbiarzem własnego ciała, malarzem swoich przeżyć i kapłanem swojej ofiary; niech zapomni o »robieniu«, po to, by »być«.

Kiedy wreszcie, wyzbyty z wszelkich obciążeń, będzie się zdawał ulatywać w tańcu niby nowy Zaratustra, wówczas stanie się tym, który na niego patrzy i którego dążenia i wzruszenia wyraża jako »odtwórca«.

Ta granica, która oddziela nas od publiczności, nie zostanie obalona dopóty, dopóki w naszym własnym domu istnieć będą przegrody i dopóki mówić będziemy o różnych rodzajach teatru wówczas, kiedy wszystko popycha nas do jedności".

Dziś obalamy już te przegrody.

Aby lepiej zrozumieć uwarunkowania tego nowego zjawiska, jeszcze raz cofnijmy się w głąb historii i poświęćmy chwilę uwagi różnym formom obrzędowym i przedteatralnym.

Formy te można by nazwać — parafrazując polskie tłumaczenie tytułu znanej książki Lévi-Straussa — „teatrem nieoswojonym".

Jest on bezpośrednią, acz odległą w czasie inspiracją nowego teatru. Nowy teatr odwołuje się do form starych, czerpie z nich, nie naśladując oczywiście wprost. O tę naiwność go nie posądzajmy.

Teatrem nieoswojonym zainteresowali się już dawno reformatorzy teatru. Początkowo jednak uwaga ich kierowała się głównie ku obrzędom religijnym, zwłaszcza średniowiecznym. Do nich nawiązywali Appia i Fuchs; nie musieli zresztą sięgać w głąb historii — do dziś w Oberammergau i Grazu odbywają się widowiska pasyjne; jak w Kalwarii Zebrzydowskiej. Do misteriów nawiązywali też Polacy. Craig i Claudel zachwycali się teatrem Dalekiego Wschodu. Artaud pierwszy bodaj zobaczył wspaniałą teatralność w prymitywnym na pozór widowisku baletu z Bali, „który opiera się o taniec, śpiew, pantomimę, muzykę — i niezmiernie mało przypomina teatr psychologiczny taki, jak go rozumiemy w Europie — przywrócił on od razu teatrowi znaczenie czystej i autonomicznej twórczości, umieszczając go w perspektywie halucynacji i lęku, [...] mieszkańcy Bali urzeczywistniają z najskrajniejszą bezwzględnością ideę teatru czystego, gdzie wszystko, pomysły i spełnienie, liczy się i nabiera istnienia tylko w miarę obiektywizacji na scenie. [...]

W tym teatrze całe tworzenie ma miejsce na scenie, znajduje zaś swój wyraz i swe pierwociny nawet w tajemnym psychicznym impulsie, który jest słowem sprzed słów. [...] Widać w teatrze z Bali stan sprzed powstania języka,

113

stan który może sobie wybrać język: muzykę, gesty, ruchy, słowa. [...]

Zwolennicy czystości i rozgraniczenia rodzajów niechaj udają, że we wspaniałych artystach z Bali widzą tylko tancerzy, co przedstawiać mają nie wiadomo jakie czcigodne mity, których jakość uwidocznia całe niewymowne grubiaństwo i dzieciństwo naszego współczesnego zachodniego teatru. Prawda jest taka, że teatr z Bali proponuje nam i przynosi gotowe już i opracowane tematy czystego teatru, którym sceniczna realizacja nadaje skupioną równowagę, całkowicie urzeczywistnioną grawitację. [...]

Zdarza się, iż cały ten manieryzm, cała ta niebywała hieratyczność — ze swoim zmiennym alfabetem, krzykami pękających kamieni, szumem gałęzi, hukiem ciętego i przewracanego drewna — tworzy w powietrzu, w przetrzeni tak wzrokowej, jak dźwiękowej, jakby nieustanny szept czy bełkot, materialny i ożywiony zarazem. I po chwili dokonuje się magiczne utożsamienie: Wiemy, że to mówimy my..." [1]

Przejęty kapłańską misją głoszenia światu nowiny o autonomicznym teatrze okrucieństwa, Artaud śpiewa swój, być może nieco przesadny, zachwyt nad prymitywnym teatrem.

Od jego czasu jednakże nikt na serio szukający nowego teatru nie może ominąć teatru prymitywnego, w jego aspekcie artystycznym i społecznym.

To, co wiemy o społecznym aspekcie widowisk teatralnych w grupach plemiennych badanych na przestrzeni ostatnich lat kilkudziesięciu, o teatrze wczesnego okresu starożytnej Grecji i przedstawieniach kultowych średniowiecznej Europy [2], skłania do przypuszczenia, że te na

---

[1] A. Artaud, *Teatr i jego sobowtór*, przeł. J. Błoński, Warszawa 1966, s. 75—86.

[2] G. Thomson, *Ajschylos i Ateny*, Warszawa 1956. Tamże bardzo obszerna bibliografia. Bibliografię podaje także obficie oraz szkicuje tę problematykę A. Nicoll w *Dziejach teatru*, Warszawa 1959. Z bibliografii tych warto podkreślić szczególną wagę dla naszego tematu takich pozycji, jak: C. Lèvi-Strauss, *Totemizm*, Warszawa 1968, i tegoż autora *Myśl nieoswojona*, Warszawa 1969; J. G. Frazer, *Złota gałąź*, Warszawa 1971, i inne.

pozór różne zjawiska teatralne posiadają cechy wspólne, a także że istnieje jakaś zasadnicza zupełnie różnica pomiędzy tamtymi teatrami a teatrem Baroku, Oświecenia i wieków późniejszych.

Mówiąc o „teatrze nieoswojonym", trzeba najpierw wprowadzić ważne rozróżnienie. Z jednej strony można za taki uważać obrzędy religijne, militarne, inicjacyjne, święta urodzaju i święta polowań, słowem, różnorodne manifestacje życia społecznego wynikające z rytmu bytowania danej grupy, jej zajęć i otaczającego ją środowiska. W prawie wszystkich obrzędach odnaleźć można pewne funkcje teatralne. Występują one w różnych rodzajach zbiorowych działań, które zasadniczo nie mają charakteru widowisk teatralnych. Te właśnie obrzędy nie mające za cel widowiska teatralnego, ale posiadające pewne cechy teatralne, będę nazywał teatrem nieoswojonym.

Trzeba widzieć różnicę, jaka dzieli te obrzędy i święta — nie pomyślane z góry jako teatr — od najwcześniejszego teatru. Od widowisk teatralnych.

Tych dwóch faz i dwóch zespołów przejawów życia społecznego nie dzieli jednak przepaść, odwrotnie, łączy je stosunek wynikania i wiele oczywistych podobieństw.

Wydaje mi się, że obecny spetryfikowany i hermetyczny teatr trzeba dziś konfrontować właśnie nie tyle z teatrami innych epok (już to robiono, osiągając pewne efekty; znamy historię teatru), ile z formami parateatralnymi przeszłości i współczesności, ze świętami i obrzędami grup ludzkich. Teatr był tam obecny. Kiełkował, pulsował, czasem ledwie wyczuwalnym tętnem, ale był. Wydaje mi się, że musimy dziś szukać nowego teatru wszędzie tam, gdzie życie społeczne osiągało i osiąga swój autentyczny, żywy wyraz. Konfrontacja z teatrem nieoswojonym pomoże nam dowartościować teatr współczesny elementami autentycznego codziennego życia ludzi, problematyką społeczną. Pomoże odnajdywać w teatrze postawy szczerości. Mówić sobie nawzajem prawdę.

To, co uderza, co wydaje mi się najważniejsze w tym najpierwotniejszym teatrze — to zarówno powierzchowny, można by rzec techniczny związek, częstokroć wymieszanie widzów i aktorów, jako głębokie, decydujące i sięgające istoty samego zjawiska współuczestnictwo jakiejś jednej 115 grupy w zbiorowym obrzędzie, mającym równie duże znaczenie dla wszystkich jego uczestników. Odpowiedzialność za przebieg, powodzenie i efekt widowiska bywała całkowicie wspólna, rozdzielona na wszystkich członków grupy, niezależnie od zadań, jakie przypadały poszczególnym jej osobom w toku widowiska.

W różnych stadiach rozwoju w tych najróżniejszych zjawiskach, (dla których tylko drogą świadomych uproszczeń wynajduję wspólny mianownik) istniały oczywiście podziały między aktorami i widzami, zjawisko dziedziczenia ról i masek, samotne próby itp. Jednakże i wtedy widowisko parateatralne lub teatralne było wydarzeniem ważnym dla całej zbiorowości, podlegało natychmiastowej społecznej ocenie, a jego przebieg był ściśle uzależniony od współuczestnictwa wszystkich obecnych. Jak pisze J. E. Lips: „[...] decydującym czynnikiem w teatrze ludów pierwotnych jest publiczność. Zazwyczaj jest to całe plemię [podkreślenie moje — K. B.] lub także zaproszone plemiona sąsiednie. Teatr jest sprawą żywo obchodzącą każdego z członków plemienia, którzy się niezwykle żywo interesują wszystkimi przedstawieniami. Dzięki tej okoliczności u ludów pierwotnych teatr stał się jednym z najbardziej skutecznych środków wyrażania opinii publicznej. Pobieranie opłat za wstęp jest tam całkowicie nieznane, nie trzeba się też kłopotać o wysokie gaże aktorskie lub honoraria dla autorów dramatycznych. W przeciwieństwie do naszych przedstawień, których powodzenie lub »klapa« są uzależnione od tego, co napisze zawodowy recenzent, u ludów pierwotnych sama publiczność w sposób nie budzący wątpliwości daje wyraz zadowoleniu lub dezaprobacie"[3].

W widowiskach takich zebrani współdziałają z wykonawcą: „Przedstawienie, powtarzane (czy też trwające?) przez dwie noce, ciągnęło się za każdym razem około czterech godzin. Chwilami Taperahi wydawał się natchniony, mówił i śpiewał z zapałem, ze wszystkich stron wy-

116   [3] J. E. Lips, U źródeł cywilizacji, Warszawa 1957, s. 325, tamże obszerna bibliografia.

buchały śmiechy. Chwilami zdawało się, że jest wyczerpany, głos słabł, próbował różnych tematów, nie zatrzymując się przy żadnym. Wtedy jeden z recytatorów lub obaj naraz przychodzili mu z pomocą [podkreślenie moje — K. B.] bądź to ponawiając wezwania, które pozwalały głównemu aktorowi na moment wytchnienia, bądź też podsuwając mu temat muzyczny albo też obejmując chwilowo jedną z ról, tak że przez chwilę słuchało się prawdziwego dialogu. Tak podtrzymywany, Taperahi rozwijał swe opowieści" [4].

W grupie biorącej udział w pierwotnym obrzędzie teatralnym wyróżnić można przodownika chóru — czarownika — kapłana — prowadzącego i ewentualnie grupę jego pomocników. Ich wydzielenie nie oznaczało jednak ani prawa do biernej obserwacji poczynań innych, ani obowiązku wykonywania jakichkolwiek zadań zamiast innych. Była to rola organizacyjna i porządkowa, w wypadku czarownika i kapłana — rola pośrednika pomiędzy bóstwem a zgromadzonymi.

W obrzędach inicjacyjnych, gdy starsi plemienia w pewnym momencie na przykład poddają młodzieńców próbie cierpienia fizycznego, można by powiedzieć, że to starsi grają przed młodymi, gdy tańcząc wokół młodych wprowadzają ich w trans, a potem dokonują na nich czynności chirurgicznych. Z tego punktu widzenia nie tylko starszyzna, ale i całe roztańczone plemię mogłoby zostać uznane za aktorów odgrywających przed grupą poddawaną inicjacji przedstawienie, w które młodzi są stopniowo coraz bardziej wciągani. Można by jednakże również powiedzieć, że aktorami obrzędu inicjacyjnego są właśnie młodzieńcy wprowadzani w życie dorosłych, na nich bowiem cały czas koncentruje się uwaga całego plemienia, oni to przygotowują się szeregiem ćwiczeń, postów czy odosobnieniem do pomyślnego przejścia egzaminu dojrzałości. Ani jedno, ani drugie postawienie sprawy nie miałoby sensu. Podobnie, gdy w pewnym obrzędzie inicjacyjnym przywiązany do słupa nagi młodzieniec ma nie okazać ekscytacji na widok prowokujących go dziewcząt,

---

[4] C. Lévi-Strauss, *Smutek tropików*, Warszawa 1964, s. 333.   117

nie dałoby się ustalić, czy to one grają przed nim strip-tease i erotyczne pantomimy, których on jest widzem, czy odwrotnie, on właśnie jest aktorem, na którym ciąży wielka odpowiedzialność za występ; od wyników tego występu zależą losy jego życia na przestrzeni paru najbliższych lat. Czy prowokujące go dziewczęta są tylko, czynną wprawdzie, widownią? A może zarówno chłopiec, jak dziewczyny są aktorami w relacji do obserwujących próbę starszych plemienia? Lecz ci znowu w tym samym cyklu ceremonii dopiero co tańczyli, grali duchy zmarłych przodków, a i teraz wolno im dopingować dziewczęta, aby jeszcze usilniej podniecały poddawanego próbie młodzieńca. I tu nie można ustalić w rezultacie, kto jest widzem, a kto aktorem.

Podobnie gdy w jakimś plemieniu indiańskim[5] święcono triumf wojenny w „tańcu skalpu", nie można by powiedzieć sensownie, że aktorem był bohaterski wojownik, który tańczył wobec widzów — wszystkich mieszkańców wioski — odtwarzając swe minione czyny, ani że aktorami byli starzy mężczyźni i kobiety, którzy przebierali się za wojowników—zdobywców skalpów i tańczyli przed bohaterem — widzem, ani że aktorami byli wszyscy mieszkańcy wobec widza—bohatera. Relacja widz—aktor krzyżowała się tu w różnych kierunkach, była wymienna, a zatem nie istniała żadna podstawa, aby całą świętującą grupę wewnętrznie podzielić na aktorów i widzów.

Pierwotna forma misterium religijnego, czy to związana z kultem Dionizosa w Grecji, czy Chrystusa na przykład w średniowiecznej Anglii, czy z ludowym kultem zmarłych jeszcze w XIX wieku na Litwie, realizowała się również bez udziału biernych obserwatorów. Wszyscy biorący udział w obrzędzie mieli rolę czynną. Przodownik—kapłan znajdował się 'w roli aktora wobec chóru wiernych, gdy intonował pieśń albo nakazywał spełnienie odpowiednich działań, ale w momencie gdy wierni bądź pojedynczo, bądź wszyscy razem podejmowali sami kultowe czynności, oni to stawali się aktorami.

---

[5] Por. R. Benedict, *Wzory kultury*, Warszawa 1966, s. 190 i n.

Ta właśnie cecha nieoswojonego teatru wydaje się godna jak najdobitniejszego podkreślenia: wszyscy uczestnicy widowiska bądź równocześnie, bądź kolejno byli aktywni. Wszyscy byli zarówno aktorami. Wszyscy zobowiązani byli wykonywać czynności, śpiewać, tańczyć. Przebieg i powodzenie ceremonii zależało od wszystkich. W grupie oddającej się teatrowi nie było nikogo poza kręgiem gry, czarów i wiary, nikogo biernego, nikogo sceptycznego. Nie było widzów.

Ten tok wnioskowania prowadzi zresztą oczywiście również do stwierdzenia, że nasze dzisiejsze terminy „aktor" i „widz" nie mają zastosowania do najwcześniejszej ceremonii o charakterze teatralnym. Mamy tam bowiem do czynienia ze zjednoczoną we wspólnym przeżyciu i wspólnym trudzie grupą, w której krążą, przepływają i nakładają się różnorodne funkcje. Grupa ta ma jeden wspólny cel. Jego realizacja stanowi również czynnik scalający. Ten cel leży zawsze w pewien sposób poza grupą, jest nadrzędny i taki sam dla wszystkich. Czy będzie nim wzmocnienie plemienia poprzez pomnożenie liczby dorosłych wojowników, czy wyjednanie dobrych zbiorów, czy erotyczna zabawa, czy przebłaganie zagniewanego bóstwa — wszystkim biorącym udział w ceremonii zarówno zależy na wzorowym wykonaniu i powodzeniu obrzędu. Cel widowiska jest tu ściśle społeczny, wspólny.

I tu znowu widzimy, że do tego pierwotnego teatru nie ma zastosowania wewnętrzny podział grupy biorącej udział w widowisku ze względu na cel uczestniczenia w nim. Grupy nie dzieliły ani różne, ani tym mniej sprzeczne dążenia, tak charakterystyczne dla naszych pojęć o teatrze i naszej praktyki teatralnej, dzielącej grupę biorącą udział w widowisku na pouczających i pouczanych, na sądzących i sądzonych, na żarliwych i obojętnych... Cele ludyczne, moralizatorskie, cele kultowe czy polityczne — wtedy gdy obrzęd miał za zadanie wzmóc potęgę plemienia czy zapewnić mu panowanie nad innymi — realizowane były wspólnie przez całą grupę. We wspólnym interesie.

Nie dzieliła również pierwotnej grupy uczestniczącej w widowisku — nazwijmy ją „grupą teatralną" — ani prze- 119 strzeń, ani nie dzielił jej czas. Nie dzielił też system i sposób przygotowania widowiska.

W teatrze nieoswojonym nie było jakiegokolwiek przeznaczonego dla widowiska terenu, który by dla widowiska jedynie był przygotowany i wydzielony, który by uprzednio i na co dzień nie spełniał zadań związanych z życiem społeczeństwa. Odwrotnie — widowisko odbywało się po prostu tam, gdzie ludzie na co dzień bawili się, modlili, pracowali. I tak wczesny dramat dionizyjski rozgrywano początkowo w polu, wśród zielonych winnych latorośli, obrzęd inicjacyjny dla przyszłych wojowników w puszczy, na stepie bądź na placu wioski, wczesne misterium w mrocznych nawach katedry.

Dopiero w czasie widowiska powstawał teren specjalny, święty, mający określone właściwości. Katedra była na co dzień miejscem modłów, plac służył do różnorodnych zgromadzeń, zabaw, handlu. Dopiero akcja widowiska sprawiała, że ołtarz w katedrze stawał się grobem Chrystusa, rynek miejski drogą na Golgotę, a plac indiańskiej wioski terenem bitwy dwóch plemion, które w rzeczywistości walczyły w innym czasie daleko od niego. Działo się więc tak, że jakiś teren, używany na co dzień dla spełniania różnych zwykłych funkcji społecznych, poprzez rozgrywanie na nim widowiska nabierał cech niezwykłych, symbolicznych, magicznych. Oto najważniejszy aspekt tego procesu: miejsce zwykłe — pod wpływem obrzędu teatralnego — przeradza się w miejsce „osobne". Porządek mityczny i mistyczny wkraczał w codzienność bytowania ludzi.

Miejsce gry nie było przy tym wewnętrznie dzielone na teren gry i teren obserwacji ani na tereny dla widzów i aktorów, bowiem — jak wykazałem wyżej — te pojęcia w ogóle nie występowały w tych widowiskach. Dałoby się wyróżnić pierwotnie punkt centralny, scalający cały teren, organizujący ruch, który stopniowo przeradzał się w miejsce teatralne. Był nim ołtarz dla ofiary ludzkiej, zwierzęcej czy mistycznej. Na tym samym ołtarzu, przy tym samym palu zabijano wrogów na ofiarę i przy tym samym poddawano młodych próbom inicjacyjnym, zabijano zwierzęta i rozpoczynano widowiska satyrowe, odprawiano mszę i kończono procesję pasyjną. Cóż piękniejszego niż widowisko dziękczynne za obfite winobranie rozgrywające się wśród winorośli pełnych kiści, gron, beczek, zapachu wina i ziemi.

Czas „sceniczny" w pierwotnych widowiskach był czasem „realnym". To prawda, że widowiska zawierały tańce, pochody i pieśni przedstawiające bądź opowiadające zdarzenia przeszłe i przyszłe, jak na przykład pośmiertne życie przodków czy sąd ostateczny.

Wydaje mi się jednak, że grał tu rolę specjalny element, którego nie sposób pominąć, nie sposób przecenić: wiara wszystkich uczestników widowiska w realne, a nie symboliczne znaczenie przedstawianych zdarzeń.

Jest to, jak mówi Eliade: „korzystanie z czasu mitycznego uobecnionego". Oddajmy mu głos, aby swym ścisłym językiem sprecyzował to, czego mnie może nie udałoby się wyjaśnić: „Męka Chrystusa, jego śmierć i zmartwychwstanie nie są tylko przedmiotem wspomnienia w czasie nabożeństw wielkotygodniowych, one rzeczywiście się więc dokonują w tym momencie na oczach wiernych, a wierzący chrześcijanin musi być przekonany, że staje się współczesnym świadkiem tych transhistorycznych wydarzeń, skoro czas teofaniczny się powtarza, a zarazem jest dla niego czasem obecnie aktualnym. To samo można powiedzieć o magii. [...] czarownica idzie na poszukiwanie ziół ze słowami: »idziemy zbierać zioła, aby przyłożyć je do ran Zbawiciela«. Dzięki właściwości magicznej obrzędu czarownica staje się kimś współczesnym męce Pańskiej. [...] Ta współczesność z wielkimi chwilami mitycznymi jest nieodzownym warunkiem skuteczności magiczno-religijnej jakiejkolwiek natury"[6]. Nie popełnimy więc chyba błędu, jeśli mechanizmy te odniesiemy również do pierwotnego widowiska teatru nieoswojonego.

Jeżeli na pierwotny obrządek spojrzy się przez pryzmat ożywiającej wszystkich jego uczestników wiary, staje się jasne, że wszelkie zdarzenia i postacie wyobrażane w nim miały znaczenie doraźne, bezpośrednie i po prostu na-

6 M. Eliade, Traktat o historii religii, Warszawa 1966, s. 386, 387.

macalne. Gdy rytualny taniec plemienia miał sprowadzić na tańczących siły zwinnych zwierząt puszczy lub mądrość przodków — tancerze w swoim i w otoczenia przekonaniu rzeczywiście stawali się panterami, stawali się swoimi przodkami i przemawiali nie w ich imieniu, ale jako oni. Widowiska rozgrywały się więc tu i teraz. Nie było też, rzecz jasna, „różnicy czasów" pomiędzy poszczególnymi członkami widowiska. Jeżeli bowiem stary wojownik stawał się swoim przodkiem to dla kandydata na wojownika nie był on kimś przedstawiającym kogoś innego, żyjącego w dawnych czasach, ale był dawnym wojownikiem działającym tutaj i w chwili obecnej. Przodek i potomek obcowali w jednym czasie. Był to czas zarazem realny i symboliczny (o tym za chwilę), ale był to jeden czas. A nie konfrontacja dwóch czasów, nie spojrzenie z jednego brzegu na drugi.

Również sposób przygotowania widowiska nie rozdzielał początkowo „grupy teatralnej". Przodownik — kapłan — czarownik nie przygotowywał się osobno i każdorazowo do prowadzenia widowiska. Nauczyła go tego tradycja, doświadczenie, praktyka. Podobnie wszyscy inni nie przeprowadzali początkowo specjalnych przygotowań do gry. Bądź znali przekazane im przez obyczaj elementy widowiska i odtwarzali je bez trudu każdorazowo w czasie obrzędu — jak pieśń religijną, bądź odwrotnie, mieli być zaskakiwani pewnymi ceremoniami znanymi innym lub nakazanymi przez prowadzącego. Ich spontaniczna reakcja, zachowanie i działanie wyznaczały dalszy bieg obrzędu. I choć z tego punktu widzenia grupa dzieliła się na wtajemniczonych i wtajemniczanych, to jednak stopień wtajemniczenia poszczególnych uczestników ewoluował i nie dzielił grupy w sposób trwały.

Widowiska, nawet te otaczane tajemnicą, jak misteria eleuzyńskie, miały, wiadomy z góry wszystkim, ustalony scenariusz w każdym rodzaju widowiska (winobranie, wtajemniczenie, inicjacja itp.), za każdym razem ten sam. Scenariusz ten przewidywał kolejne pieśni, tańce, czynności i gesty, które wszyscy bądź już znali, bądź byli ich uczeni w trakcie obrzędu. Akcja scenariusza oparta była na znanych wszystkim lub większości zdarzeniach mitycznych lub historycznych, nie stanowiła niespodzianki i nie zaskakiwała uczestników. Zatem także i pod tym względem nie dzielili się oni wewnętrznie na poinformowanych i profanów, na znawców („to już moje piętnaste *Wesele*, dziewiąty *Hamlet*" — mawiają dzisiejsi widzowie) i prostaczków.

Pierwotny obrzęd aktywizował wszystkich członków grupy. Jest niezmiernie ciekawe, że tę właśnie jego cechę dostrzegli, podchwycili i wykorzystali nowocześni psychologowie. Z obserwacji teatru nieoswojonego w wyobraźni Jakoba L. Moreno zrodziła się psychodrama, którą tak charakteryzuje jej polski specjalista: „Warunkiem [...] postulowanego funkcjonowania psychodramy jest możliwie jak najgłębsze i najpowszechniejsze przeżywanie emocji wspólnych aktorom i widzom. Aktorzy i widzowie stanowią jedność wspólnie realizujących to lub inne dzieło dramatyczne. Dzieło to ma zaspokajać i wyrażać rzeczywiste potrzeby i emocje, stanowić o odpowiedziach na pytanie ważne dla każdej z osób biorących udział w dramatyzacji [...] Aktorów musi łączyć z widzami ta sama intencja, muszą się rekrutować z rzeszy widzów, a równocześnie widzowie muszą się czuć w pewnym sensie aktorami, osobami jak najbardziej konkretnie zaangażowanymi w odbywające się widowisko. Jednocześnie zarówno aktorzy, jak i widzowie muszą traktować odbywającą się dramatyzację jako coś, co ma bezpośrednie znaczenie dla ich przyszłego życia. Nie może tu więc dominować przeświadczenie, że bierze się udział w zabawie, która do niczego nie zobowiązuje, o niczym nie stanowi i w niczym nie wpływa na losy życiowe. Istotne jest także przeżywanie przez aktorów swoich ról jak czegoś spontanicznego, dającego ulgę i wyzwolenie od dręczących emocji.

Wiele wskazanych wyżej elementów znajdujemy w misteriach ludów pierwotnych (archaicznych). Dostrzegamy tu brak jakiejś wyodrębnionej widowni, kolektywne emocje, przeżycie ważności gry dla losów jednostki i zbiorowości oraz niezabawowy charakter dokonywanej inscenizacji [...] Obrzędy kultowe i wchodzące w ich skład elementy tańca, śpiewu, poezji i gry miały przynieść oczyszczenie [...] 123

Kontynuatorem niektórych wskazanych wyżej tradycji był niewątpliwie teatr grecki. Oczywiście misteria nie są wyłącznie własnością Greków. Trzeba jednak pamiętać, że nawet po dojściu do swych najwyższych osiągnięć kultura starożytnej Grecji zachowała misteryjne treści, które nadal wywierały doniosły wpływ na ludność greckich miast. Treści te tkwiły nie tylko w obrzędach religijnych, ale i w widowiskach teatralnych, w których miał prawo uczestniczyć każdy grecki obywatel. [...]

Wskazując na tradycje greckiego teatru i ich związki z psychodramą, J. L. Moreno, właściwy twórca psychodramatycznej procedury, pisze, co następuje: »Początkowo w greckim dramacie występowała grupa, chór. Tespis wprowadził pierwszego aktora; był to członek i reprezentant chóru występującego na scenie. Ajschylos wprowadził następnego reprezentanta chóru i w ten sposób było już dwóch aktorów. Psychodrama przedstawia na scenie problemy psychiki ludzkiej. Struktura psychiki każdej jednostki ma społeczny charakter i wywodzi się z grupy. Na scenie dokonują się wydarzenia przedstawione przez »terapeutyczne ego« i w rezultacie w toku każdego posiedzenia grupy wspólne problemy ponownie dochodzą do głosu w formie psychodramy«"[7].

Dla człowieka teatru przyjemnością jest czytanie (i cytowanie) tak kompetentnych sądów o teatrze, które wyszły spod pióra psychologów.

Wydaje mi się, że nie znana zachodniemu teatrowi przez całe wieki aktywność postawy wszystkich uczestników pierwotnego obrzędu jest fenomenem najbardziej nas obchodzącym. Aktywność ta dotyczyła przy tym nie zewnętrznych form widowiska, planu akcji i wykonania, była natomiast wyrazem wewnętrznej postawy uczestników. Teatr nieoswojony przeobrażał ludzi i odmieniał. Łączył ich ze sobą.

---

[7] G. Czapów, Cz. Czapów, *Psychodrama*, Warszawa 1969, s. 39 – 41. Ciekawa i pouczająca jest również cała historia teatru widziana oczami psychologów. *Op. cit.*, s. 41 – 46. Na temat związków psychodramy z teatrem istnieje obszerna literatura. Por. np. J. Franchette, *Psychodrame et théâtre moderne*, Paris 1971, tamże obszerna bibliografia.

Mówię o teatrze nieoswojonym dlatego, aby samo powszechne dziś rozumienie tego, co przywykło się uważać za teatr, skonfrontować z innymi możliwymi wykładniami tego pojęcia, poddawać je krytyce i sprawdzać. Jeżeli chce się z dźwiękiem słowa „teatr" łączyć całkiem nowe (a może tylko zapomniane) treści — konieczne jest takie skonfrontowanie nowego rozumienia teatru z jego pra-źródłami. Odczuwamy bowiem z pełną wyrazistością, choć nie zawsze potrafimy wskazać, skąd biorą się te lęki, że teatr współczesny oderwał się od codziennego życia ludzi, że zatracił związek z zabawą, z życiem duchowym, a nade wszystko z pracą ludzi. Że utracił — obecną w obrzędach i teatrze ludowym — funkcję łączenia społeczności.

Najpierwotniejsze obrzędy teatralne oparte były na tym właśnie zagubionym dziś związku. Ten fakt widzi dziś wielu ludzi teatru. Obrzędy te były normalnymi i koniecznymi funkcjami życia społeczeństwa. W wyniku wprowadzania do nich czynnika teatralności nie traciły swego pierwotnego charakteru pracy, zabawy, modlitwy czy egzaminu. Ten podstawowy ich cel nie schodził w wyniku teatralizowania na drugi plan, przeciwnie — był realizowany lepiej, skuteczniej. Można by powiedzieć, używając współczesnego słownictwa i świadomie wulgaryzując, że obrzęd dionizyjski przyczyniał się do podniesienia ekonomicznych wyników kampanii winobrania, misterium wielkanocne rozwijało i pogłębiało życie duchowe wiernych, a taniec wojenny rzeczywiście wzmagał bitność, morale i poziom wyszkolenia bojowego wojowników...

Liczne obrzędy mające charakter widowiskowy w naturalny sposób wynikały z rytmu dorastania człowieka, z rytmu pór roku i związanych z nimi prac. Udział w obrzędzie był więc zarówno konieczny, jak upragniony. Był naturalną formą udziału w życiu grupy.

W obrzędzie czynności praktyczne zostają sformalizowane, nabierają charakteru symbolicznego, dodają do elementu naturalnego element ponadnaturalny, kontaktują uczestników z rzeczywistością duchową, włączają czynności doraźne w plan transhistoryczny bytowania całej grupy, inicjacja jednego pokolenia włączona zostaje w cykl rodzenia się, dojrzewania i umierania wielu pokoleń, praca żniwiarza zostaje włączona w proces kiełkowania, wzrostu i obumierania ziarna na przestrzeni wszystkich pór roku. Rzeczywistość staje się sztuką. Powstaje rzeczywistość artystyczna.

Następuje przejście życia w sztukę. Łączy je stosunek wynikania.

Nieoswojony teatr możemy także nazwać poetyckim. „We wszelkiej kwitnącej, żywej kulturze, a przede wszystkim w kulturach archaicznych poezja jest funkcją życiową, społeczną i liturgiczną. Wszelka stara poezja jest jednocześnie i zarówno: kultem, odświętną uciechą, grą towarzyską, sprawnością, próbą lub zagadką, mądrym pouczeniem, perswazją, oczarowaniem, wróżbą, proroctwem i rywalizacją"[8] — pisze Johan Huizinga. Wszystkie te funkcje ocierają się o nieoswojony teatr i przenikają go.

Faktem jest bowiem, że związek sztuki z pracą społeczeństwa jest zagadnieniem najwyższej wagi, zarówno tam, gdzie idzie o kształtowanie właściwych postaw wobec pracy, o uczenie ludzi wydajnej, a zarazem rozwijającej ich osobowość pracy, jak i tam, gdzie czas pracy zaczyna się skracać i pilna staje się potrzeba filozofii czasu wolnego[9].

Z teatrem nieoswojonym zestawmy teraz — zwłaszcza w jego aspekcie społecznym — parę zjawisk najnowszych, również z dziedziny teatru najmocniej związanego z życiem społecznym — a więc teatr polityczny i happening.

Termin „teatr polityczny", używany i nadużywany przy różnych okazjach, jest dość nieprecyzyjny i w ustach różnych ludzi oznacza zupełnie różne nieraz zjawiska. Proponowałbym używać go zgodnie z jego sensem pierwotnym.

Jeżeli polityka uznawana jest za funkcję władzy, a zatem jest jej sprawowaniem i wykonywaniem, utrzymywaniem, umacnianiem, obroną itp., to teatr będzie wtedy

[8] J. Huizinga, *Homo ludens*, Warszawa 1967, s. 173.
[9] Por. B. Gruszyn, *Czas wolny*, Warszawa 1970; A. Kamiński, *Czas wolny*, Wrocław 1965. W obu książkach znajduje się bibliografia.

teatrem politycznym, jeżeli będzie pozostawał świadomie w jakiejś relacji do władzy panującej tam, gdzie w czasie i przestrzeni ma miejsce widowisko. Relacja ta może być bądź pozytywna, a teatr wtedy władzę polityczną popiera, umacnia, służy jej ogólnym celom, bądź negatywna, gdy teatr władzy sprzeciwia się, oponuje, zwalcza ją.

Wynika stąd, że nie było, wbrew pozorom, teatrem politycznym zagrane w Polsce widowisko piętnujące wojnę wietnamską, choć było nim par excellence takie widowisko (np. w teatrze Bread and Puppet) zagrane w Stanach Zjednoczonych.

Teatrem politycznym służącym władzy może być teatr wystawiający *Gałązkę rozmarynu*, może nim być również teatr nie kwestionujący zasadniczych założeń danego ustroju, ale krytykujący pewne jego zjawiska, jak np. przeciwny konformizmowi *Hamlet* czy *Kordian* w epoce unifikacji postaw i braku swobodnej myśli. Teatrem politycznym jest też teatr zwalczający władzę, jak na przykład walczący z burżuazyjnym państwem Théâtre du Soleil, gdy gra rzecz o rewolucji 1789 roku i dowodzi w widowisku, że po rewolucji lud, który jej dokonał, został pozbawiony władzy przez burżuazję.

Należy jednakże jak najostrzej zaakcentować fakt, iż teatr, ustosunkowując się do zjawisk politycznych, nie należy nigdy do nich bezpośrednio. Będąc sztuką wypowiada się zawsze przez metaforę, nigdy wprost. Nazwę teatru politycznego należałoby zatem zarezerwować, w ścisłym i węższym rozumieniu, dla tych zjawisk artystycznych, które w sposób świadomy ustosunkowują się pozytywnie lub negatywnie do panującego systemu politycznego.

Tak też traktowany jest młody teatr na świecie, zwłaszcza w USA i Europie Zachodniej. Jest teatrem domagającym się określonych swobód politycznych i społecznych, jest teatrem klasowym, staje w obronie imigrantów portugalskich we Francji i portorykańskich w Stanach Zjednoczonych. Jest teatrem kontestującej młodzieży, dezerterów z wojska, intelektualistów i działaczy. Pięknie pisał o sztuce i polityce wielki humanista Viktor E. Frankl:

„W życiu kulturalnym polityka jest nawet trucizną. Polityczna tendencja zatruwa dzieło sztuki. Politycznej tendencji dzieła sztuki nie należy jednak mylić z jego politycznymi konsekwencjami, jakie artysta może ponieść. Sztuka nie znosi żadnego politycznego programu, żadnego wytyczania kierunku; sama sztuka jest jednak zawsze tendencyjna, bo kieruje się ku temu, co ludzkie. Wykazując tendencję polityczną, artysta zdradza swoje powołanie, natomiast zachowując konsekwencję polityczną, pozostaje wierny swemu człowieczeństwu"[10].

Świadomość politycznego aspektu twórczości teatralnej leży u podstaw działalności nowego teatru na całym świecie.

Następuje przy tym rzecz ogromnie ciekawa: wiele grup teatralnych chcąc jak najsilniej akcentować swą bojowość, uprawia czynnie politykę przekraczając — delikatnie zawsze majaczącą i trudną do wyznaczenia — granicę między sztuką a propagandą. Widowiska teatralne przerastają w manifestacje polityczne. Artyści stają się działaczami.

Może dlatego, jako reakcja obronna zachodząca w samym organizmie teatru intensyfikuje się równocześnie zjawisko teatru filozofującego. Jak każdy teatr, nie jest on apolityczny, bo zawsze głęboko polityczny aspekt ma to, czy sztuka oducza ludzi myślenia, czy go ich uczy, pobudza czy usypia. Może się więc okazać, że teatr prowadzący do refleksji i kontemplacji, a zatem do rozwoju osobowości i świadomości jednostki, jest teatrem wyraźnie politycznym. Bo jednej władzy może odpowiadać rozwój ludzkiej, zawsze krytycznej świadomości, a innej nie. Różnica między teatrem politycznym a filozoficznym leży więc głównie w środkach wyrazowych, a nie w zasadniczej koncepcji i celach.

Stefan Morawski w swym znakomitym eseju *Happening — rodowód — charakter — funkcje*, uważa za element strukturalnie wyróżniający happening od innych form zabawy, widowiska, pracy, artystycznej improwizacji — udział publiczności, przyznanie widzowi nowych praw i egzekwowanie nowych obowiązków. Morawski przyznaje, że jest to aspekt fundamentalny, ale akurat jemu właśnie nie poświęca zbyt dużo miejsca. O partycypacji publiczności w happeningu pisze: „Dla jednych akt ten nie jest

[10] V. E. Frankl, *Homo patiens*, Warszawa 1971, s. 59.

potrzebny, dla innych stanowi warunek niezbędny lub nawet wystarczający, by mówić o zjawisku happeningu. Vostell określił swe stanowisko jako mediacyjne — według niego liczy się również reakcja publiczności na »nie«, gdyż także wówczas partycypuje ona w intencji twórczej, ponieważ mimo wszystko ulega jakiemuś wstrząsowi. Z punktu widzenia Cage'a, propagującego Zen-buddyzm, czy Lebela dopiero reakcja na »tak« stanowi zwycięstwo happeningu. Sprawa, którą teraz poruszam, łączy się z ludycznym i paraobrzędowym charakterem happeningu. Nie ulega wątpliwości, że widowisko rezygnujące z partycypacji jest ewentualną zabawą dla publiczności, podczas gdy pozostałe mogą i właściwie powinny być zabawą z publicznością. Ale też ci, którzy oczekują partycypacji pełnej, raczej pomijają aspekt ludyczny. Zabawa ma być dla nich zespołem czynności propedeutycznych, służących »otworzeniu« świadomości lub nieświadomości na przyjęcie treści poważnych"[11].

Co do mnie, podejrzewam, że happening zrodził się z dążenia do ustalenia nowej relacji między widzem i aktorem. Wydaje się, że jest on po omacku wykonywaną, ale konkretną próbą teatralną — teatralną ze względu na funkcjonowanie takich samych, jak w teatrze praw w aspekcie czasu i przestrzeni. Istotą happeningu wydaje się rzeczywiście, jak pisze Morawski, to, że: „przedmiotem artystycznym staje się proces twórczy (autorski) i odbiorczy (partycypacja) wywołany przez odpowiednią kompozycję"[12]. Oba te procesy, co oczywiste, są równoległe w czasie. Jeżeli jednak na oba spojrzymy jak na procesy twórcze — sprawa nabiera innego całkowicie wymiaru.

Wydaje mi się, że happening jedynie w ułamkach niektórych swych manifestacji zdołał osiągnąć to właśnie zrównanie aktora—autora i widza we wspólnej i równoczesnej twórczości. To właśnie zrównanie

11 S. Morawski, *Happening*, „Dialog", 1971, nr 10, s. 128. Cały esej Morawskiego zawarty w tym i poprzednim numerze „Dialogu" chciałoby się tu zacytować jako niezbędne tło moich rozważań o teatrze!
12 *Op. cit.*, s. 132.

wydaje mi się celem już nie happeningu, a nowego teatru wspólnoty.

Na uświadomieniu nam wszystkim tego celu polega znaczenie happeningu w historii sztuki teatru i jego udział w przygotowaniu teatru jutra. Jest to udział pośredni. Niemniej — ważny.

Oparty jest on także na silnym aż do paroksyzmu związaniu się z warstwą przedmiotową rzeczywistości i walką idei współczesnego świata. Happening „jest świetną szkołą postaw artystycznych oraz skrajnym wyrazem nieustępliwych niepokojów twórców, niepokojów, jakimi wypełniony jest nasz ciemny, rozdarty wewnętrznie świat. Dogłębnie zrośnięta z tym światem jest podskórna tonacja filozoficzna happeningu — zachłyśnięcie się aleatoryzmem i grą losową, kult przedmiotów i urządzeń formowanych przez coraz doskonalszą technologię, poddanie się amorficzności i illogiczności. Do korzeni tego świata sięgają paradoksy i ambiwalencje happeningu — jego zamknięcie się w teraźniejszości i motyw nadziei, jego konformizm i nieustanna rebelia. Chciałoby się dodać: mówimy jedynie o świecie kapitalistycznym, gdyż tam przecież zrodził się i rozwinął happening. Byłoby to jednak twierdzenie fałszywe. Nie ma kordonu we współczesnych procesach cywilizacyjnych i w ustawicznej walce o pełniejszą wolność człowieka"[13].

Zabiegiem przekraczającym ramy tych rozważań o teatrze byłoby powołanie jeszcze dodatkowych świadków z innych dziedzin sztuki i wysłuchanie ich obszernych wypowiedzi. Aby jednak uzyskać szersze panoramiczne tło dla poczynań nowego teatru, odeślijmy tylko na chwilę naszą myśl i zdolność wnioskowania per analogiam do buntów młodej plastyki przeciwko muzeom i wystawom, do jakże częstego zamieniania wernisażu w happening, do przekształcania malarstwa i rzeźby w studia przestrzeni; rozważmy konceptualizm. I pomyślmy także, co oznacza samotny krok plastyka wytłaczającego swoimi stopami obraz w śniegowej pustyni. Zastanówmy się, co się stało z muzyką, zarówno w jej formach mechanicz-

[13] *Op. cit.*, s. 136.

nych, wypierających tradycyjną muzykę symfoniczną, jak we wzbierającej fali pop-music. Kto był w Woodstock lub oglądał filmowy reportaż z tego „festiwalu muzyki i miłości", ten wie, że pół miliona młodzieży, która zgromadziła się tam na trzy deszczowe dni, wytworzyło jakieś nowe, niebywałe zjawisko kulturowe. Był to zarówno festiwal nowej muzyki, jak i narodziny nowego stylu odnoszenia się człowieka do człowieka, narodziny nowej, przyjaznej wspólnoty. Znak, że taka wspólnota oparta na wzajemnej pomocy, na szacunku i miłości, a wypełniona sztuką — jest możliwa.

Kreśląc tę panoramę, a raczej sygnalizując tylko jej elementy, nie pomińmy nowych tendencji w architekturze i urbanistyce, które otwierają wnętrza miast i budynków, nie kryją funkcji wewnętrznych za skomplikowanymi fasadami. Nie pomińmy nowej literatury, która również otwarła się jakby na czytelnika, zapraszając go do współtworzenia myślą powieści i wierszy; nowe, a sięgające najstarszych tradycji naszej kultury tendencje łączenia poezji ze śpiewem, po latach zamknięcia się w elitarnych ogródkach, pozwalają znów poecie przemawiać do mas. Od bardzo dawna nie było tak wspaniałej śpiewanej poezji filozoficznej i poezji walczącej. I jeszcze nigdy kino nie osiągnęło tego stopnia nasycenia poetycką metaforą zarówno realistycznej i obyczajowej obserwacji, jak własnych, afabularnych już w zasadzie, konstrukcji.

Łatwo byłoby obecnie zestawić najstarszy teatr obrzędowy z najmłodszym teatrem politycznym i happeningiem — na tle całej sztuki współczesnej. Niektóre cechy wykazują podobieństwo. Inne — całkowite różnice.

Zestawienie takie ujawnia jednakże fakt najważniejszy: najdawniejszy i najnowszy teatr był i jest teatrem społecznym, w tym sensie, że powstawał w ważnych dla społeczeństwa momentach, miał społeczne cele, był i jest tworzony zbiorowo. Mieszał się w rzeczywistość. Był i jest, użyjmy tego określenia, teatrem wspólnoty.

Tak jak nie można dziś naśladować starożytnych obrzędów, nie można w obręb normalnie i prawidłowo rozwijającego się społeczeństwa przenosić z innego terenu wzorów walczącego teatru politycznego ani happeningu, który już zdążył sam siebie pożreć i doprowadził się do granic wyrazu. Chodzi jednak nadal o działające w nich mechanizmy, które umożliwiały scalenie wspólnoty ludzkiej wokół jednej idei.

Pierwszym czynnikiem, który trzeba rozważyć, jest przestrzeń. Widzieliśmy próby nowych teatrów przekształcania normalnych funkcji i ograniczeń wynikających ze sceny pudełkowej i budynków teatralnych opartych na przestrzennej opozycji sceny i widowni. Próby te doprowadziły do opuszczania budynków starych teatrów i grania na placach, w kościołach, szopach. Happening buszował po parkingach, śmietnikach, rupieciarniach. Wspólne dążenie: robić teatr w autentycznej przestrzeni życia ludzi. Nie w miejscach „osobnych".

Zerwanie teatru z przestrzenią wykorzystywaną przez grupy społeczne po pierwsze dla różnorodnych celów, a dla widowisk dopiero po drugie, nastąpiło już dawno.

Trwający poprzez wieki proces doprowadził do całkowitego wyłączenia terenu widowisk z innych funkcji przestrzeni wykorzystywanej przez zbiorowość. Mit dionizyjski znaczy coś zupełnie innego wśród winorośli, co innego w teatrze pod gołym niebem, co innego w zamkniętej sali. Jasełka grane w średniowiecznym kościele, a *Pastoralka* na scenie budynku teatralnego to dwa różne widowiska, między którymi trudno byłoby w ogóle doszukać się istotnych związków. Widowiska zamknięto w budynkach, w salach, radykalnie zmniejszając liczbę widzów. Poprzez samo zamknięcie i ograniczenie miejsc teatr stał się elitarny.

Widowisko zostało także unieruchomione. Skończyły się pochody i procesje, przestano — jak było w pierwszym dniu dionizji miejskich w Atenach — rozgrywać różne części obrzędu w różnych miejscach.

Unieruchomienie widowiska i ograniczenie terenu gry spowodowało oczywiście to, że odtąd każda akcja przedstawiająca podróż, ruch, każde przeniesienie zdarzeń z jednego miejsca w inne stały się sztuczne, spotęgował się w nich element symboliczny, ale zatraciły się elementy realne.

Nie dość jednak, że żywą roślinę sztuki teatru jakby

wykopano z jej naturalnego środowiska i przeniesiono w środowisko sztuczne, co więcej, teren widowisk stopniowo separował coraz bardziej od siebie poszczególnych uczestników obrzędu. Nastąpił bowiem radykalny podział terenu widowisk na teren gry i teren obserwacji. Jeszcze w greckim teatrze ustawiony pośrodku orchestry ołtarz ofiarny był centralnym punktem promieniującym na wszystkich zgromadzonych i jednoczącym aktorów, chórzystów, starszyznę siedzącą w pierwszym rzędzie, kapłanów, którzy przecież właśnie na tym ołtarzu na początku widowiska sprawowali ofiarę, i wszystkich obecnych. A trzeba pamiętać jeszcze i o tym, że jeden z kamiennych foteli był cały czas wolny — lecz nie był pusty — siedział w nim bóg Dionizos! I jego obecność w czasie widowiska również jednoczyła cały lud.

W średniowiecznej katedrze, na jej stopniach czy na długich pomostach ustawionych na placu przed nią, obecność Chrystusa w tabernakulum pełniła taką samą rolę.

Pomost zaś commedii dell'arte zanurzony w tłumie na rynku również nie odcinał jeszcze zbyt radykalnie gawiedzi widzów od aktorów.

Zasadnicza zmiana nastąpiła z chwilą powstania i rozmnożenia się teatrów dworskich. Obok małych salek, gdzie grywali i obserwowali się nawzajem szlachetnie urodzeni, powstały teatry dworskie, dopuszczające upublicznienie widowisk. Centralny punkt terenu widowiska przesunął się tam z terenu gry na widownię. Stał się nim fotel króla — księcia — wielmoży. Ten punkt — punkt biernej obserwacji, obserwacji sceptycznej, często niechętnej i pogardliwej, zawsze wyniosłej, zorganizował cały teren widowiska. Oddzielił radykalnie, ze względów klasowych, cały teren obserwacji od terenu gry. Obserwacja zarezerwowana została dla klas wyższych. Gra dla ludzi nisko urodzonych, w wielu krajach przez długie okresy historii wyjętych spod prawa, ekskomunikowanych z Kościoła. Jednak i sam teren obserwacji różnicowano, ustawiając w nim stopniowo coraz więcej barier. Było i tak, że na parterowej widowni był jeden fotel, dla panującego, a jego świta i dwór stał obok w pokorze. W XIX wieku, po 133

zwycięskiej rewolucji burżuazyjnej, parterem teatrów za-
władnęło bogate mieszczaństwo. Arystokracja odcięła się
od niego zamykając się w złoconych klatkach lóż pierwszego piętra. Drugie było zarezerwowane dla uboższego
mieszczaństwa, trzecie dopiero — paradyz — jaskółka —
dla ludu.

W teatrze dworskim XVII wieku również i teren gry
był organizowany względem jednego jedynego pańskiego
fotela na widowni. Rama sceniczna służyła separacji
sceny i widowni ze względów klasowych, a równocześnie,
od czasu wprowadzenia do teatru malarskiej perspektywy,
stanowiła ochronę zrodzonej wtedy stylistyki iluzyjnej.
Perpektywiczne ustawienie malowanych dekoracji mogło
dawać pełne złudzenie optyczne i pełną satysfakcję patrzą-
cemu tylko z jednego punktu. Tym punktem był oczywiście
fotel pana. Tak, na długo przed „teatrem jednego aktora",
rozkwitłym dziś w Polsce, powstał teatr jednego widza.
Tylko jeden widz miał miejsce dobre. Wszyscy inni
złe, upośledzone.

Idea budynku teatru dworskiego z XVII wieku z jego
rozbudową i modyfikacjami wprowadzonymi przez mieszczaństwo jest podstawą kompozycji terenu gry aż do
dziś. Idea ta zakłada odgrodzenie teatru od otaczającej
go przestrzeni i środowiska. Getto.

Zasadniczym celem stawiania w tej książce pytań sta-
remu teatrowi i jego wszystkim formom, sprawdzania
przydatności tych form w nowych warunkach społecznych
jest ustalenie przydatności form starych i formułowanie
postulatów: jakie nowe formy są nam potrzebne? Jaki
teatr może funkcjonować w nowym społeczeństwie?

Dlatego wszystkie stare formy teatru należy rozpatrywać z całą surowością i odpowiedzialnością. Trzeba widzieć ich historyczne i klasowe uwarunkowania. W rozwoju historii i przemianach społeczeństw nie wolno traktować sztuki teatru ahistorycznie, aspołecznie. A takie widzenie teatru jest dziś jeszcze ciągle rozpowszechnione.

Na przykładzie historii przestrzeni teatralnej, która
z czasem stała się tylko historią budynku teatralnego, to
oderwanie się od myślenia historycznego i socjologicznego
134 widać bodaj najwyraźniej.

W wielu środowiskach teatralnych, łącznie z niektórymi nawet „ekspertami" od tych spraw, wykazuje się całkowitą ślepotę na fakt najściślejszego związku pomiędzy przestrzenią teatralną a zdolnością oddziaływania sztuki teatru na społeczeństwo.

Mimo iż problem ten został w nowoczesnym teatrze postawiony już dawno przez Appię, Fuchsa, Copeau i innych, mimo interesujących prób, których dokonywali Gropius, Syrkusowie i Pronaszko, Kuril i Burian, Allio i inni, mimo realizacji wielu nowoczesnych teatrów w wielu ośrodkach Europy i Ameryki większość ludzi teatru i architektów związanych z budownictwem teatralnym preferuje teatr pudełkowy i iluzyjny w stylistyce, a klasowy, mieszczański w ogólnej konstrukcji.

Próby śmielszego, nowego spojrzenia na ten problem są uparcie torpedowane i tępione.

Równocześnie zjawiskiem powszechnym już na całym świecie jest opuszczenie starego budynku teatralnego przez nowy teatr. Ze względów ideowych i artystycznych. Jest to jakże znamienny exodus ducha nowego teatru ze starych budynków. Młode teatry grają dziś w bramach, piwnicach, salach parafialnych, nieczynnych kościołach i na klasztornych dziedzińcach, w barach, starych zbrojowniach, w miejskim i wiejskim plenerze.

Nowy teatr skłania się także do grania po prostu tam, gdzie jesteśmy naprawdę. Jesteśmy bowiem przekonani, że teatr może powstać w każdym miejscu, przy wykorzystaniu i użyciu naturalnych warunków otoczenia. Rozwój cywilizacji zasiał głęboką nieprzyjaźń między człowiekiem a naturą i pomiędzy człowiekiem a wytworami jego myśli i rąk. Upatrujemy więc jedno z zadań nowego teatru w godzeniu człowieka zarówno z jego własną cywilizacją, jak z odwieczną naturą. Tak jak szukamy w nowym teatrze wspólnoty pomiędzy ludźmi.

Od przestrzeni myśl kieruje się ku czasowi. Jest on szczególnie ważny w teatrze. Pisze Tadeusz Różewicz w *Akcie przerywanym*: „Jako realista nie uznaję żadnego »czasu« teatralnego, filmowego, powieściowego itp. Czas mój jest identyczny z czasem, który wymierzają nasze zegarki". Pisze to będąc świadomym wagi problemu i rewelacji, jaką proponuje: czas widzów i aktorów ma być ten sam. Ma płynąć z tą samą prędkością. Zdarzenia sceniczne mają mieć czas realny, taki, jaki odmierzany jest na zegarkach widzów. A nie czas umowny, symboliczny.

Od bardzo dawna teatr operował czasem umownym. Przedstawiana akcja była z reguły znacznie pojemniejsza, rozgrywała się w czasie dłuższym niż upływający w czasie widowiska czas realny. Kroniki Szekspira obejmują lata, jedna ze sztuk Wildera (*Długi obiad świąteczny*) kilka pokoleń, jedna ze sztuk Shawa (*Powrót do Matuzalema*) niemal całą historię ludzkości.

Wydaje mi się, że takie używanie czasu jest bardzo literackie, obok używania przez aktorów słów jest może największym obciążeniem teatru nałożonym mu przez liliteraturę.

Widowisko teatralne rozgrywało się zawsze tu i teraz. Widowiska nie można unieruchomić i nie można do niego nigdy powrócić. Całe widowisko teatralne jest także całkowicie podległe upływowi realnego czasu. Mija bezpowrotnie. Nie można go utrwalić. Można je tylko powtarzać.

Myśląc o najwcześniejszym teatrze wysunąłem przypuszczenie, że czas wszystkich uczestników obrzędu był ten sam. Wydaje się to oczywiste: jeśli działali oni cały czas razem, w grupie, to bądź dokonywali doraźnych czynności w czasie realnym, bądź wspólnie odtwarzali jakąś akcję mityczną i wszyscy zanurzali się w wieczne teraz mitu. Odtwarzane zdarzenia mityczne miały więc czasowo wartość aktualną.

Zróżnicowanie czasu nastąpiło wraz z podziałem uczestników obrzędu na widzów i aktorów. Pierwsi przebywali w czasie realnym, drudzy w fikcyjnym, przedstawiając z reguły wydarzenia minione, przenosząc je jakby ku czasowi widzów i równocześnie zacieśniając, komprymując czas przedstawianych zdarzeń. Aby przy tym nie posuwać zbyt daleko różnicy między czasem realnym widzów i czasem fikcyjnej akcji scenicznej, wymyślono śmieszący nas dziś dziwoląg, zwany z powagą na przestrzeni wielu wieków „jednością czasu". Dla zachowania pozorów prawdopodobieństwa akcji konstruowano ją tak, by przedstawiane wypadki miały szansę zmieścić się w limicie 24 godzin. Prowadziło to zarówno do nieprawdopodobieństw, jak do nudziarstw. Nie zajmujmy się nimi. Zauważmy jednak, że tylowiekowe praktykowanie „jedności czasu" wyrażało niewątpliwie tęsknotę za uzgodnieniem czasu scenicznego z czasem widowni. Podobnie jak „jedność miejsca" była sztucznym usprawiedliwieniem samej budowli teatralnej, która rzeczywiście dysponowała tylko jednym „miejscem". Z błędu usiłowano zrobić cnotę, z kalectwa — sprawność.

Wprowadzenie do widowiska dwóch czasów powodowało formalizowanie akcji scenicznej i wykopywało przepaść między aktorami i widzami. Stało się tak, że wielokrotnie całe widowiska toczyły się istotnie w dwóch różnych płaszczyznach czasowych. Na widowni ludzie zajęci byli oglądaniem nawzajem siebie, swoich strojów i plotkowaniem (ach, jakże sprzyjał temu owal amfiteatralnej dziewiętnastowiecznej sali!), a na scenie toczyła się odległa w czasie akcja jakiejś historycznej dramy.

Jeżeli potraktuje się na serio sztukę teatru jako proces zachodzący w czasie, to spełniając prawidłowo warunki jej powstawania, będziemy je tak kształtować, aby istotnie widzów i aktorów zanurzyć w strumieniu jednego czasu. Uczynić jednych i drugich uczestnikami tego samego procesu. Stać się zaś tak może jedynie wtedy, jeżeli zostanie zniszczony podział na przedstawiających, przedstawianych i oglądających. Akcja rozgrywa się w czasie teraźniejszym, a jej metaforyczne odniesienia odnoszą ją bądź w przeszłość, bądź w wiele punktów historii równocześnie. Wyjaśnił to jakże trafnie Konstanty Puzyna na przykładzie Apocalipsis: „Wypadki dzieją się w czasie, ale są wciąż obecne poza czasem, przed czasem, po wiekach". To samo stało się z rozziewem między aktorem a postacią. Założeniem jest, że nie ma postaci, jest tylko aktor nadbudowujący na sobie równocześnie różne znaczenia, związane z różnymi postaciami ludzkimi i zwierzęcymi (tak jest w Apocalipsis, tak u Wilsona, tak w teatrach Dalekiego Wschodu), z wyobrażeniami plastycznymi i pojęciami abstrakcyjnymi (to głównie na Wschodzie). Przy tym założeniu aktor płynie w strumieniu czasu realnego. Nie przenosi się na stałe na czas spektaklu na drugi brzeg, nie wyprawia się w podróż. Trwa z nami i tylko jego gra kolejno lub równocześnie odnosi się do różnych punktów dawniej i jutro.

Tu widać właśnie całą niemoc, bezsiłę i nieprzydatność dawnego teatru psychologicznego, który miał wcielać i przenosić aktora nawet i w pół tuzina postaci historycznych działających kolejno w różnych czasach, ale zawsze po kolei, nigdy zaś nie jednocześnie, Nowy teatr poetycki posiadł sztukę równoczesnego odnoszenia aktora do różnych postaci.

Teatr wspólnoty wymaga jednak przejścia ostatniego progu: między aktorem a widzem. Są zapewne różne sposoby osiągnięcia tego celu. Jednym z nich jest takie prowadzenie procesu teatralnego, aby w każdym momomencie każdy z uczestników miał wpływ na jego przebieg i mógł zadecydować o jego przerwaniu. Chodzi o zerwanie z przeświadczeniem, że przebieg procesu jest ode mnie — widza — niezależny, jest obiektywną rzeczywistością, która rządząc się swoimi prawami toczy się i rozwija w czasie niezależnie od 'mego udziału. Tygodniowy zbiorczy afisz teatrów krakowskich podaje przy każdej pozycji godzinę rozpoczęcia i zakończenia widowiska. Oto najlepszy przykład! Widowisko trwa od—do. Z widzem i bez widza... Jest rzeczywistością obiektywną. Mnie się wydaje natomiast, że decydujące byłoby zrównanie aktorów i widzów w czasie realnym i uświadomienie im, że od nich zależy nie tylko sposób, ale w ogóle samo trwanie widowiska.

Dokonuje się tego różnorako. Szeroko stosuje się na przykład już dziś wymienialność poszczególnych segmentów widowiska, zgodnie z wolą widza (robiłem tak w *Życiu w mojej dłoni*). .

Różnymi sposobami jednocząc widzów i aktorów w czasie tworzymy z nich jedną, jednolitą, teatralną grupę.

I nie chodzi tu tylko o widowisko, ale o społeczny akt artystyczny. Akt wspólnoty.

Ujęcie nowego teatru jako aktu wspólnoty, ujęcie, które reprezentuję i proponuję, może się wydawać nadto socjologiczne w odniesieniu do sztuki. Sądzę jednak, że sama specyfika sztuki teatru narzuca takie właśnie podejście do sprawy. Teatr jest z natury swej czymś, co dzieje się między ludźmi. I tylko między ludźmi. Jest zawsze najpierw zjawiskiem społecznym. Potem dopiero może być zjawiskiem artystycznym. Chodzi mi więc o takie nowe ujęcie sztuki teatru, w którym ten jej społeczny aspekt można zobaczyć na nowo, dowartościować, wyakcentować, nie tracąc oczywiście artystycznych perspektyw i znamion tego procesu społecznego, jakim jest teatr.

Myślę, że właśnie obecny moment historii teatru narzuca to spojrzenie i ten akcent. Stary teatr, a także niektóre jego nowe prądy stały się aspołeczne w podwójnym sensie: teatr oderwał się od widowni, a wewnątrz teatru nastąpiło oderwanie elementu artystycznego od społecznego. Teatr stracił kontakt z konkretnym widzem. Ta współczesna odmiana tendencji „sztuka dla sztuki" dla teatru jest szczególnie groźna. Godzi w jego podstawy bytowe. Jako reakcja na te artystowskie bądź narzucone przez biurokrację postawy pojawiły się próby przekornie przeakcentowujące społeczny aspekt teatru, gubiącego sztukę w społecznym działaniu, w politycznej demonstracji.

W tej sytuacji trzeba dziś odnaleźć na widowni twarz każdego pojedynczego widza. Do tego trzeba zapalić światło. I trzeba na scenie zdjąć maskę i kostium, zetrzeć szminkę, przedstawić się własnym, nie fikcyjnym jakiegoś bohatera, ale własnym imieniem i nazwiskiem. Trzeba zacząć ze sobą rozmawiać patrząc sobie w oczy i słuchając siebie nawzajem. W takiej rozmowie nie uciekać już w czyjeś, kogoś trzeciego (autora) fantazje i fabulacje dotyczące innych ludzi i zdarzeń, ale mówić o sobie, o swoim losie, o swoich problemach, otoczeniu, pracy, kraju i tęsknocie za szczęściem. Trzeba zejść ze sceny. Trzeba zerwać z koncepcją teatru podzielonego na scenę i widownię.

Taki teatr będzie na pewno teatrem społecznym, społecznie coś znaczącym i wnoszącym.

Przed ludźmi teatru uczestniczącymi w nim będzie stawiał na pewno zadania trudniejsze niż teatr obecny. 139

Bo postawi znów przed aktorem zadanie działania jednoznacznie społecznego. Poprzez sztukę. Więc nie będzie już aktora czy reżysera, tylko działacz-artysta.

Szukać nowej, społecznej relacji między widzem a aktorem próbowano w ostatnich latach także poprzez nową organizację samego procesu przygotowania widowiska.

Czytałem więc, że Ingmar Bergman w Teatrze Narodowym w Sztokholmie zezwolił publiczności obserwować próby, ustalając zresztą ceny biletu na próbę. Teatr im. Osterwy w Lublinie już od roku 1967 był bezpłatnie otwarty w czasie prób dla wszystkich, którzy tylko zechcą przyjść. Zarówno część aktorów, jak i niektóre środowiska traktowały to z nieufnością, wykształciła się jednak i stale rozszerzała grupa młodych miłośników teatru regularnie odwiedzających teatr, często, wiele razy rozmawialiśmy po próbach, odpowiadali na pytania, tłumaczyli. Gdy zrobiliśmy nasze pierwsze, a zatem eksperymentalne przedstawienie z udziałem widzów, trzeba było sprawdzić w czasie prób, czy to w ogóle ma sens, jak postępować z grającym widzem, jak rozwija się widowisko z jego udziałem. Zapraszaliśmy dzieci na widowisko mające tę otwartą dla widza formę i przeznaczone dla dzieci, a młodzież najstarszych klas i studentów na widowiska „dorosłe". Pomagali nam bardzo. Wprawdzie jeszcze nie w fazie twórczej i koncepcyjnej, ale w dopracowaniu ważnych nawet szczegółów realizacji.

André Benedetto i jego Nouvelle Compagne poszli jeszcze dalej. „Pewnego wieczoru zebraliśmy się wszyscy przy stole i w wyniku dyskusji narodził się projekt zaproszenia wszystkich mieszkańców Awinionu, którzy by mieli na to ochotę, aby spotkali się z nimi celem »wspólnego tworzenia sztuki teatralnej o Awinionie«. Taki był tytuł afisza, który rozkleiliśmy na murach, i ulotki, którą rozdawaliśmy na ulicach. 17 lutego (1971) pierwsze spotkanie zgromadziło pięćdziesiąt osób zainteresowanych projektem. Nastąpiło parę kolejnych week-endów pracy. Gromadziło się zawsze od 30 do 60 osób. W trakcie tych spotkań wypracowaliśmy pierwszą wersję *Dla dzioba i szponów* (a jest to dewiza Awinionu: inguibus et rostro).

Dla dzioba i szponów jest naszym drugim doświadczeniem współpracy z ludźmi z zewnątrz Zespołu. Pierwszym było stworzenie *Opakowania* w Hawrze, dokonane razem z klasą robotniczą tego miasta. Gdy robiliśmy *Dla dzioba i szponów*, nasze drzwi były otwarte dla wszystkich. Nie było jakiegokolwiek punktu wyjścia. Było więc dużo różnych pomysłów. Były nie kończące się dyskusje...

8 marca zagraliśmy pierwsze sceny przedstawienia. Był tylko na razie tekst narratora. Zagraliśmy tak 6 razy w naszej sali i raz w domu kultury młodych robotników. Po każdym spektaklu odbywała się dyskusja i za każdym razem dorzucaliśmy nowe sceny. [...] W końcu maja zdecydowaliśmy zagrać przedstawienie tego lata. Przepracowaliśmy je, rozwinęli i dodali jeszcze parę scen, aby osiągnąć widowisko bardziej wykończone".

Tak opisują swoją drogę aktorzy Nouvelle Compagne z Awinionu w programie przedstawienia.

Wobec poprzednich doświadczeń kolektywnego tworzenia na scenie – jest to wyraźny krok naprzód, zbiorowe tworzenie aktorów i widzów. Widzowie są w pełni równouprawnieni, mogą proponować i korygować.

Cała praca była jednakże nastawiona na przygotowanie, acz zbiorowe, widowiska, w którym grać będą już tylko aktorzy. Proces przygotowania został dowartościowany i ustanowiony na nowych zasadach. Widowisko było jednak tradycyjne.

Dalszym krokiem będzie jeszcze silniejsze zaakcentowanie samej fazy przygotowawczej. Samego procesu.

Już wielokrotnie napomykałem o tym aspekcie nowego teatru; przewijał się przy okazji różnych tematów. Pora skupić na nim uwagę.

Teatr to artystyczny proces w czasie. Widowisko trwające dwie godziny jest jakby kondensacją procesu prób. 50 prób czterogodzinnych – to razem 200 godzin. A więc 12000 minut pracy twórczej skomprymowanych w 120 minutach. Sto minut próby na przygotowanie jednej minuty widowiska. Ta jedna minuta jest pełna, ma ogromne ciśnienie wewnętrzne, ładunek, energię. Ale tamte sto minut – są również procesem twórczym, zbiorowym, służą przygotowaniu jednej minuty widowiska. Każda minuta próby ma również wartość samodzielną: jest w niej wymiana inspirującej myśli, poszerzanie swojej wiedzy i wrażliwości, a nade wszystko blask aktorskiej improwizacji.

My pracownicy teatru, wiemy, jak niepowtarzalne w swym natężeniu, odkrywczości, emocji, nastroju są pierwsze improwizacje aktorskie. To instynktowne, na podstawie przygotowanych przez rozum danych, szukanie właściwej drogi. Aktor czerpie wtedy najbardziej szczodrze z najgłębszych źródeł swej podświadomości; uczula się jak subtelna antena na ciśnienie zbiorowych tęsknot i przeczuć. Tworzy. Te stany twórcze umie już notować film. Dlatego to świetni aktorzy filmowi nie muszą być świetni w teatrze. Są nimi rzadko. Gdy film mnoży ilość prób, staje się oglądanym przez kamerę teatrem. Umie już w pewnej mierze ze skarbca improwizacji korzystać telewizja. Nie umie, już stracił tę umiejętność teatr. W teatrze, tak jak się go uprawia dzisiaj, improwizacja jest cudem pierwszych prób. Potem musi wkroczyć technika, umiejętność powtórzenia. Tak więc można by powiedzieć, że dzisiejsze aktorstwo jest również, jak cały teatr, tylko środkiem przekazu — samego aktorstwa... Tak. Aktor teatralny musi umieć reprodukować w czasie widowiska samego siebie z prób. I reprodukować siebie z widowiska na widowisko swoimi środkami techniki — przekazu. Nie mam nic przeciwko posiadaniu tej techniki. Mam dużo przeciw samej koncepcji teatru jako środka przekazu. Bo ta zasada przekazywania, reprodukowania, ogarnęła cały teatr, aż do jego aktorskich trzewi. Reżyserzy reprodukują literaturę. Aktorzy reprodukują koncepcje reżyserów. Reprodukują siebie samych.

Dlatego wraca się dziś chętnie i celowo do aktorskiej improwizacji w czasie widowisk. Chcę się zezwolić aktorowi na grę spontaniczną. Na dostosowanie się do każdorazowo spotykanej widowni i na kształtowanie jej każdorazowo innych nastrojów, potrzeb duchowych i emocjonalnych.

Improwizacja jest konieczna w teatrze politycznym! Nie trzeba tego udowadniać szeroko. Jest celną, groźną bronią. To bojąc się improwizacji wymuszono na pewien czas w XVIII wieku w Paryżu milczenie na włoskim teatrze dell'arte. A słynne kuplety Kudlicza? Improwizacja jest koniecznie potrzebna każdemu żywemu teatrowi. Oczywiście jest całkowicie sprzeczna z zasadami teatru literatury — zmieniać tekst?! Zakazane. Z zasadami teatru inscenizacji — naruszać, jak to się mówi, „kształt inscenizacyjny" widowiska?! Przestępstwo. Jest sprzeczna z organizacją i kontrolą teatru-przedsiębiorstwa.

Nie myślę jednak wyłącznie o potrzebie improwizacji w widowisku i odbudowie zaufania do niej i zaufania do odpowiedzialności moralnej, politycznej i artystycznej improwizujących aktorów. Chcąc uprawiać nowy teatr nie obejdziemy się bez tego klimatu wzajemnego zaufania! Co więcej — myślę, że nie tylko trzeba improwizację wprowadzić z powrotem do widowisk, aby ofiarować ją widzom, ale również trzeba znaleźć sposoby na zbliżenie widza do pierwotnej improwizacji aktora w czasie prób.

Tą drogą dochodzimy do istoty nowego widzenia teatru. Ważny staje się nie tylko sam dwugodzinny, jak to powiedziałem dla demonstracji przykładu, proces rozgrywania się widowiska, ale cały dwustugodzinny proces tworzenia widowiska. Widz powinien móc uczestniczyć w całym tym procesie. Uczestniczyć aktywnie, twórczo, na zasadach równouprawnienia.

Wytwarza się więc twórcza grupa każdorazowo nie przesadnie liczebna, aby jej więź wewnętrzna nie słabła[14]. Grupa ta pracuje wspólnie nad przygotowaniem widowiska. Proces jej pracy jest fenomenem jednorazowym. Tak jak fenomenem jednorazowym jest każda czynność ludzka w czasie. Trudno wykluczyć, że ta sama grupa zbierze się jeszcze raz czy parę razy, ale nie powinna się ona instytucjonalizować, winna być zawsze otwarta. Jedynie uczestniczący w jej pracach aktorzy i reżyser będą prze-

---

[14] Por. Th. Newcomb, R. H. Turner, P. E. Converse, *Psychologia społeczna*, Warszawa 1970, uwagi na s. 381 i następnych odnośnie do liczebności grupy. Najdogodniejsze warunki wspólnej pracy stwarza grupa licząca kilkanaście do kilkudziesięciu osób.

chodzili dalej, do innych, nowych grup. Praca grupy nastawiona będzie na sam proces twórczy, co nie wyklucza ostatecznego powstania zbiorowego widowiska, ale też nie narzuca konieczności jego zagrania. O inne wartości artystyczne i społeczne tu chodzi.

Sztuka teatru byłaby tu długotrwałym społecznym procesem wspólnej pracy, szukania, udzielania sobie informacji i wspólnego obcowania. Procesem wspólnego tworzenia.

Takie jest moje rozumienie teatru wspólnoty. Ważny, najważniejszy staje się sam proces kształtowania rzeczywistości w sztukę teatru.

Jest to skrajna, ale logiczna konsekwencja oparta na rozumieniu teatru jako artystycznego procesu w czasie i jako zjawiska społecznego.

To jasne, że tak rozumiany teatr zrywa — nareszcie — w ogóle z pojęciem widowiska granego przez aktorów dla publiczności. Chodzi o teatr tworzony wspólnie. Nie „dla", ale „z", „razem". Nie chodzi już — jak dawniej — o teatr „dla ludu": chodzi o teatr ludowy.

Odpadają wszelkie konwencje i sztampy złączone z pojęciem widowiska i pojęciem widowni.

Tworzący człowiek jest ideałem i sprawcą tego teatru.

W tym społecznym procesie artystycznym zadania i cele są wspólne. Nie ma uczonych i prostaczków. Kształtujących i kształtowanych. Różne są jedynie możliwości wyrazowe wewnątrz grupy. Tak jak w nowym teatrze poetyckim reżyser był inspiratorem, ale nie bał się być inspirowany, korygował, ale niearbitralnie, tak w grupie teatralnej wspólnoty on sam i aktorzy będą spełniać role inspirujące, doradcze, służyć będą wiedzą i techniką aktorską. To jasne, że technikę tę aktorzy musieliby wypracować w czasie dodatkowych treningów. I tych zresztą nie można prowadzić w tajemnicy: powinny być dostępne dla wszystkich zainteresowanych. Najbardziej pomocne będą tu doświadczenia i osiągnięcia nowego teatru poetyckiego.

Kontakt aktorów z ludźmi związanymi na co dzień z najróżnorodniejszymi specjalnościami zawodowymi, z pracą, z produkcją, z nauką da samym aktorom lepsze osłuchanie i wyczulenie na współczesność, a całej teatralnej grupie możliwość znajdowania wyrazu artystycznego dla otaczającej ją współczesności. Wyrazu tego będą poszukiwali przede wszystkim aktorzy, ale ich profesjonalizm będzie stale konfrontowany i wzbogacany społecznym rezonansem. Próby inspiracyjne przerodzą się w konfrontacje ideowe i określanie najważniejszej problematyki współczesnej. Możliwe, że tego typu praca doprowadziłaby do nowego pojednania teatru ze słowem. Gdyby zechcieli w niej wziąć udział pisarze. Gdyby lekturami inspirującymi była klasyka dramaturgii światowej i narodowej, nie przeznaczana wprawdzie do realizacji, ale stanowiąca stale żywy kontekst nowych poszukiwań.

Do tej pory, zwłaszcza w rozumieniu niektórych ludzi i środowisk, działalność społeczna teatru była działalnością uboczną: tzw. spotkania aktorów z robotnikami, udział w akademiach, prelekcje... wąski i ubogi margines właściwej działalności, która za społeczną nie była uważana. W nowym teatrze wspólnoty stanie się dla wszystkich oczywiste, że sama praca artystyczna, sam twórczy proces teatralny to właściwy teren społecznej działalności ludzi teatru.

Czego będą dotyczyć teatralne procesy? Odpowiedzieć szczegółowo — to tak, jakby chcieć zaplanować repertuar na parę lat z góry w obecnym teatrze; czynność jałowa i martwa. Można jednak przypuszczać, że materią tych teatralnych procesów będzie odkrywanie rzeczywistości mitycznej w potocznym doświadczeniu uczestników i formowanie metafor wyrastających z tego doświadczenia, że będą oni śledzić, jak ich codzienne czynności wytwórcze i biologiczne funkcje mogą przerastać w czynności symboliczne[15]. Można by także przypuszczać, że przedmiotem badań i materią tych procesów tworzenia sztuki teatru będzie świadome formowanie znaków imitujących

---

[15] Według A. Hausera, *Filozofia historii sztuki*, Warszawa 1970, s. 357. Ciekawe, że ten sam filozof zajmuje się tak beznadziejnie staroświeckim teatrem (s. 368—374) i lekkomyślnie bierze za dobrą monetę wszystkie jego ułomności.

145

i symbolicznych[16] i takie przekształcanie pierwszych, by stawały się drugimi, gdy proces twórczy, mówiąc o rzeczywistości realnej, doprowadzi już do samodzielnego bytowania rzeczywistości artystycznej. Pamiętamy przy tym, że nie należy od nowego teatru oczekiwać dyskursywnego formułowania w słowie tez i diagnoz. Propozycje i postawy intelektualne nie mogą być w tym teatrze przekładane na język literatury bądź publicystyki tak jak w teatrze obecnym. Co więcej, zakwestionowana i — wreszcie! — odrzucona zostanie zapewne zarówno cała zasada przekładalności literatury na teatr, dawanie jakiegoś jej ekwiwalentu scenicznego, jak i sama możliwość przekładania sztuki teatru na język słów i pojęć słowem definiowanych. Może — wreszcie! — przeniknie do świadomości i wiadomości powszechnej, że teatr myślący to nie znaczy teatr gadający. Nowy teatr wspólnoty będzie musiał z całą pewnością postawić sobie bardzo wysokie wymagania intelektualne i moralne i będzie musiał próbować im sprostać, ale realizacja tych celów będzie się odbywała na płaszczyźnie języka swoistych dla sztuki teatru znaków. „Myślenie teatrem" przestanie być sformułowaniem metaforycznym; będzie to po prostu roboczy opis metody artystycznego ujmowania rzeczywistości.

Próby sytuacyjne nie będą markowane i ukierunkowane na efekt końcowy — widowisko, ale w każdym momencie będą pełnowartościowym, choć ułamkowym, sięganiem sztuką aktora ku tajemnicom bytu. Na pewno taki proces wspólnej twórczości winien mieć pewną ogólną linię wznoszącą postępującej doskonałości, ale nie tylko technicznej, także wzrostu wrażliwości, krytycyzmu i samodzielności członków grupy. Nie wiem, czy w ogóle procesy te winny prowadzić do powstawania widowisk dawanych przez grupę dla innych. Zapewne tak. Ale czy zawsze? Grupa ta bowiem nie powinna nigdy, w żadnej fazie pracy, być zamknięta, stanowić klanu. Zapewne

---

[16] Miałoby tu zastosowanie rozróżnienie czynności bezpośrednich i czynności symbolicznych oraz kultury bezpośredniej i kultury symbolicznej zawarte w pracy A. Kłoskowskiej, *Kultura masowa*, Warszawa 1964, s. 80 i n.

więc powstałe na takich całkowicie nowych zasadach widowiska mogą być przekazywane coraz to nowym uczestnikom. Zapewne ich laboratoryjne elementy — pokazy opracowania jakiegoś elementu przez aktorów — lub większe całości mogą spełniać rolę podobną i mieć pewne podobieństwa do obecnych przedstawień teatralnych. Trzeba to będzie sprawdzić w praktyce. Dziś trudno to rozstrzygnąć, aby nie wejść w fantastyczną futurologię.

Pozostając na gruncie konkretnych historycznych tendencji rozwojowych teatru, możemy jednak z całą pewnością twierdzić, że powstanie tego typu teatru wspólnoty jest nieuchronne. Jeśli teatr ma pozostać żywy i ważny społecznie. Zapewne nie będzie to jedyna forma teatru. Nie wszędzie, jak to jest zwykle, przybierze ona takie same cechy, nie powstanie wszędzie jednocześnie. Na pewno jednak tak rozumiany i uprawiany teatr może pogodzić w sobie obecną sprzeczność między tworzeniem i upowszechnianiem sztuki teatru.

Konieczne wydaje się dziś szukanie nowego przymierza między sztuką teatru a ludzką pracą. Takie ukierunkowanie teatru może również utorować mu drogę wejścia w świtającą już cywilizację wolnego czasu. Aby ten okres nie stał się grobem cywilizacji i kultury, już dziś trzeba przewidywać i wykształcać takie normy zachowań i wykorzystywania tego czasu, które byłoby twórcze. Udział w nowego typu teatrze wspólnoty niewątpliwie taką formą będzie. Zarówno więc na dziś, w rozwijaniu twórczych postaw w pracy, jak na jutro w twórczym spożytkowaniu czasu wolnego — teatr wspólnoty okazuje się sprawnym i użytecznym społecznie narzędziem.

Teatr wspólnoty, który charakteryzuje twórczy udział szerokiej grupy społecznej w teatralnym procesie, może istotnie odgrywać ważną rolę społeczną, zwłaszcza w wychowaniu młodzieży. Potwierdzają to uwagi Ireny Wojnar: „Ponieważ sztuka, zarówno samo dzieło sztuki, jak i przeżycie estetyczne, jak wreszcie treść procesu wychowania estetycznego ujętego dynamicznie i wielostronnie, ma charakter syntetyczny, to może sugerować analogicznego rodzaju syntezę o stosunku do nowego typu aktywności człowieka w pracy. Jej zasadniczą cechą ma być postawa

twórcza, koncepcyjna i realizacyjna, intelektualna i prze-
życiowa, urzeczywistniona w empirycznym działaniu kierowanym wyobraźnią.

Wychowanie przez integrację człowieka ma, jak wiadomo, swoje tradycje teoretyczne, filozoficzne, brak mu
postulatów i doświadczeń praktycznych. Refleksje Reada,
zwłaszcza te z ostatniego okresu, poświęcone analizie
powiązań między sztuką a pracą oraz roli i miejsca
sztuki w wychowaniu ludzi żyjących w cywilizacji prze-
mysłowej, sugerują już pewne sprawy konkretne. Sztuka
ukazuje się jako wzór, synteza działania twórczego i kon-
struktywnego zarazem; działalność artystyczna, odpowied-
nio różnicowana, może zatem stać się podstawą całego
procesu wychowawczego. [...] Analogicznie zresztą widzi
tę sprawę L. Volpicelli, uzasadniając, że zabawa to pierwszy
kontakt dziecka z konkretnymi rzeczywistościami, podstawowe »ćwiczenia ekspresyjne« pozwalające na przejście
do pracy twórczej: zabawa jest bowiem identyczna z in-
wencją (giuocare é inventare). Ewolucja od zabawy do
pracy w perspektywie narastających elementów własnej
twórczości ma pozwolić na trwałe ocalenie ludycznej twórczości, na jej przetworzenie w procesach pracy.

Podobnie [...] Gianni Toti sygnalizuje powiązania między zabawą a twórczością, a więc między zabawą a pracą w nowym, przyszłościowym jej ujęciu. Zabawa pokazana jest jako wzór działania swobodnego, kierowane-
go wolnym wyborem wolnego od przymusu człowieka. Zabawa — pisze Toti — jest »przeczuciem przejścia ze
sfery konieczności do sfery wolności«, od pracy do »twórczej zabawy«, przeczuciem »pojednania człowieka z samym
sobą«: człowiek przyszłości będzie bowiem łączył w swojej syntezie pracę i hobby, co sprawi, że praca będzie
przyjemnością, a rozrywka nabierze cech twórczych"[17].

Jeżeli zaś w przytoczonym powyżej cytacie zmienić by
„wychowanie estetyczne" na „wychowanie poprzez twórczy
udział w procesie kształtowania sztuki teatru", byłby to

---

[17] I. Wojnar, Perspektywy wychowawcze sztuki, Warszawa 1966,
s. 256—257.

tekst ściśle odnoszący się do postulowanego przeze mnie typu teatru. Myślę, że zmiana taka nie byłaby niezgodna z intencjami autorki:

„W ten sposób w perspektywie przyszłości zarysowuje się stale rosnąca rola postawy twórczej we wszystkich dziedzinach i we wszystkich przejawach życia i działalności człowieka. Przed wychowaniem estetycznym staje więc ważkie zadanie: organizowanie indywidualnych przeżyć estetycznych o charakterze syntetycznym i dynamicznym stać się może podstawą dla wzbogacenia integralnej osobowości człowieka, a tym samym zwielokrotnienia jego możliwości twórczych, które wyrażają się zarówno w stosunku do lepszego i pełniejszego budowania własnego życia, jak i wobec rzeczywistości zewnętrznej, której człowiek staje się twórcą, tak jak jest czy też może być twórcą samego siebie.

W ludziach samych, w ich działaniu i w ich świecie istnieją nieograniczone możliwości tworzenia, przetwarzania i przezwyciężania. Zmienia się człowiek, zmienia się sposób jego życia i działania, zmienia się świat, w którym żyje i działa. Nie ma już świata kontemplowanego, jest natomiast świat przeżywany i kształtowany przez ludzi. Perspektywnemu przeżywaniu i kształtowaniu świata, a tym samym także przetwarzaniu przeżywających i kształtujących go ludzi, służy wychowanie estetyczne"[18].

Teatr wspólnoty wydaje się również spełniać jedno z ważnych kryteriów wyzwolenia i uspołecznienia człowieka, które wedle Marksa winno spełniać nowe społeczeństwo: „niezbędnym warunkiem jest tworzenie tego typu równości społecznej między ludźmi, która równocześnie zabezpieczy rozwój ludzkiej indywidualności, różnorodne przeżywanie swej egzystencji i twórczego działania. Komunizm — »stawia nie na niwelację osobowości, lecz na rozwój talentów«, nie tylko na zaspokojenie podstawowych potrzeb, lecz także na zaspokojenie dynamicznie rozwijających się różnorodnych potrzeb wyższego rzędu, które dla każdego człowieka będą pod pewnym względem swoiste, niepowtarzalne; na wyzwolenie i realizację indy-

18 *Op. cit.*, s. 257.

widualnych talentów i zdolności, zaspokojenie aspiracji kulturalnych"[19].

Stawiając sobie generalne zadanie wiązania teatru z życiem społecznym, nie można nawet próbować opisać tego nowego teatru. Musi się on narodzić w praktycznych poszukiwaniach. Można jedynie dopomóc mu w wykluwaniu się i stworzyć warunki dojścia do niego. Jestem gotów do rozmów na temat tego, jak te warunki można organizować, i chciałbym mieć możność praktycznie dążyć ku temu nowemu teatrowi. Tutaj mogę jedynie jeszcze raz podkreślić moje przeświadczenie o konieczności jego powstania i to, że może on powstać w Polsce na naturalnej bazie obecnej struktury, jako jej wyższe stadium. Nie poprzez przekreślenie dotychczasowych osiągnięć, ale poprzez ich rozwinięcie.

Myślę, że można by określić warunki, w jakich świadome swego wyboru grupy mogłyby już dziś organizować się w celu takiej społeczno-teatralnej działalności, zaczynając od postaw.

W konkretnych warunkach obecnej organizacji terenów w Polsce najszerszą naturalną bazą dla przyszłego teatru są jednak istniejące zespoły. Zespoły ludzi. Gorzej z budynkami. Trzeba by je przekształcać i budować nowe. Wydaje mi się, że zrazu w paru, a potem w coraz większej liczbie teatrów należałoby zezwolić aktorom na prowadzenie tego typu działalności. Zachowując przy tym dotychczasowy ich związek z teatrami macierzystymi i nie przerywając dotychczasowej działalności tych placówek. Choć przekonany jestem, że ta tradycyjna działalność musiałaby zostać również gruntownie zreformowana. Zmiany musiałyby pójść w kierunku postawienia akcentu na twórczość teatralną oraz w kierunku związania widowisk z życiem społeczeństwa na płaszczyźnie przekazywanych treści.

Praca metodami tradycyjnymi powinna harmonizować z pracą metodami nowymi. Dlatego repertuar tradycyjnych

---

[19] T. Jaroszewski, *Osobowość i wspólnota*, Warszawa 1971, s. 35, 36.

widowisk musiałby być nastawiony na współczesne treści i realizowany jak najnowszymi środkami.

Stopniowo prace prowadzone z widzami zajmowałyby coraz więcej czasu całego zespołu, co spowodowałoby zmniejszenie się liczby przedstawień tradycyjnych. Struktura organizacyjna nowego teatru winna by umożliwiać taką ewolucję.

Pamiętajmy przy tym, że cały czas chodzi o sztukę teatru, szeroko dostępną, uprawianą zbiorowo. Możemy więc organizować i przewidywać techniczne i społeczne uwarunkowania jej powstawania, ale nie sięgajmy ku samej tajemnicy rodzenia się sztuki.

Nowy teatr wspólnoty, artystyczny i zintegrowany ze społeczeństwem, mógłby nareszcie spełnić nasze marzenia o teatrze będącym dla tworzących go ludzi pełną rzeczywistością.

Przez wiele wieków w europejskiej kulturze obraz świata próbowano upraszczać. Wynajdywano filozoficzne systemy uniwersalne. Starano się jednoczyć i unifikować. Tendencje te na naszych oczach przeszły ze sfery ideologii w płaszczyznę cywilizacji. Filozofia i sztuka przeciwstawiają się im. Walka o godność każdego pojedynczego człowieka nie została zakończona. Teatr, który przyznaje każdemu uczestnikowi procesu twórczego prawo do indywidualnej wypowiedzi, wydaje się być wyrazicielem najbardziej humanistycznych współczesnych tendencji. Nakreślona tu linia rozwoju teatru ostatnich i bieżących lat nie opiera się na przekonaniu o znalezieniu drogi jedynej i stadium ostatecznego. Przeciwnie, wiem, że tych dróg jest wiele i że ten sposób uprawiania teatru, który tu nazywam teatrem wspólnoty, konieczny dziś, okaże się zapewne nieprzydatny jutro. Prędzej lub później będzie musiał ustąpić formom nowym. Sądzę jednak, opierając się zarówno na historii teatru, jak na swoim doświadczeniu, że teatr wspólnoty jest dziś formą pozwalającą najściślej łączyć sztukę teatru i rzeczywistość. Pozwalającą najbardziej skutecznie wywoływać twórcze zdziwienie[20] i zachwyt wobec rzeczywistości.

[20] Por. J. S. Bruner, *Szkice na lewą rękę*, Warszawa 1971, s. 35, 36.

Jest to forma teatru humanistycznego i antropocentrycznego. Opierająca się na człowieku i podnosząca jego godność. Ucząca odpowiedzialności.

Rozszerzając krąg ludzi, od których zależy przebieg i rezultat procesu artystycznego, teatr wspólnoty nakłada odpowiedzialność, uczy jej podejmowania. Może ten jego aspekt jest najważniejszy?

Wkraczamy bowiem zdecydowanie i z prędkością, z której często sami nie zdajemy sobie sprawy, w epokę coraz większej odpowiedzialności ludzi za ich własny los. Nie dotyczy to już tylko technologii i okiełznywania maszyn, aby nie wymykały się spod kontroli człowieka i nie kierowały się przeciw niemu. Świadoma odpowiedzialność ludzi nie dotyczy już także tylko sfery wyborów politycznych i ustalania formy bytu społeczeństwa w oparciu o wolę większości, która znajduje wyraz w odpowiednich instytucjach i urządzeniach społecznych.

Staje przed nami zagadnienie ogólnego kierowania procesami przyrody w skali globu, kierowania genetyką i życiem psychicznym ludzi. Staje przed nami już nie tylko zadanie ochrony naturalnego środowiska przed skażeniem, ale kierowanie całymi fazami procesów zachodzących w naturze, od ustalania pogody aż do częstotliwości owocowania, od zawracania biegu rzek aż po ustalanie płci i cech psychofizycznych przyszłych pokoleń. Odkryć zmierzających w tych kierunkach, tak jak wszelkiej twórczej myśli ludzkiej zmierzającej ku prawdzie, nie da się powstrzymać. Jednak ich konsekwencje i zastosowanie — to już sfera moralności i odpowiedzialności samego człowieka.

Jestem najgłębiej przekonany, że w kształtowaniu odpowiedzialnych postaw ludzi sztuka, w tym nowy teatr, może odegrać decydującą bodaj rolę. Informacja i propaganda, które działają drogą narzucania, wpajania i uczenia poprzez powtarzanie, kształtują postawy bierne, zachowania typowe, reakcje odruchowe, niesamodzielne. W zmienionej, nietypowej sytuacji to, co wpajane jest przez propagandę i informację, może się okazać całkowicie nieprzydatne. Człowiek staje bezradny wobec problemu. W tym właśnie momencie zaczyna zagrażać przypadek. Przestają działać wzory, prawidłowości i hamulce. Odwrotnie, postawy wykształcone przez aktywne procesy pedagogiczne i poprzez aktywne uczestnictwo w twórczości artystycznej mają cechy, które kształcą w człowieku samodzielność i zdolność podejmowania odpowiedzialności w każdej sytuacji. Sztuka teatru, pojmowana i uprawiana aktywnie, wydaje się ogromnie użyteczna w kształtowaniu takich postaw. Pobudza do aktywnego uczestniczenia w rzeczywistości. Jak pisze pięknie V. E. Frankl: „odpowiadać na pytania »życia«, zawsze oznacza: brać za nie odpowiedzialność — odpowiedzi na nie wprowadzać w czyn"[21].

Jestem przekonany, że nowy teatr może być sztuką, która bierze na siebie odpowiedzialność za życie ludzi. A moja opowieść o nim nie jest niczym innym, jak próbą wzięcia — nie uchylenia się, ale wzięcia — na siebie przypadającej na mnie cząstki odpowiedzialności za teatr.

1970

----

[21] V. E. Frankl, *op. cit.*, s. 65.

Widz – odbiorca – uczestnik –
– współtwórca

1

Gdy pada termin „odbiorca", rozumiemy, że chodzi o jeden z podstawowych członów procesu kulturowego, obejmującego „nadawcę", „komunikat" i właśnie „odbiorcę", co wynika oczywiście z pojmowania kultury jako pewnego procesu komunikowania. Również w każdym jednostkowym akcie komunikacyjnym wyróżnia się tego, który nadaje (mówi, wyraża itd.); to, co on daje, wraz ze sposobami (środkami, kanałami itd.) nadawania; oraz tego, który odbiera; przy czym badaczy interesują także skutki, jakie powoduje odbiór.

Potoczne rozumienie teatru upatruje „odbiorcę" w „widzu". Należałoby więc najpierw sprawdzić, czy jest to rozumienie sensowne z punktu widzenia sztuki teatru.

W najnowszych pracach i wypowiedziach teoretycy i praktycy pojmują sztukę teatru w istocie jako pewien swoisty sposób komunikacji międzyludzkiej, a każde przedstawienie jako społeczny proces komunikowania. Proces ten przebiega w czasie i wyróżnia się w nim (opierając się na przypomnianych przeze mnie przed chwilą modelach socjologicznych) aktora – nadawcę, przedstawienie – komunikat i widza – odbiorcę. Równocześnie zwraca się jednak uwagę na „interakcyjność"[1] (termin Zbigniewa Osińskiego) teatralnego procesu komunikowania, a zatem na swoiste sprzężenie zwrotne występujące w teatrze między aktorem a widzem. „Widz" nie jest więc w teatrze tylko „odbiorcą". Jest również „nadawcą". To, na ile „widz" jest „odbiorcą", a na ile „nadawcą", na ile jest czynny, na ile bierny, na ile pasywny, na ile aktywny, wreszcie na ile jest przedmiotem, a na ile może stawać się podmiotem, a więc twórcą sztuki teatru, zależy w pewnej

---

[1] Z. Osiński, *Interakcja sceny i widowni w teatrze współczesnym*, [w:] *Z teorii teatru*, Warszawa 1972.

mierze od samego widza, od jego dyspozycji, osobowości, nawyków, tzw. „przygotowania", wrażliwości, życia duchowego itp., ale w znacznie większej mierze uzależnione jest od pozostałych dwóch członów sztuki teatru, od aktora/„nadawcy" i od przedstawienia/„komunikatu". Ponieważ równocześnie istotą sztuki teatru jest właśnie sam społeczny proces wzajemnego komunikowania, a więc w teatrze nie można w ogóle rozpatrywać problemów odbiorcy w oderwaniu od nadawcy i komunikatu. W teatrze nie ma po prostu takich sytuacji, jak w dawnym malarstwie, literaturze czy muzyce, w których stworzone przez artystę w jednym miejscu i czasie dzieło bywa percypowane w innym czasie i gdzie indziej.

Wydaje się, że bez wchodzenia w szczegóły ontologii sztuki teatru można już teraz powiedzieć, że ogromnym uproszczeniem jest mówienie o teatrze z jednej, a o odbiorcy sztuki teatru z drugiej strony. Teatr nie ma „odbiorcy" na zewnątrz. Odbiorca jest jednym z konstytutywnych członów samego teatru, jego istnienie i udział w akcie teatralnym jest jednym z warunków powstawania teatralnego procesu. O odbiorcy w teatrze trzeba więc mówić, widząc go wewnątrz samego teatralnego procesu jako jednego z jego współsprawców. W dalszym ciągu moich rozważań będę więc mówił o tym, kim jest odbiorca w teatrze i jaki ma on wpływ na teatr, co go samego kształtuje, jaka jest jego sytuacja, jak sytuacja ta ewoluuje, wreszcie, jakie zmiany zachodzą dziś w teatrze z punktu widzenia odbiorcy.

Ustalenie samego faktu interakcyjnego charakteru procesu łączącego aktora i widza w teatrze zezwala patrzeć na teatralnego „widza" jako na tego, który i odbiera, i nadaje, jest kształtowany i kształtuje. Widz teatralny zatem, odmiennie niż odbiorca w wielu innych procesach kulturowych, wnosi lub ma szansę wnosić wkład w istotny sposób ważący, pośrednio lub bezpośrednio, na całokształcie procesu, a więc na samej istocie sztuki teatru. Równocześnie, jak w żadnej innej dziedzinie sztuki, widz teatralny może być na bieżąco urabiany, kształtowany. Sztuka teatru ma szansę intensywnego, doraźnego wpływania na biorących w niej udział.   155

Można roboczo wymienić zasadnicze elementy, które widz wnosi do teatru:

— Elementy związane z nabytymi wzorcami zachowań, poziomem i ewentualną specjalizacją wykształcenia, przynależnością środowiskową. Wedle nich widz nawiązuje kontakt z aktorem, ocenia działanie aktorów, ustosunkowuje się do nich, akceptuje lub dezaprobuje. Są to, najogólniej mówiąc, elementy związane z dotychczasowymi doświadczeniami kulturalnymi widza. Zdarza się na przykład, że widzowie oburzeni opuszczają salę, w której ma się rozegrać współczesne przedstawienie, gdy nie znajdą w niej pluszowych foteli i zaprasza się ich wprost na podłogę.

— Elementy związane z osobistymi dyspozycjami widza, a więc ze sferami jego osobowości, charakteru, wrażliwości, z jego życiem psychicznym, z jego świadomym i nieświadomym „nastawieniem" wobec aktora. Można mówić na przykład o widzach-mediach komunikujących się z aktorami na płaszczyźnie nieświadomości. Jest to moja obserwacja praktyczna; sprawa warta na pewno zainteresowania psychologów.

Można również roboczo wyróżnić zasadnicze elementy, które kształtują widza w czasie teatralnego procesu:

— Przestrzeń. Wzajemne usytuowanie wobec siebie aktorów i widzów, lub po prostu, jak nazywam ich łącznie — „członków teatralnej grupy", ma kapitalne znaczenie dla procesu teatralnego. Stosunki wewnątrz grupy kształtują się w zależności od tego, czy przestrzeń jest otwarta — plenerowa, czy zamknięta, czy używa się „sceny", a jeśli tak, to jakiego rodzaju, czy przedstawienie jest statyczne, czy ruchome itp.

— Struktura procesu. Czy jest ona z góry zdefiniowana i przesądzona — jak w wypadku przedstawiania w teatrze znanego tekstu literackiego, czy też jest ona otwarta, dopuszcza lub nawet prowokuje każdorazowe modyfikacje — jak w commedii dell'arte czy współczesnym seansie „wolnego teatru".

— Działanie aktorów. Jego rodzaj, stylistyka, środki, stosunek do widza itp. Materia tego działania — zależnie od tego, czy dominuje słowo, czy ruch, czy jest to „gra", czy „bycie" wobec kogoś drugiego.

Te i inne czynniki determinują miejsce, rolę, możliwości widza w teatrze. Wchodzą one naturalnie w różne kombinacje, występują w różnych związkach i układach. Czynniki te sprawiają, że widz bądź zbliża się, bądź oddala od aktora, bądź jednoczy się z nim, bądź odróżnia. Jest to stale zmienny, pulsujący proces zachodzący w historii teatru.

Na polu tym można — roboczo — wyróżnić dwie zasadnicze tendencje. Jedną jest integrowanie aktorów i widzów. Zacieranie między nimi różnic. Wymienianie funkcji, zdań i uprawnień. Tendencja ta obecna jest w najróżnorodniejszych formach przed- czy parateatralnych w teatrze, jak nazywam go (parafrazując polski tytuł książki Lèvi-Straussa) — w „teatrze nieoswojonym"[2]. Tendencja ta nasilała się w różnych okresach. Również w Pierwszej Reformie Teatru znalazła orędowników w osobach Meyerholda, Jewreinowa, Copeau (przy końcu jego drogi twórczej). Współcześnie ta właśnie tendencja jest programową niejako zasadą poszukiwań wielu twórców. Istotą sztuki teatru są tu same procesy zachodzące między aktorami a widzami. Procesy te są maksymalnie subiektywizowane aż do całkowitej hermetyczności — dla niewtajemniczonych, oraz do całkowitego zacierania granic pomiędzy sztuką a życiem. „Przedstawienie" wtapia się w strumień życia jego uczestników.

Druga tendencja oparta jest na dążeniu do obiektywizacji komunikatu-przedstawienia, aż do prób unieruchomienia go i nadania mu cech dzieła istniejącego niezależnie od odbiorcy, ale także niezależnie od nadawcy. Tendencja ta rozdziela więc, separuje, odróżnia aktora od widza, przyznając jedynie pierwszemu rolę czynną, aktywną, twórczą. Doprowadzona do logicznych konsekwencji, tendencja ta unieruchamia i mumifikuje jednak i samego aktora, czyniąc go tylko elementem „dzieła" — przedstawienia. Tego typu widzenie teatru cechowało zawsze

---

[2] K. Braun, *Teatr wspólnoty*, Kraków 1972, s. 207.

okresy dominacji w teatrze innych, obcych mu często sztuk — jak literatury, malarstwa, rzeźby. Teatr oparty na nich bywał maksymalnie sformalizowany i skonwencjonalizowany. W XX wieku tą drogą kroczyli, choć odmiennie — Craig, Tairow, Brecht i inni. W tym kierunku twórczości teatralnej aktor zostaje całkowicie podporządkowany komunikatowi-przedstawieniu, które staje się swoistym, częstokroć martwym kodem. Aktor ma tu za zadanie jedynie wytwarzać, nadawać znaki będące jednostkami danego kodu. Stąd tęsknota do aktora — marionety, który by nadawał jedynie określone i zaplanowane z góry znaki. Nadrzędną wartością staje się samo przedstawienie — obiektywne, nie podległe ani aktorowi, ani widzowi. Gdy ten kierunek teatru, dążący do maksymalnej jego „teatralizacji", doprowadza do faktycznego wydzielenia i wydalenia widza — odbiorcy i całkowitego jego izolowania od aktora, następuje śmierć teatru — zmieniającego się w ruchome obrazy, cyrk czy czytankę na głosy. Historia teatru, także najnowsza, dostarcza przykładów takich zgonów.

W świetle tak przeprowadzonych — roboczych — rozróżnień można obecnie spróbować odpowiedzieć na pytanie: jakie tendencje wobec odbiorcy — widza można zaobserwować w teatrze światowym, jakie są tzw. „trendy rozwojowe", jak te procesy przebiegają w naszym kraju. Być może uda się także oddzielić tendencje już owocne od jeszcze żywych.

Jest rzeczą oczywistą, nie potrzeba tego długo udowadniać, refleksja potwierdza powierzchowną nawet obserwację, że w teatrze światowym, w tym i w Polsce, odbiorcę słusznie można najczęściej określać jako „widza". Istotnie jest on kimś w rodzaju „obserwatora", zaangażowanego mniej lub bardziej, ale hamującego swoje reakcje — z wielu różnych powodów. Jak dziś obserwatorzy wielkich mocarstw nad Kanałem Sueskim. Rolę „widza" wyznaczają ludziom koncepcje najpowszechniej uprawianego dziś teatru.

Te — stare — koncepcje teatru określiłem swego czasu (w *Teatrze wspólnoty*) jako stary teatr literatury i stary teatr inscenizacji. Nie wdając się dzisiaj w rozważania ściśle teatrologiczne, obie te koncepcje scharakteryzować można jako traktujące widza statycznie i biernie, widz jest pouczany, niesamodzielny, podrzędny wobec aktora. Proces teatralny przebiega tu w zasadzie wyłącznie na płaszczyźnie świadomości. Środkiem porozumienia jest słowo lub teatralny znak. Wbrew pozorom słowo w teatrze nie jest nośnikiem myśli — jest nim akcja. Teatr oparty na słowie jest często ogromnie ubogi myślowo. Teatr zaś oparty na nagromadzeniu efektów inscenizacyjnych i teatralnych znaków bywa najczęściej po prostu bezmyślny. W obu wymienionych tu koncepcjach teatru również aktor, choć sytuowany na ambonie, profesorskiej katedrze czy wiecowej trybunie jest podrzędny bądź wobec literatury i pisarza — autora dramatu, bądź wobec widowiska i reżysera — autora inscenizacji.

W różnych wariantach i w różnym stopniu doskonałości stare teatry literatury lub inscenizacji dominują w naszym życiu teatralnym. Stopniowo ich język staje się coraz bardziej wyspecjalizowany i wysublimowany. Stopniowo coraz bardziej eliminują one ze swoich organizmów widza. I nie jest przypadkiem, że obserwuje się wyraźny odpływ widzów z teatru. Widz bowiem traktowany jako członek anonimowej masy czuje się w teatrze coraz mniej potrzebny. Odczuwa obcość. Mechanizmy funkcjonujące wewnątrz obecnie uprawianego teatru coraz bardziej ubezwłasnowolniają widza. Proces wzajemnego oddziaływania, interakcyjność, zastępują nadawaniem starannie zakodowanych komunikatów przez nie zaangażowanych często w sam proces nadawczy aktorów. I nie jest przypadkiem, że sytuację tę notują coraz bardziej wyraziście statystyki, które wykazują coraz liczniejszy udział w przedstawieniach tak zwanego widza „organizowanego", że na napędzaniu do teatrów widza ostrzą sobie pióra felietoniści, że zespoły aktorów gotowe do zagrania widowiska często daremnie wyczekują na autokar, który dowiezie do teatru podchmieloną wycieczkę. Zjawiska te mają z pewnością złożone i skomplikowane tło kulturowe. Co do mnie, chciałbym jedynie. podkreślić, że same dominujące dziś w Polsce koncepcje uprawiania teatru, jako anachroniczne i niedostosowane do współczesności, 159 w większej mierze przyczyniają się do zrażania społeczeństwa do teatru − takiego, jaki jest uprawiany. To właśnie o takim teatrze mówi Peter Brook − „teatr martwiejący"[3]. W tej części mych rozważań chciałbym posłużyć się paroma przykładami poszukiwań praktycznych. Będą to z konieczności tylko krótkie sygnały.

Peter Schumann zrealizował swego czasu w The Bread and Puppet Theatre sztukę *Chicken Little* (*Kurczak*), w której trzysta dzieci najpierw tygodniami robiło maski i kukły, a potem grało − godzinami − w nowojorskim parku. Czy dzieci te były aktorami, czy widzami? Nie działały przecież wszystkie naraz. Kim byli obserwujący tę zabawę rodzice? Czy tylko widzami? A przygotowania − czy to były tylko „próby", czy już społeczno-artystyczny proces komunikacji, a więc w tym wypadku proces teatralny?

Włoski reżyser Giuliano Scabia przeprowadzał wielokrotnie doświadczenie zatytułowane *Być może narodzi się smok*. Grupa aktorów przybywała do jakiegoś miasteczka lub dzielnicy. W ciągu trzech dni z dziećmi i młodzieżą, również z dorosłymi, aktorzy najpierw budowali teren gry, potem wyklejali wielkiego smoka z tektury, potem rozgrywali opowieść o smoku z udziałem licznych mieszkańców. Czy w ogóle byli w tym teatralnym procesie odbiorcy? Czy sami nadawcy? Nie wszyscy mieszkańcy brali udział w grze. Ale wszyscy przeżywali rodzaj święta. Czym było to święto dla nich? Czy to był „teatr"?[4]

Living Theatre wielokrotnie organizował seanse tak zwanego „wolnego teatru". Najbardziej głośny był taki seans w Mediolanie 30 maja 1967 roku.

Opowiada o tym Judith Malina: „Było to na dwudziestolecie włoskiego pisma teatralnego »Sipario«. Zaproszono nas. Zaproponowaliśmy organizatorom spektakl »wolnego teatru«. Myśleliśmy o tym, aby na początek dać

---

[3] P. Brook, *The Empty Space*, Nowy Jork 1968.
[4] Wg G. Scabia, *Peut-être que naitra dragon*, „Travail Théâtrale", hiver 1972, s. 48−65.

część *Misteriów*. Organizatorzy przyjęli pomysł »wolnego teatru« z entuzjazmem. Ja miałam wątpliwości z powodu panującej tam atmosfery towarzyskiej »party«. Uprzedziliśmy organizatorów i widzów, którzy otrzymali karteczki: »Free Theatre. To jest wolny teatr. Wolny teatr tworzą aktorzy, którzy biorą w nim udział. Wolny teatr nie jest nigdy wcześniej próbowany. Chcieliśmy być wierni wolnemu teatrowi. Czasem się on nie udaje. Nic nigdy nie jest takie samo. Living Theatre«. Wieczór był ożywiony. Przybyliśmy. Wbrew oczekiwaniom tych, którzy przyszli na premierę *Misteriów*, nie wybraliśmy żadnego tematu, zdecydowaliśmy tylko nie wypowiedzieć ani jednego słowa i odejść po upływie godziny. Bez umawiania się zebraliśmy się w ścisłą grupę w środku rozbawionego i rozwydrzonego tłumu. Byliśmy bardzo poważni. Nieruchomi. Nasze milczenie było czymś więcej niż milczeniem. Było głębokim wyrazem naszej wspólnoty. Po prostu istnieliśmy z niezwykłą intensywnością. To nie był trans, to było poczucie jedności. Ludzie zaczęli nas popychać, całować, usiłowali wywołać naszą reakcję. Po trzech kwadransach doświadczania ich zabiegów i naszego milczenia opuściliśmy salę"[5].

Powstała konsternacja, oburzenie, skandal, wezwano policję. Zarzucano Living, że nie dopełnił warunków umowy, że nic nie „zagrał". Aktorzy Living twierdzili, że „zagrali" coś najbardziej przejmującego i głębokiego, co kiedykolwiek udało się im „zagrać". Siebie. Kto był tu nadawcą, a kto odbiorcą?

W końcu 1972 r. Peter Brook wraz z dwudziestoma aktorami wyprawił się na dwa miesiące do Afryki. W murzyńskich wioskach rozciągano dywan − improwizowano krótkie sceny. Obecni tubylcy wielokrotnie włączali się do akcji − tańcem, śpiewem, grą na instrumentach. Aktorzy zaś wielokrotnie włączali się w różnego rodzaju obrzędy odprawiane przez miejscową ludność. Było to niezwykłe i owocne doświadczenie na temat granic teatru, ról nadawcy i odbiorcy w teatrze. Podobnego eksperymen-

5 P. Biner. *Le Living Theatre*. Lausanne, 1968, s. 146−147.   161

tu dokonał Richard Schechner w końcu 1973 r. w Nowej Gwinei. Kto i kiedy był w tych doświadczeniach nadawcą, a kto odbiorcą? Czy były tam widowiska? Jak „sztuka" miała się do „życia" ludzi z danego środowiska, z danej grupy?

Zakończył się rok 1973. Jerzy Grotowski już trzykrotnie zrealizował swój Specjal Project. Prasa podaje, że najpierw są publiczne przedstawienia *Apocalipsis cum figuris*. Ludzi, którzy zgłoszą się do realizacji Special Project, Grotowski sam podobno wprowadza na salę, po zakończeniu zaś akcji w swoisty sposób egzaminuje. Wybiera parę osób. Potem dziesiątka aktorów Teatru Laboratorium przez dziesięć dni na osobności pracuje z tymi paroma powołanymi. Widzami? Odbiorcami?

Niemożliwe byłoby odpowiedzieć na wszystkie nasuwające się w związku z tymi faktami pytania. Ograniczmy się do paru tylko refleksji.

We wszystkich tych zjawiskach i poszukiwaniach, nie zapominając o ogromnych nieraz różnicach, jakie je dzielą, a także w innych tu nie wymienionych licznych pracach, można wykryć pewne wspólne tendencje.

Współczesny rozwój sztuki teatru charakteryzuje się nie znanym — od dawna — dowartościowaniem odbiorcy. Tak jak w starym teatrze literatury czy inscenizacji deprecjonowanie widza było (wbrew pozorom) sprzężone z obniżaniem roli aktora, tak w nowym teatrze przyznanie widzowi najbardziej uprzywilejowanego miejsca łączy się bezpośrednio z pogłębieniem spojrzenia na aktorstwo, ze stawianiem aktorowi nowych zadań. Aktor nie zasłania się dziś w teatrze kimś innym — prawdziwą czy fikcyjną postacią, ale dąży do jak najpełniejszego ujawnienia siebie samego. Trzeba przy tym podkreślić, że jeśli nowy teatr zmierza do zacierania ról aktorów i widzów, do nakładania na nich tych samych zadań, to nie odbywa się to — jak chcą niektórzy — jedynie poprzez zatracanie „aktorstwa" i „zawodowstwa" aktora w „amatorstwie" widza, a raczej poprzez podnoszenie wymagań wobec widza. Spełnianie tych wymagań staje się możliwe nie dzięki jakiejś profesjonalizacji widza, ale raczej dzięki przeniesieniu akcentu z płaszczyzny sprawności, znaków i technik na płaszczyznę „spotkania" ludzi.

„Przedstawienia" oscylują więc ku „spotkaniom". Umożliwia to takie używanie przestrzeni, aby łączyła ona i jednoczyła — zamiast rozdzielać, wprowadzanie otwartych struktur spotkań, zależnych każdorazowo od ich uczestników, opieranie procesów teatralnych na improwizacji, zacieranie granic pomiędzy miejscem i czasem „teatru" i „życia" nawet przez eliminowanie rozróżnień nie tylko między nadawcami i odbiorcami, ale i pomiędzy nimi a osobami na pozór całkowicie postronnymi wobec teatralnego procesu — tak dzieje się w happeningu czy w teatrze ulicznym.

Stąd „odbiorca" słusznie uważany jest dziś za uczestnika — a raczej współuczestnika.

Jak widzieliśmy w przytoczonych tutaj przykładach, najnowszy teatr idzie jeszcze dalej i wszystkich uczestników teatralnego procesu czyni współtwórcami sztuki teatru. To współtworzenie może się wyrażać w skupionym trwaniu razem, może też prowadzić do inicjowania przez każdego członka teatralnej grupy wspólnych ćwiczeń, gier czy prac. Zarówno w toku samego spotkania, jak i w okresie przygotowawczym.

Nowy teatr, zacierając granicę samego wydzielonego procesu teatralnego i wtapiając go w realne życie danego środowiska, wprowadził nie znane do tej pory praktyki: oto cały ciąg pracy, od pierwszego pomysłu, od wyklejenia pierwszej maski i zaimprowizowania pierwszej etiudy, bywa wspólny i publiczny, oto po zakończeniu tak zwanego dawniej „przedstawienia" ludzie się nie rozchodzą, ale trwają dalej razem; „przedstawienie" okazuje się nie kulminantą, ale tylko inicjacją do dalszych prac, medytacji i poszukiwań.

Zjawiska, o których tu mowa, obserwować można na całym świecie. Także w Polsce. Choć u nas, jak dotąd, były one spychane na margines życia teatralnego. Coraz częściej jednakże, coraz wyraźniej dają o sobie znać. Są one wyrazem szeroko odczuwanych, choć jeszcze niezbyt jasno artykułowanych potrzeb społecznych. Sam jako praktyk i — na pewnym ograniczonym terenie — 163 organizator życia kulturalnego odczuwam te potrzeby bardzo wyraźnie wokół teatru i w samym teatrze. Poprzez swoją praktykę staram się znaleźć na nie odpowiedź. Powodzenie i żywy rezonans różnego rodzaju inicjatyw, których wspólnym mianownikiem jest dowartościowywanie odbiorcy, dowodzi wielkiego społecznego zapotrzebowania na tego rodzaju zmiany.

Obserwuję potrzebę i tęsknotę wielu ludzi za sztuką, która mogłaby być miejscem ich osobistej swobodnej ekspresji, za traktowaniem procesu artystycznego jako czasu i miejsca, w którym szuka się autentyzmu i prawdy swojej i innych. Siebie chce się odnaleźć, zidentyfikować; uzyskać potwierdzenie swojej jednostkowej, niepowtarzalnej wartości i potwierdzenie swego niezbywalnego prawa do oryginalności i twórczości, które tkwią w każdym człowieku, niezależnie od tego, czy posiada umiejętność artystycznego wyrażania i formułowania tych tęsknot. Nowy teatr zdaje się wychodzić im naprzeciw i dawać wszystkim członkom teatralnej grupy szansę wypowiedzenia siebie, choćby przy pomocy innych.

Nie można już tych potrzeb określać „głodem teatru". Obawiam się zresztą czasem, że „teatr" został w oczach bardzo wielu ludzi gruntownie skompromitowany poprzez fałszywe ustalenie jego funkcji społecznych, skompromitował się sam w wyniku działalności wielu jego pseudoobrońców i pseudotwórców. Rozczarowanie i strata zaufania do teatru mają wiele przyczyn, z których pierwszą jest ta, że w obecnym teatrze coraz rzadziej można znaleźć odpowiedź na zasadnicze pytania dotyczące sensu życia, że w obecnym teatrze nie doświadcza się już elementarnych uczuć lęku i zachwytu, litości i grozy. Nie doświadcza się, skonkretyzujmy, człowieczeństwa.

Jednakże tak zwany — już i przez historyków teatru — „nowy teatr", narodzony i wykształcony w latach sześćdziesiątych XX wieku, teatr, z którego prac przedstawiłem parę przykładów, zdaje się spełniać te nadzieje i oczekiwania.

W kontakcie wielu ludzi z nowym teatrem obserwuję jakiś próg. Nie przekraczają go najczęściej ani teoretycy, ani tak zwani znawcy. Nie istnieje on zaś dla wielu ludzi określanych — przez znawców — jako nieprzygotowani. W moim wywodzie zbliżyłem się i ja także do pewnej bariery. Chciałbym spróbować ją przekroczyć. Czynię to z wielką tremą, bowiem trzeba zmienić nieco płaszczyznę porozumienia i użyć słów pełnych znaczeń, ale może nieprecyzyjnych. Pewnych spraw w ogóle nie da się nazwać, można je tylko omówić. Tego rodzaju trudności widział jasno Jerzy Grotowski, gdy mówił: „Tutaj nie ma innego wyjścia, tylko trzeba mówić skojarzeniami; dla niektórych będzie to abstrakcyjne, a nawet żenujące albo śmieszne, a dla innych konkretne, tak jak dla mnie. I po tym także możemy się rozpoznać. A więc podejmuję to ryzyko i mówię wam o skojarzeniach, oto one, tylko niektóre, jest ich bardzo wiele: zabawy, baraszkowanie, życie, swoi, pławienie, lot; człowiek — ptak, człowiek — źrebak, człowiek — wiatr, człowiek — słońce, człowiek — brat.

I tutaj to najistotniejsze, ośrodkowe: brat. W tym się mieści »podobieństwo Boga«, oddanie i człowiek; ale także brat ziemi, brat zmysłów, brat słońca, brat dotyku, brat Drogi Mlecznej, brat trawy, brat rzeki. Człowiek taki, jaki jest, cały, żeby się nie ukrywał; i który żyje, więc nie każdy. Ciało i krew to jest brat, tylko tam jest »Bóg«, to jest bosa stopa i goła skóra, w której jest brat. To jest także święto, być w święcie, być świętem. To wszystko nieodłączne jest od spotkania. Rzeczywistego, pełnego, w którym człowiek nie kłamie sobą i cały w nim jest"[7].

A więc „to najistotniejsze, ośrodkowe: brat".

Zrekapitulujmy, jaką drogą doszliśmy dziś do tego określenia „odbiorcy" w teatrze. Zaczęliśmy od „widza", potem mówiliśmy o „uczestniku", „współuczestniku", „współtwórcy", teraz o „bracie".

Do tej pory widowisko teatralne, teatralny komunikat rozpatrywaliśmy tak jak inne komunikaty, wyróżnialiśmy w nim informacje i sądy, słowa i gesty, plan foniczny i plan plastyczny, itp. Słowem: rzutowaliśmy na sztukę teatru terminy i metody badawcze wypracowywa

7 J. Grotowski, Święto, „Odra", 1972, nr 6, s. 51.

ne i stosowane przy okazji analiz różnorodnych zjawisk kulturowych i innych dziedzin sztuki.

Teraz zaś doszliśmy do metaforycznego, prawda, ale i realnego określenia prostej ludzkiej sytuacji, w jakiej należy dzisiaj widzieć odbiorcę w teatralnym procesie i jego stosunek do nadawcy – aktora. Są to po prostu dwaj ludzie. Bracia – mówi Grotowski. A więc ludzie, których łączy elementarna pierwotna i naturalna więź. Istotnie najnowszy teatr widziany jest przede wszystkim jako społeczna sytuacja więzi.

Sytuacja człowieka – odbiorcy w teatrze jest po pierwsze elementarną sytuacją ludzką. Jej podstawą jest moja osobowa obecność w tym samym czasie i miejscu, w którym działa drugi człowiek. Działa dla mnie i wobec mnie. To działanie jest pierwotnie braterskie, przyjazne, bezinteresowne. Wtórnie zaś sformalizowane i artystyczne, bowiem oczyszczone z potoczności i przypadkowości oraz zmetaforyzowane. Będąc obecny mogę percypować znaki, mogę przeżywać wartości, mogę dokonywać czynności intelektualnych – na przykład rozszyfrowania symboli, mogę także coś robić fizycznie czy biologicznie, na przykład krocząc we wspólnym pochodzie czy posilając się. Ale to wszystko jest zewnętrzne wobec wewnętrznie przeżywanej sytuacji przyjmowania daru ofiarowywanego mi bezinteresownie przez drugiego człowieka. Ten drugi bowiem – „aktor" dokonuje wobec mnie aktu całkowitego odsłonięcia, dąży do pełnego samopoznania. Akt ten jest przeze mnie percypowany na płaszczyźnie świadomości, ale moja pełna sytuacja ludzka nie jest sytuacją percypowania, ale doświadczania. Doświadczam bowiem człowieczeństwa drugiego człowieka i sam jestem doświadczany w sposób najbardziej ludzki i zarazem bezkompromisowy: przez próbę daru. Jest to najgłębiej godząca w samą istotę człowieka próba. Ofiarowana zostaje mi pełna intymność cielesności i duchowości kogoś drugiego i zaprowadzony zostaję do niezgłębionych szybów jego nieświadomości. Otrzymuję bezinteresownie czyjąś tajemnicę.

Jeśli chcielibyśmy tu utrzymać terminy „komunikacja", „komunikat", musimy powiedzieć, że jest to komunikacja poprzez bezpośrednie doświadczenie, że komunikat nie jest zawarty, ale ukryty w słowach, gestach, ruchach, czynnościach, zatem, że komunikat jest tu samym aktem bezpośredniego poznania; przez psychologów tego typu poznanie nazywane jest oświeceniem.

Myślę, że takie doświadczenie wprowadzające człowieka w określony stan percypowania jest w teatrze możliwe, że niekiedy się dokonuje. Są to jednak zapewne wypadki rzadkie. Nie chciałbym w ten sposób sugerować, że w teatrze każdy może tego typu doświadczenie osiągnąć. W wyniku zaistnienia specjalnych warunków i przeprowadzenia — w samej strukturze aktu teatralnego — specjalnych przygotowań jest to jednak możliwe.

Jednak wydaje mi się, że sytuacja doświadczania rzeczywistości najtrafniej określa sytuację „odbiorcy" (a także „nadawcy") we współczesnym teatrze.

(Naturalnie z tą płaszczyzną nie mają w ogóle kontaktu ci, którzy — jak dawniej — przychodzą do teatru informować się, sądzić czy oglądać).

Doświadczamy więc siebie i doświadczamy elementarnych kategorii istnienia. Doświadczamy przestrzeni. Mówi Richard Schechner, reżyser i teoretyk amerykański: „...rozpoczynamy nasze ćwiczenia w oswajaniu się z przestrzenią od prób określenia przestrzeni. Określić (articuler) przestrzeń, znaczy: pozwolić jej przemówić. A więc zobaczyć przestrzeń, zbadać ją, ale nie jak narzędzie, którym chce się czegoś dokonać, lecz tak, abyśmy czynili to, do czego przestrzeń nas pobudza"[8]. A więc nie nasze aktywne wypełnianie przestrzeni ruchem, przedmiotami czy wibracją dźwięków, ale otwarcie się na przestrzeń i doświadczanie jej.

Doświadczamy czasu. Mówi Peter Schumann: „Konwencje teatralne przyzwyczaiły nas do czasu sprasowanego, skondensowanego. W dwie godziny musimy przeżyć całą historię Otella. Ludzie przywykli do tego, że akcja sceniczna służy przekazaniu jakiejś informacji i czekają, że

---

8 R. Schechner, *Propos sur le théâtre de l'environment*, „Travail Théâtrale", automne 1972, s. 83.

po jednej informacji nastąpi druga, a jeśli jej nie otrzymują, zaczynają się niepokoić. Nasze przedstawienia odchodzą od tych konwencji, nie służą one ilustracji żadnej tezy, natomiast chcą na nowo ukazać czas. Wydaje mi się, że dzisiaj zaczynamy czas rozumieć inaczej, w sposób pełniejszy i bogatszy. Dotychczas szło o to, aby w daną jednostkę czasu wepchnąć możliwie dużo informacji, jak najwięcej opowiedzieć. Nam idzie o to, by czas zatrzymać, pokazać, jak wiele może się zdarzyć, jakie bogactwo różnorodnych wrażeń można odebrać w tym samym odcinku czasu, który obecnie służy do przekazania jednej informacji"[9].

Podobne zainteresowania czasem okazuje w swoich na pozór potwornie wolnych widowiskach Robert Wilson. Jego widowiska trwają godzinami, dobami, dniami. A więc nie upływ czasu, ale trwanie czasu. Doświadczanie czasu.

Doświadczamy człowieczeństwa innych. Mówi Joseph Chaikin, twórca Open Theatre: „W czasie przedstawienia aktor doświadcza dialektyki przeciwieństw pomiędzy ograniczeniem i swobodą, impulsem i formą, pomiędzy osobistym aktem i jego refleksem u widza. W ostatecznie opracowanym przedstawieniu aktor gra w czasie teraźniejszym i dochodzi do niezachwianej pewności, że jego akt w jednej i tej samej chwili zarazem tworzy się i ginie"[10].

Aktor osiąga więc − w obecności świadków, publicznie − pełny wymiar twórczego istnienia. Aktorstwo staje się sztuką, która pozwala osiągać pełny wymiar człowieczeństwa i równocześnie czynić ten akt przekazywalnym innym. Dochodzimy w ten sposób do określenia specyficznej sytuacji „odbiorcy" w najnowszej sztuce teatru. Z samej istoty tej sztuki może on być i zawsze jest choćby w najmniejszej mierze − również „nadawcą", ale przede wszystkim może on bezpośrednio doświadczać istoty człowieczeństwa. Swego i innych.

I oto stoimy znów przed pewną barierą. Trzeba by

[9] *Czas i cisza. Rozmowa Małgorzaty Semil z Peterem Schumannem,* „Dialog", 1972, nr 6.
[10] J. Chaikin, *The Presence of the Actor,* Nowy Jork 1972.

bowiem spróbować bliżej określić naturę tego poznawania i bycia poznawanym poprzez teatralne doświadczenie. Jest to nowe zadanie badawcze.

Bieg myśli ludzkiej zawsze prowadzi do punktu, w którym rozwiązanie jednego problemu staje się jednocześnie postawieniem problemów nowych.

2

Burzliwy rozwój kultury, w którym uczestniczymy, wykazuje dziś z całą ostrością starczą sklerozę, niewydolność i obumieranie różnorodnych form i instytucji życia społecznego, w tym form i instytucji związanych ze sztuką; także ze sztuką teatru. Jak każdy proces starzenia się jest to proces dramatyczny, pełen bólu i walki, częstokroć prowadzonej już nie w imię zasad i wartości, ale w imię niezbywalnego nigdy ludzkiego prawa do protestu i do określania się poprzez sam akt sprzeciwu. Beznadziejna nawet walka — budzi szacunek i refleksję. Myśli kierują się ku tajemniczym obszarom godności ludzkiej, objawiającej się nawet w największym poniżeniu i upadku.

Jesteśmy uczestnikami obumierania form, zanikania nawyków, wycierania się sztanc i wzorców, a zwłaszcza załamywania się postaw, które, pozbawione dawnych sił motorycznych, z dnia na dzień ujawniają tragiczną niezborność pomiędzy zewnętrznymi działaniami, czynnościami i dążeniami a ich moralnymi podstawami, ideowymi przekonaniami i tym, co staroświecko zwykło się nazywać głosem sumienia; a jest to istotnie głos — nie zawsze donośny, niekiedy ledwo słyszalny, czasem stłumiony już tylko do poziomu jednostajnego szumu, który trwa i o którym się zapomina właśnie dlatego, że trwa stale; ale w nagłej ciszy, w niespodziewanej pustce, w gwałtownym przeciążeniu uświadamiamy sobie jego istnienie. I rejestrujemy jego sygnał. Alarmowy.

Stare formy i postawy, choć w ewidentny sposób odchodzące, są jeszcze często lansowane rozgłośnie i krzykliwie. Krzykiem można zagłuszyć szept. To prawda. Ale krzyk wyczerpuje się wprost proporcjonalnie do swojej intensywności. Urywa się w pół frazy.

169

Jak w przyrodzie jednakże, tak w życiu społecznym — a zwłaszcza może w życiu duchowym — obumieranie jest warunkiem narodzin. Zaś cykle, w jakich dokonują się zmiany, mają częstokroć to do siebie, że pewne formy jeszcze trwają, gdy już rozwijają się nowe. W każdej więc chwili egzystują i te, które jeszcze nie są martwe, i te, które już są żywe.

Mówię o tym dlatego, że mam jasną chyba świadomość tej właśnie koegzystencji różnych form sztuki. I niewątpliwie we wszystkich dziedzinach sztuki pluralizm i towarzysząca mu niezbędna tolerancja wydają się zarówno potrzebą chwili bieżącej, jak i czasu przyszłego.

Sądzę, że również na gruncie sztuki teatru społecznie potrzebne są różnorodne formy jej uprawiania, że zapewne ich różnorodność jest także jedną z potrzeb przyszłości.

Dlatego — tu można się nie wahać — oceniając większość form i sposobów obecnego uprawiania sztuki teatru jako sklerotyczne, kostniejące, wewnętrznie coraz bardziej puste; dlatego, koncentrując się na jednej z nowych form, które nazywam „teatrem wspólnoty" — nie twierdzę równocześnie, że jest to forma czy sposób jedyny. Ani jedyny, ani nie będzie on jedynym w przyszłości, gdy rozwiną się formy nowe, które dziś co najwyżej przeczuwamy, a także i te, których nie podsuwa nam nawet najbardziej rozbudzona fantazja.

I dziś, i — zapewne — w przyszłości widz może być i będzie bywał po prostu widzem. A więc obserwatorem, a więc kimś zasadniczo biernym, kimś z zewnątrz, odseparowanym i separującym się, kimś obcym, więcej — niekiedy kimś zagrożonym, więc niechętnym i nieżyczliwym; traktowany z wyższością może odpłacać — i jakże często odpłaca dziś teatrowi — pogardą. Nie wpuszczony do sanktuarium zademonstruje, że nigdy nie miał ochoty tam wejść i zadrwi ze swojej własnej wrażliwości. Wzruszenie pokryje żartem. Nudę zamieni w snobistyczną cnotę. Ale może również pozostawać w pełnym pychy przekonaniu, że inni muszą go zabawiać — za jego pieniądze.

Lecz pojawiają się zdarzenia teatralne, w których nie ma już widzów i aktorów. Są uczestnicy.

O uczestnictwie tym można mówić w sensie ludzkim,

a także w sensie niejako technicznym. Naturalnie, jedynie ten pierwszy sens jest dla mnie istotny. Drugi zaś stanowi tylko sumę środków, sposobów i zabiegów organizacyjnych i zewnętrznych, dokonywanych w celu nadrzędnym; stworzenia odpowiednich warunków dla bezpośredniego kontaktu ludzi i dokonania się aktu wspólnoty. Różnorodne więc działania w płaszczyźnie organizowania przestrzeni, odpowiedniego operowania materiałem słownym, akcją, wyobraźnią czy czynnościami grupy są jedynie środkami prowadzącymi do celu. Wszystkie te działania i zabiegi są służebne. Nie mogą przysłaniać celu.

Ponieważ jednak nierzadko właśnie te zewnętrzne, techniczne zabiegi są opacznie przeakcentowywane i przyciągają uwagę — poświęćmy im parę słów.

Rozważyć trzeba zwłaszcza problem faktycznej fizycznej aktywności, czynności „widza" w akcie teatralnym. (W tej części mych rozważań słowo „widz" jest już całkowicie mylące; będę go używał — tylko czysto konwencjonalnie, jako termin oznaczający tego, który przyszedł, aby być razem z tymi, którzy są i czekają.) Jeśli ustalimy, że celem, ku któremu zmierzamy, jest ludzki akt wspólnoty, to jasne się staje natychmiast, że akt ten winien obejmować całego człowieka w jego integralnej jedności duchowej i biologicznej. Ale przecież może to oznaczać zarówno nieruchome wspólne trwanie, jak czynność jednych, wzmocnioną — można by powiedzieć — skupionym trwaniem drugich. Może to też oznaczać podejmowanie wspólnych prac, czynności i działań, a także przenoszenie się czynności i dokonań wewnątrz grupy od jednego do drugiego jej członka. Zasadniczą płaszczyzną nie jest przy tym zewnętrzny wyraz ruchu, ale wewnętrzny akt woli. Nie bez powodu jednakże wiele szkół rozwoju duchowego opowiada się zarówno za wspólnymi medytacjami, jak i podejmowaniem wspólnych prac. Można więc przypuszczać, że w niektórych zwłaszcza przypadkach — według mnie jednym z nich jest casus widowni młodej — wspólne prace, czynności, zabawy i gry są elementem wybitnie sprzyjającym powstawaniu teatralnej wspólnoty.

Powstanie takiej wspólnoty jest w teatrze celem; jest

to zresztą znów cel bliższy, opisywany jakże zewnętrznie; celem właściwym będą te akty wewnętrzne, które dokonują się w przyjaznej wspólnocie. Tajemnica rodzenia się tych aktów wydaje się być najwyższym dobrem, które możemy osiągnąć w teatrze; ich rezultaty odnaleźć można w skutkach wychowawczych, w kształtowaniu się osobowości i charakterów wszystkich członków grupy.

Jeśli zmierzamy do powstawania wspólnoty, to jasne się staje, że poszczególnych członków grupy nie powinna rozdzielać różna dla nich przestrzeń.

Świadomość wagi i roli przestrzeni w teatrze narasta — choć z oporami i opóźnieniami — zwłaszcza w ostatnich latach. Biegnie ona równolegle do szerokich procesów zachodzących w ogóle w kulturze i w różnych dziedzinach sztuki. Procesy te narastają w miarę owocowania rewolucji technicznej. Artyści, patrząc na nowy krajobraz przemysłowy, zaskoczeni odkrywali wokół siebie układy przedmiotów, które, choć wytworzone przez człowieka, na pozór nie posiadały żadnych znamion działalności ludzkiej. Linie papilarne ludzkich palców były z nich starte. Człowiek zaczął w popłochu i gorączkowo chronić to, co w świecie przedmiotów mogło mu przypominać jeszcze jego panowanie i jego możliwość kształtowania rzeczy. Stąd właśnie na przykład we współczesnej plastyce niezrozumiały i paradoksalny dla niektórych zagubionych krytyków odwrót od afiguracji i nawrót do człowieka, do samego człowieka i do dosłownej, szeroko sprawdzalnej doświadczeniem zbiorowym wizji świata.

To właśnie dążenie do wyzwolenia się spod władzy anonimowego odhumanizowanego przedmiotu leży między innymi u źródeł hiperrealizmu i tych wszystkich kierunków najnowszej sztuki, w której twórca kształtuje autentyczny materiał (np. ziemię), domaga się bezpośredniego i osobistego zaangażowania się widza w proces twórczy (np. w konceptualizmie) bądź czyni tworzywem sztuki po prostu samego siebie, wkomponowując się w obraz, w przestrzeń, sam siebie wikłając w zdarzenia, sam siebie wreszcie niekiedy destruując.

Jeżeli tego typu poczynania ustawimy w tle rozważań o teatrze i tego typu klimat intelektualny i artystyczny określi atmosferę naszych poszukiwań, to zrozumiały i prawidłowy stanie się we współczesnym teatrze odwrót od przestarzałej, przedmiotowej, zewnętrznej inscenizacji, a skierowanie się ku ludziom, których spotkanie oparte o sztukę staje się teatrem. Stąd też oczywiste jest, że nasze poszukiwania koncentrujemy na samym „aktorze" i równie intensywnie staramy się eksplorować „widza". Nie czynimy między nimi różnic. Nie możemy więc ich rozdzielać. Sytuujemy ich we wspólnej przestrzeni, w której ogarnia ich i jednoczy jedno i to samo zdarzenie.

Oczywiście, barokowe budynki dworskich teatrów, zaadaptowane później dla potrzeb burżuazji i paradoksem historii uznane za własne przez administratorów kultury socjalistycznej — nie są ani przydatne, ani — tak naprawdę — możliwe do użycia, gdy idzie o nowy teatr. Doprawdy tylko dlatego, że uświadomiwszy już sobie ich nieprzydatność często jeszcze nie dysponujemy na co dzień nowymi terenami gry, doprawdy tylko dlatego jeszcze z nich korzystamy, aby nie zerwać nagle ciągłości życia teatralnego, aby mimo wszystko tworzyć, zamiast czekać. Pracując jednak w tych starych budynkach staramy się je przekształcać, niwelować ich niedogodności; i uciekamy z nich, gdzie tylko się da. I budujemy nowe przestrzenie.

O tej niemożności pogodzenia się ze starym budynkiem pięknie i gniewnie piszą członkowie Living Theatre w swojej Ostatniej deklaracji: „... musimy uciec z pułapki. Budynki zwane teatrami są architektonicznymi pułapkami. Zwykły człowiek nie wchodzi do takiego budynku"[11].

Hasło „wyjdźmy" brzmi już od dawna w teatralnym świecie, zwłaszcza wśród twórców młodego teatru. Kiedy od roku 1968 począwszy młody teatr dokonał inwazji na Awinion, żaden z zespołów — mimo iż co roku gra ich tam w czasie oficjalnego festiwalu nieraz i kilka-

11 Wg *The Living Book of the Living Theatre*, ed. C. Silvestro, New York 1971.

naście — nie spojrzał nawet na budynek teatru miejskiego na Place d'Horloge. Teatr jest pusty, a młode teatrzyki grają w klasztorach, na dziedzińcach, w szkołach, w bramach i po prostu na placach i ulicach.

Zrównanie wszystkich członków teatralnej grupy w płaszczyźnie wspólnej przestrzeni jest niezwykle istotnym czynnikiem integrującym. Pozwala wszystkim uczestniczyć w zdarzeniu na równych prawach.

Wydaje mi się, że nadzieja na humanistyczny sens i rezultaty tych różnorodnych i skomplikowanych przemian, które nas ogarniają, może się ziścić tylko w jednym wypadku; jeśli zmiany te doprowadzą do wewnętrznego rozwoju człowieka, do wzrostu osobistej wartości i ludzkiej godności jednostki.

Nadziei naszej zagrażają niebezpieczeństwa, lecz równocześnie wspomagają ją różne sprzyjające okoliczności. Niekiedy jedne i drugie tkwią w tym samym zjawisku lub procesie.

Tak jest na przykład z powiększającym się z roku na rok marginesem wolnego czasu wielkich ilości ludzi. Kryje się w tym straszliwe niebezpieczeństwo pustki, nudy i bezsensu, na które najłatwiej dostępnymi lekarstwami bywają: irracjonalnie na pozór rodząca się zbrodnia, okrutny, pozornie nie umotywowany niczym gwałt, ucieczka w narkotyki. Niebezpieczeństwa te grożą i przeradzają się w społeczne zjawiska, gdy człowiek, zwłaszcza człowiek młody, staje przed bezmiarem wolnego czasu nieprzygotowany. Gdy został ukształtowany jako przedmiot życia społecznego, manipulacji anonimowych sił napędowych i kierowniczych, gdy jest bierny.

Gdyby z takiego punktu widzenia spojrzeć na współczesną nową sztukę, to okaże ona zadziwiającą konsekwencję w pasji przeciwstawienia się bierności. W budzeniu i kształtowaniu postaw aktywnych.

Wystarczyłoby zrobić krótki przegląd form najnowszej sztuki, aby — od poezji poczynając na architekturze kończąc — skompletować długą listę dzieł i działań mających jeden wspólny mianownik: aktywizowanie odbiorcy, czynienie z niego uczestnika.

174   Tak jest również z rosnącą wokół nas, powiększającą

się, przesłaniającą horyzont masą przedmiotów i urządzeń. Mogą one zastępować nas, wyręczać, przejmować od nas decyzje, a w rezultacie ubezwłasnowolnić. Równocześnie mogą człowieka wyzwalać i umacniać jego wolność. I znów spojrzenie na najnowszą sztukę dowodzi, że widzi ona bardzo wyraźnie ten złożony problem, że ujawnia dramatyzm płynący z konfliktu człowieka z emancypującym się spod jego władzy światem przedmiotów. Władzę tę można znów odzyskać jedynie w oparciu o postawę aktywną i krytyczną. I współczesna sztuka takie właśnie postawy kształtuje.

W tym, co dotąd mówiłem, znalazło się słowo uczestnik. Trzeba raczej powiedzieć: współuczestnik.

Mam bowiem na myśli przede wszystkim teatr młody i młodą widownię. Także teatr dla dzieci. (Bardzo wiele z tego, co mówię tutaj, odnosi się również do teatru dziecięcego.)

Nie chciałbym w ten sposób wyłączyć całkowicie ze swych rozważań widowni czy też publiczności dorosłej, a raczej „starej". Bardzo często znajdujemy wśród niej sojuszników i ludzi, którzy chcą być z nami. Wiemy jednak doskonale, że ci, którzy już zdążyli wyrobić sobie gusty, nawyki i przyzwyczajenia, bardzo niechętnie odnoszą się do wszelkich nowości. Dotyczy to zarówno techników, podejrzliwych wobec nowych wynalazków, jak bywalców teatralnych, zżymających się na „nowinki" w teatrze. Ci ludzie będą latami z pobłażliwą wyniosłością patrzeć na komputer, pobrzękując jednocześnie liczydłem, a na teatralny pochód aktorów mieszających się z tłumem ulicy spoglądać będą z okna.

Wyeliminowanie z terenu gry przegród i przedziałów wydaje się warunkiem wstępnym. Nie jedynym. Najważniejsza jest otwarta struktura widowiska.

Można o niej mówić w sensie technicznym, wtedy gdy udział widza może powodować zmiany w przebiegu zdarzeń, gdy widz ma prawo głosu i prawo czynienia; wiadomo, że tu i ówdzie przygotowuje się widowiska, które mają ruchome, zmienne segmenty, używane i funkcjonujące zależnie od decyzji widzów. Uważam te próby za bardzo interesujące i pouczające. O formie otwartej widowiska myślę jednak szerzej – w sensie otwartości intelektualnej, symbolicznej i po prostu ludzkiej. Najważniejsza z nich jest ta ostatnia: nastawienie na spotkanie się i dokonanie aktu wspólnoty. Taka otwartość każe włożyć w każde spotkanie cały, doprawdy cały zasób umiejętności, całą żarliwość, bez rezerwy i dawkowania, maksimum wysiłku w sensie duchowym i fizycznym. Bo otwarcie się musi być zawsze aktywne. Teatr współuczestnictwa nie rodzi się wtedy, gdy zastosuje się odpowiednie środki i sztuczki techniczne i konstrukcyjne. Mogą one jedynie przygotować teren. Wspólnota teatralna powstaje wtedy, gdy następuje akt woli otwarcia się na siebie wzajemnie. Wtedy dopiero powstaje realna rzeczywistość duchowa i wyzwalają się procesy psychiczne, decydujące o artystycznym przebiegu naszego ludzkiego spotkania.

Jeżeli tak jest, ten, który przyszedł, którego kiedyś nazywaliśmy widzem, staje się nie tylko współuczestnikiem. Staje się współtwórcą.

Współtworzenie może się przejawiać w skupionym duchowym trwaniu razem, może też prowadzić do inicjowania przez każdego członka grupy wspólnych ćwiczeń i prac i do wspólnego ich wykonywania. Zarówno w okresie przygotowań, jak i w toku spotkania.

Nieprzypadkowo wiele zespołów tworzy widowiska razem nie tylko w grupie profesjonalistów, ale rozszerza wspólnotę na wszystkich chętnych, wszystkich przyjaciół, wszystkich przychodzących.

Wiemy o tym wszyscy, jak trudno doprowadzić do stworzenia klimatu sprzyjającego takiej twórczości. Gdy się to jednak udaje, w przelotnych, nawet niesłychanie krótkich momentach, wiemy, tak, po prostu wiemy, że powstał w nas teatr. Teatr?

Teatr, którego nie potrafimy już nazwać ani opisać, który wymyka się definicjom i regułom, ale którego istnienie odczuwamy z całą przejmującą realnością. Jest on bowiem samym życiem.

1973

Aktor — poeta

Stara Prochownia. Na podium wchodzą poeci. Wojciech Siemion wita ich i nas wszystkich uśmiechem, mówi: dzień, w którym nie słucham poezji, to dzień zmarnowany, dzień, w którym nie słyszę poety, to dzień podwójnie zmarnowany, a dzisiaj — co za wspaniały dzień, jestem wśród samych poetów... To początek Warszawskiej Jesieni Poetyckiej.

Ocieramy się w tej sali o jeden z najbardziej istotnych fenomenów współczesnego teatru. Tworzymy bowiem grupę, wspólnotę; jesteśmy zjednoczeni wspólnym zamiłowaniem, dążeniem, skupieniem, koncentracją; wspólną miłością poezji.

Na podium siedzą poeci z różnych miast i krajów. Zostali postawieni w sytuacji aktorów, nadano im funkcję aktorów. Obok nich siedzą wybitni aktorzy profesjonalni — o nich za chwilę.

A w sytuacji i funkcji widzów są inni — także poeci. Tak, są bowiem na sali, poznaję z daleka, starsi i młodzi poeci. Jest wiele poetyzującej młodzieży. I zapewne wszyscy obecni w tej sali piszą lub pisali kiedyś wiersze — jak każdy młody człowiek, są domownikami poezji, noszą w sobie ziarno twórczego, osobistego przeżycia poetyckiego, jest w nich pewna, można by rzec, poetycka potencja, która wprawdzie mogła ich nigdy nie przeprowadzić przez próg poetyckiego wyrazu, ale jednak uwrażliwia ich i nastraja na tę samą falę, co rzeczywistych poetów, którzy umieją odnaleźć poetycki wyraz dla swojej wrażliwości, przeżyć i myśli.

Więc jesteśmy tu jedną, jednolitą grupą. Wszyscy jesteśmy aktywni i czynni, czy to aktualnie, czy potencjalnie. To, co dzieje się na sali, gdy mówią poeci, to nie słuchanie — to chłonięcie. Poeci mówią nie do nas, ale w naszym imieniu.

Jest to więc sytuacja modelowa dla nowego teatru: mamy do czynienia z jednolitą grupą, wewnątrz niej (a nie na zewnątrz!) znajdują się twórcy, którzy wyrażają, artykułują artystycznie tęsknoty, uczucia i myśli wszystkich obecnych. Model byłby pełny, gdyby nikt z obecnych nie wyłamywał się z kręgu wspólnoty refleksją czy próbą analizy, gdyby nie było w tej sali ani jednego obserwatora – gdy uświadomiłem sobie, że się nim staję, starałem się odrzucać nasuwające mi się skojarzenia i myśli, odkładać je na później; później zaś zdałem sobie zresztą sprawę, że skojarzenia te nie odnoszą się wprost do bieżącej praktyki teatralnej, są jej refleksem pośrednim. Model byłby nieskazitelny, gdyby poeci improwizowali, to znaczy, gdyby akt kreacji dokonywał się na bieżąco tu i teraz. Jednak obecność poety wypowiadającego swoje własne wiersze, mimo iż napisane uprzednio w pokoju, przy zgiełkliwej ulicy, czy na dalekiej wyspie Graves przybył tu z Majorki jego aktualne wzruszenie i napięcie udziela się zebranym i przeżywamy ten czas jako czas twórczej erupcji.

Sytuacja prawdziwa i sytuacja zastępcza

Poeci mówią. Swoje wiersze. Bolesław Taborski mówi także swoje przekłady obecnego na sali Roberta Gravesa, który uprzednio wypowiedział swoje wiersze po angielsku.

Lecz oto z rąk Stanisława Grochowiaka, który przed chwilą odczytał swój misterny wiersz o pajączkach, bierze kartkę Wojciech Siemion. Czyta inny wiersz Grochowiaka. Nie pamiętam, jaki. Pamiętam, że Siemion czytał ten wiersz świetnie, wyraziście, z pięknym plastycznym gestem prawej dłoni, w lewej trzymając kartkę, stojąc lekko bokiem do nas. To wszystko pamiętam. Nie pamiętam, co czytał. Choć czytał na pewno lepiej, niż zrobił to przed chwilą stojący obok niego autor.

Jeszcze wcześniej Wojciech Siemion czytał wiersz nieobecnego na sali Jarosława Iwaszkiewicza, a Zofia Mrozowska swym cudownym niskim głosem czytała jakiś wiersz również nieobecnej Kazimiery Iłłakowiczówny. Gdy mówi pani Zofia, z każdym łykiem wody z ciemnego, leśnego źródła miesza się łza. W tle, za aktorami, siedzieli, byli obecni, inni poeci. A autorów tych dwóch wierszy nie było. I mimo że oboje aktorzy czytali świetnie świetne wiersze — wszyscyśmy czuli, że ten wieczór jeszcze się naprawdę nie zaczął.

Zaczął się, gdy wystąpili poeci. I łamał się, gdy występowali aktorzy.

Dlaczego tak się działo?

Przecież wybitni aktorzy odczytywali wiersze z wielką umiejętnością, wyczuwało się ich ogromnie osobisty stosunek do poezji, widać było, że angażują się w wiersze, żyją nimi, traktują je jak swoje własne wypowiedzi.

Więc absolutnie nie chodzi o to, że widz−słuchacz tego wieczoru mógł odczuwać niedysyt w momencie, gdy kartka przechodziła z rąk poety do rąk aktora, z powodu gorszego wykonania czy z powodu braku osobistego stosunku czytającego do tekstu. Odwrotnie. Można tam było sobie dobitnie uświadomić, jak wiarygodne, przekonywające, fascynujące mogą być i są talent, osobowość i sztuka wybitnego aktora, z którym spotykamy się z bliska, sam na sam. Któż lepiej mówi, czyta, recytuje wiersze od Zofii Mrozowskiej czy Wojciecha Siemiona?

Rzecz w czym innym. W całej nowej sztuce, w tym w nowym teatrze, z niezwykłą ostrością odczuwamy różnicę między sytuacją prawdziwą a sytuacją zastępczą, między rzeczywistością a jej surogatem, namiastką, symbolem, pomiędzy aktem a aktu reprodukcją, odtworzeniem, zagraniem, między uczynkiem prawdziwym a uczynku naśladowaniem.

W nowym teatrze interesuje nas prawda. Nowy teatr bada rzeczywistość. Opiera się na prawdziwych relacjach między ludźmi. Dokonują się w nim rzeczywiste akty i uczynki.

I dlatego w nowym teatrze nie przyjmujemy już aktorstwa „zastępczego", nie chcemy, aby aktor był „zastępcą" pisarza czy inscenizatora.

W nowym teatrze oczekujemy od aktora, aby był sobą, aby występował w swoim imieniu, aby wyrażał swoją prawdę, mówił od siebie. Chcemy się od aktora dowiedzieć, kim jest on sam. Oczekujemy więc od aktora rzeczywistej twórczości.

179

Dlatego w momencie, gdy znakomity aktor stanął obok znakomitego poety, nastąpiło zderzenie i uświadomiliśmy sobie, że jeden z nich jest poetą, a drugi poetę tylko zastępuje. A więc w tym wypadku: jeden jest twórcą, a drugi twórcy zastępcą — odtwórcą.

Rozumując w ten sposób można by powiedzieć nawet, że (w danej sytuacji) jeden z ludzi, poeta, jest — zarówno gdy sam czyta swoje wiersze, jak i gdy słucha czytania swoich wierszy przez kogoś innego, a drugi, aktor, istnieje tylko o tyle, o ile do istnienia powoła go i upoważni autor wiersza; aktor istnieje więc jedynie w wyniku wejścia w relację z samodzielnie bytującym poetą; istnienie aktora w tej sytuacji jest niekonieczne, przypadkowe; istnienie i bycie wśród nas poety jest natomiast koniecznym warunkiem istnienia sytuacji i racją naszego pobytu w tej sali.

Sytuacja aktorska i sytuacja ludzka

Stoją więc obok siebie poeta i aktor. Dwaj bracia. Związani światłem tego samego reflektora i osobistą przyjaźnią; oddychają tym samym rozgrzanym powietrzem i umiłowaniem poezji. Obaj są nadawcami, obaj są obserwowani i słuchani, obaj występują publicznie wobec innych, obaj znajdują się w sytuacji aktora. Obaj „grają".

Jeden z nich jest aktorem zawodowym i w swoim zawodowstwie mistrzem. Przebywanie i działanie na estradzie jest dla niego sytuacją naturalną. Wystawiony na publiczne zainteresowanie zachowuje się swobodnie. Umie się znaleźć. Posługuje się znanym sobie i wypróbowanym uzbrojeniem, tak, uzbroił się, zakrył, schował — za gest, za opanowanie wyrazu twarzy, za celowe ułożenie ciała i oczu, za technikę mowy. Spotykamy się więc z jego warsztatem, z jego zasobem środków i mechanizmów obronnych. Zasłonił się. Wiemy, jakim jest aktorem. Świetnym. Nie wiemy, jakim jest człowiekiem.

A właśnie tego chcemy się dowiedzieć od ludzi, którzy tu do nas przyszli.

Dlatego w tej modelowej sytuacji w Starej Prochowni

fascynuje nas nie aktor, ale występujący obok niego na estradzie poeta — człowiek postawiony w sytuacji aktora. Nie ma on bowiem środków obronnych. Nie potrafi się zakryć.

I właśnie wtedy, gdy nie potrafi powściągnąć tremy i wzruszenia, gdy się pomyli w lekturze, nawet gdyby się zachował ekscentrycznie — jest tym bardziej sobą. Tym bardziej się odsłania. Tym bardziej potwierdza swój status nie—aktora, tym bardziej nas interesuje. Zderzony z zawodowym aktorem w pancerzu środków ochronnych, poeta ukazuje nam siebie.

I w tym zderzeniu, paradoksalnie, on, właśnie on, jest właściwym „aktorem".

On — poeta — jest tu sobą. Jest prawdziwy. Nie potrzebuje wymyślnie interpretować swoich wierszy. Wystarczy, że zwyczajnie je czyta. To są jego wiersze. On jest poetą.

W kategoriach nowego teatru ten brak aktorstwa jest — paradoksalnie — aktorstwem najlepszym.

Spotkanie w Starej Prochowni zbudowało więc sytuację teatralną, w której właściwym aktorstwem był brak aktorstwa.

Nie było też widzów, tylko uczestnicy.

My, zebrani na sali, nie przyszliśmy bowiem słuchać poezji, choćby w najlepszym wykonaniu. Przyszliśmy być przez te trzy godziny razem z poetami. Myślę, że i oni nie przyszli nam czytać wierszy. I oni chcieli być z nami. Przyszli doświadczyć, doznać życia swojej poezji w nas. Poezja jest treścią ich życia, jest celem i spełnieniem. Więc przyszli sprawdzić realność i intensywność swego życia. A jest to możliwe jedynie w doświadczeniu, wspólnie. To mogą potwierdzić tylko inni ludzie.

Byliśmy sobie więc potrzebni nawzajem.

Tak jak niezbędnym elementem sytuacji była osobowa obecność twórcy wewnątrz grupy, tak również niezbędna okazała się obecność otwartych, chłonnych, życzliwych i — jak powiedziałem — „potencjalnie twórczych" widzów.

Najważniejszą więc płaszczyzną było obcowanie ludzi. Jego charakter określiła poezja; ale mogła to także być muzyka, happening.

181

Rozumiemy więc, dlaczego zawodowy aktor nie mieścił się w tej sytuacji, a także dlaczego z „aktorstwa" akcent przeniósł się na osobowość ludzi.

Zdarzenie realne i zdarzenie przedstawione

Skupienie uwagi na samej osobie człowieka—aktora, z redukcją lub odrzuceniem elementu „gry", zaciera granicę pomiędzy aktorstwem a zachowaniami potocznymi, ogólna zaś rezygnacja z „przestawiania" zdarzeń na rzecz organizowania zdarzeń realnych i rzeczywistych sytuacji, a zatem zmiana „widowiska" („spektaklu", „przedstawienia") na obcowanie ludzi, każe zadawać pytania o granice pomiędzy „teatrem" a życiem; co wyróżnia i wydziela „teatr" ze strumienia bieżących, nieartystycznych zdarzeń życia?

Na pytanie o „wyróżnik" teatru odpowiadano, że różnica pomiędzy zachowaniem potocznym czy zwykłym procesem komunikowania się ludzi a aktorstwem i procesem teatralnym leży w tym, że o ile w „życiu" działanie, mówienie, porozumiewanie się są zazwyczaj (przynajmniej na pozór) jednoznaczne i jednowymiarowe, o tyle w teatrze są one zawsze co najmniej podwójnie skomplikowane (tekst i „podtekst"!), przy czym poziom zakryty, symboliczny czy metaforyczny wypowiedzi czy działania jest zasadniczy, decydujący, ważniejszy.

Odnośnie aktora twierdzono, że od nie—aktora odróżnia go charakter działania. O ile nie—aktor działa jednowymiarowo i jednoznacznie, o tyle w działaniu aktora jest zawsze podwójność: mowy i czynu, potoczności i obrzędowości, dosłowności i metafory.

Takimi odpowiedziami zadowalano się w praktyce i teorii teatru jeszcze nie tak dawno; dziś analiza zjawisk nowego teatru wykazuje ich niepełność. Codzienne czynności, działania, wypowiedzi czy zachowania ludzi są bowiem najczęściej tylko pozornie jednoznaczne i jednowymiarowe. Stopień ich złożoności rośnie przy tym wraz z komplikacją struktur społecznych i sytuacji, w jakie wikła się sam i wikłany jest człowiek. Coraz to nowe urządzenia techniczne i instytucje społeczne wymagają coraz to nowych przystosowań, odpowiednich zachowań i reakcji, słowem podejmowania coraz to nowych „ról" społecznych, kolejno, a często równocześnie. Człowiek od rana do nocy podejmuje i zamienia role kierowcy i pasażera, zwierzchnika i podwładnego, ucznia i profesora.

Interwencja współczesnego artysty budzi w ludziach świadomość złożoności procesów życia i pozwala doświadczać życia intensywniej, wielowymiarowo. Pozwala je przeżywać jako swoisty proces artystyczny.

Nie szukamy więc już dziś „wyróżnika" teatru, bolejąc, gdy go znaleźć nie możemy, a raczej odkrywamy elementy teatru we wszystkim, jak mówi Cage, „co widać i słychać".

Dawny teatr w wielu swoich okresach starał się uruchamiać w widzach podobne mechanizmy, starał się wprowadzać elementy potocznego życia do teatru. Poczynania te odnosiły się zarówno do techniki aktorskiej, jak do scenografii. Próbowano przenosić na scenę i „życiowe" zachowania, i wzięte z „życia" przedmioty.

Nowy teatr postuluje i praktykuje zabiegi odwrotne: wprowadzanie teatru w życie, wykrywanie teatralności życia, zderzanie aktorów z przypadkowymi przechodniami, wykorzystywanie jako terenu gry ulicy, skweru, placu.

O ile więc dawny teatr desakralizował i uzwyczajniał sam siebie, aby zbliżyć się do losu każdego ze swych widzów, aby wzbogacić ich samoświadomość, przedstawiając im w dekoracjach iluzję zamieszkiwanych przez nich przestrzeni i karmiąc ich w grze aktorskiej koncentratami ich własnych zachowań i reakcji, o tyle nowy teatr mieszając się z życiem sakralizuje zwyczajne przestrzenie, czyni odświętnymi 'potoczne zachowania i zdarzenia.

Cytowane powiedzenie Cage'a kryło w sobie nie tyle chęć rozmienienia teatru na potoczność, co dążenie do wyrwania potoczności z jej trywialności, wykrycia w niej elementów świętych.

183

Rzeczywistość „gry"

Dawny teatr, oparty na „podwójnej" grze aktora, odzwierciedlał życie, dawał mu świadectwo; aktor był w nim demonstratorem i naśladowcą codziennego postępowania każdego człowieka; aktorstwo to było więc, w sensie technicznym tautologiczne wobec potocznych zachowań ludzkich. Przecież zarówno w życiu, jak i w teatrze — jak mówił Norwid: „każdy jest on, a nie on".

Każdy człowiek jest sobą i w olbrzymiej większości wypadków gra „nie siebie", gra „rolę" społeczną, oscyluje więc jakby nieustannie między ego i superego. Aktor na scenie starego teatru porzucał swoje ego, grał już tylko superego, wspaniały i — na pozór — wyzwolony ze swego codziennego istnienia. Dla widza uwikłanego w codzienną grę pozorów, udawań, lizusostwa, mimikry, puszeń się i nadymań, ten aktor był wzorcem doskonałej i zwycięskiej przemiany w kogoś innego. Dlatego widz tak chętnie i ulegle rzucał się w trans identyfikacji z postacią sceniczną. Choć na chwilę chciał dokonać aktu transformacji i nałożyć szczelną maskę. Aktor teatralny podejmował na jego oczach tę właśnie grę, co on sam na co dzień. Nie tylko ją akceptował, ale czynił ją godną podziwu. Aktor utwierdzał więc widza w traktowaniu życia jako gry, uświęcał dwulicowość, więcej, wskazywał sposoby wypierania się swojego własnego autentycznego ja na rzecz okazjonalnie granych ról. Stare aktorstwo potęgowało więc działanie społecznych mechanizmów mimetycznych.

Rzeczywistość gry ma jednak swoistą właściwość: ogarnia całokształt działań człowieka, staje się stopniowo pełną i jedyną rzeczywistością. Przeciwstawieniem jej pozostaje już tylko ukryte życie wewnętrzne człowieka. Gdy całe „życie" staje się „grą", w miejsce opozycji „życie" — „gra" pojawia się opozycja życie wewnętrzne — życie na zewnątrz, na pokaz; to pierwsze pozostaje własne i indywidualne, ale zagłusza je to drugie, społeczne. „Gra" nie daje się już odróżnić od „życia".

(Iluż dramatopisarzy — notuję tę refleksję nie po raz pierwszy — zastanawiało się nad tym przedziwnym fenomenem: Norwid w *Aktorze*, Wyspiański w *Wyzwoleniu,* Pirandello, Szaniawski, Sartre, Genet i wielu innych.)

Stary teatr odzwierciedlał życie ukazując jego złożoność i jednoznaczność postępowania ludzi. Był więc zasadniczo opisowy i diagnostyczny. Widz oglądał i przeżywał uczynki bohatera scenicznego jako projekcję swoich własnych namiętności. Aktor był jego reprezentantem.

Katharsis była w istocie swej pojednaniem się człowieka z samym sobą poprzez akceptację swego własnego codziennego postępowania. Widz krwawej tragedii nie tyle oczyszczał się ze zbrodniczych skłonności, ile zyskiwał przeświadczenie, że mechanizm postępowania każdego człowieka jest podobny, a zatem katastrofy można uniknąć działając sprawniej, a nie w ogóle inaczej. Wyśmianie przywar nowobogackiego bohatera na scenie nie zmieniało o jotę koncepcji życia siedzących na widowni nowobogackich. Śmiejąc się ze swych własnych ambasadorów, kompromitowanych na scenie, utwierdzali się w przekonaniu, że sami postępują słusznie, w życiu zaś należy okazywać więcej sprytu i przebiegłości, aby nie wystawiać się na pośmiewisko.

Stary teatr w swojej ogólnej koncepcji godził więc widza z nim samym i ze społeczeństwem. Utwierdzał panujące wzorce zachowań, mody krawieckie i intelektualne, konwencje towarzyskie i artystyczne, utrwalał porządek społeczny panujący na obszarze jego działania.

Zapewne dlatego w historii teatru obserwujemy całe długie okresy używania teatru przez klasę panującą do podtrzymywania istniejącego układu; teatr okazywał się tu nader użytecznym narzędziem. Zapewne dlatego też epoki rozkwitu teatru historia notuje w latach i dziesięcioleciach stabilizacji danego establishmentu. Publiczność uczęszcza wtedy do teatru po błogosławieństwo i pochwałę swego stylu życia. Widz wychodzi z sali utwierdzony w wierze w swoje ideały i wysoce usatysfakcjonowany faktem, że aktor okazał się „jego człowiekiem". Ostatecznie nie tylko przypadkowo i konwencjonalnie jakiś zespół nazywał się „aktorami króla", a inny „sługami księcia".

Aktor — mistrz charakteryzacji, gry i przemiany — jest 185

w tych wszystkich wypadkach łagodnym spowiednikiem, nie tylko odpuszczającym, ale i akceptującym grzechy, jest szamanem porywającym do oszałamiającego tańca, w którym rzeczywistość staje się pasmem kolorowych smug, a codzienne troski i niepokoje zamieniają się w jeden ton kojącego szumu.

W teatrze tym liczy się sposób działania. Najwyższą wartością jest gra — model zachowania na zewnątrz, na użytek każdego z widzów, gra — model sprawnie funkcjonującego układu społecznego w sensie ogólniejszym.

Gra staje się stopniowo wartością samodzielną, tak jak funkcjonowanie machiny społecznej staje się stopniowo dobrem oderwanym od dobra jednostki: przestaje uwzględniać jej interesy i osobiste szczęście. Rośnie samowystarczalność instytucji i urządzeń. Teatr odrywa się od widza i zaczyna karmić swoimi własnymi problemami, doskonali, co znaczy tu — konwencjonalizuje reguły gry; gra zaczyna w coraz większym stopniu odnosić się do siebie samej, a nie do rzeczywistości ludzkich losów, jakie miała odzwierciedlać. Teatr nie odpowiada już na zasadnicze pytania egzystencjalne. A więc ludzie nie znajdują już powodów, aby przychodzić do teatru, sceniczna gra przestaje ich dotyczyć, widownie pustoszeją; więc aby nie przerwać gry, napełnia się je w sposób sztuczny, pozorna gra aktorska toczy się wobec pozornie pełnej widowni. W istocie widownia jest pusta: nic się na niej nie wydarza; i sceny pustoszeją: nie ma już na nich ludzi, tylko kukły i manekiny.

I wtedy człowiek zabłąkany do tego starego domu, w którym już tylko straszy, człowiek niezbędnie potrzebujący porozumienia z kimś drugim, wydaje z siebie krzyk. Odpowiada mu pustka. Człowiek ten wydaje z siebie ponownie krzyk, w którym brzmi tyle ludzkich, jego własnych, osobistych uczuć, że słychać go nawet na zewnątrz tego starego domu. Ktoś przystaje. To ktoś, kto także chce spotkać się z drugim człowiekiem. Potem przystają inni. Jeszcze inni wyrywają się z chocholego tańca na pustej scenie wobec pustej widowni. Powstaje grupa. Tak powstaje śpiew „Akropolis nasze!", tak powstaje pochód

186

„Wołania ludu o mięso", tak powstaje powtarzany przez setki ust okrzyk „Raj teraz!".

Wypowiedź osobista. Odrzucenie gry. Na scenie. W życiu. Aktor w nowym teatrze wykazuje fałsz i absurdalność nieustannego tańca masek i przyjmowania na siebie coraz to nowych ról. Odrzuca grę na rzecz „bycia".

Rzeczywistość „bycia"

To sformułowanie, jakże często pojawiające się w wypowiedziach o nowym teatrze wymaga analizy. Posłużę się w niej przenośnie starą terminologią freudowską, traktując ją oczywiście nie jako zespół nazw odnoszących się do konkretnej rzeczywistości ludzkiego sposobu istnienia, ale jako zespół metafor użytecznych, jak sądzę, właśnie szczególnie gdy mowa o teatrze i aktorstwie.

Dawne aktorstwo, jak już powiedziałem, można by więc nazwać sztuką superego. Poprzez określone techniki sprowadzało ono do poziomu świadomego działania zewnętrzne wzorce zachowań. Aktor dzięki swojej sztuce przechodził jakby do bytowania na poziomie ego do poziomu superego. Ta droga była przebywana na próbach w procesie przygotowania występu publicznego. Widz spotykał się z aktorem w momencie, gdy ten poruszał się już wyłącznie po poziomie superego. Widz starał się nieświadomie – dorównać aktorowi. Osiągnąć jego poziom. Starał się więc również przenieść w stan egzystencji superego.

Aktor pociągał widza do przebycia wraz z nim, w czasie przedstawienia, tej dalekiej drogi, którą sam przemierzył w czasie prób. Używając – nadal metaforycznie – tej terminologii, można by powiedzieć, że o ile dawne aktorstwo to „aktorstwo superego", o tyle nowe aktorstwo dąży do obiektywizacji id, wprowadzenia go na poziom świadomego przeżywania. W tym sensie można mówić o publicznym, intensywnym, artystycznym „byciu" – zamiast „gry". „Aktorstwo id" wydobywa bowiem materiał z głębin samego człowieka, karmi się treściami zawartymi w nim samym, obiektywizuje i uświadamia je-

187

go osobiste tajemnice. Proces, jaki zachodzi w tym aktorstwie, kieruje się ku wnętrzu człowieka, a nie poza niego. O ile w „aktorstwie superego", człowiek przekracza swoje własne granice i podporządkowuje się wzorcom, kalkom, wyobrażeniom, o tyle w „aktorstwie id" człowiek intensyfikuje, bogaci i rozwija sam siebie.

Różnicę między starą „grą" a nowym „byciem" można upatrywać również w celach.

Celem „gry" aktora było wciągnięcie do „gry" widza – w perspektywie osobistej, i urabiania go do „gry" w ogóle – w perspektywie ogólnospołecznej. Działanie aktora na widza poprzez „grę" było zabiegiem podporządkowywania widza przez aktora. Dawny teatr odzwierciedlał w ten sposób w swojej strukturze hierarchiczny układ struktury całego społeczeństwa, opartego na panowaniu jednych nad drugimi, w ścisłym podporządkowaniu i zależności. Również i w tym sensie dawny teatr był narzędziem utrwalającym określony establishment.

Historia teatru zawiera wyjątki potwierdzające tę regułę: „gra" jako proces podporządkowywania widza aktorowi mogła także służyć do burzenia panujących struktur – poprzez wypowiadanie się za nowym układem klasowym czy w postaci narzucania nowej hierarchii wartości. Tak było na przykład w okresie Wielkiej Rewolucji Francuskiej czy w zrewolucjonizowanych Niemczech po pierwszej wojnie światowej, a także gdzie indziej w okresach rewolucyjnych.

Aktor w nowym teatrze nie ukazuje widzowi celów poza nim samym, nie podporządkowywuje go sobie. Nie działa na niego, ale wobec niego. Zasadniczym celem aktora jest autopenetracja, zrozumienie i rozświetlenie samego siebie. Widz nie stanowi dlań obiektu. Jest jego partnerem. Aktor w nowym teatrze jest bezinteresowny. Widz może korzystać z jego bogactwa, może zeń czerpać – samodzielnie i na swój sposób. W tym z kolei znaczeniu nowy teatr jest indywidualistyczny i anarchiczny. Wytwarza zaś grupy i wspólnoty nie w oparciu o hierarchię, ale partnerstwo; nie znosi instytucjonalizacji; jest otwarty i słabo sformalizowany; rezygnuje z kryterium cenzusu zawodowego.

Proces, jaki wzbudza w sobie aktor w nowym teatrze, jest od początku do końca publiczny. Widz nie spotyka się z samym tylko rezultatem końcowym, ale może towarzyszyć mu od pierwszego impulsu. Jest to proces dostępny dla każdego. Nie stanowi wzoru, ale może stanowić inspirację.

Stare aktorstwo było sztuką wodzostwa. Nowe jest sztuką braterstwa.

„Granie" postaci przez aktora i przejmowanie tej gry przez widza wydzielało się dawniej ze strumienia potoczności. Proces autopenetracji aktora i widza, odwrotnie, zanurza się w życiu codziennym. Działanie aktora w starym teatrze zmierzało do wydzielania „gry" z „życia", a następnie przenoszenia reguł z „gry" z powrotem do „życia". Działanie aktora w nowym teatrze staje się modelem życia pozbawionego elementu gry, udawania, naśladowania, mimikry, życia prostego i bardziej pierwotnego.

Czy jednowymiarowego? Nie. Jeśli bowiem model dawnego aktorstwa „gry" można było porównać do stojącej na pustynnym piasku piramidy, to model nowego aktorstwa „bycia" byłby górą lodową, której cały ogrom zanurzony jest w oceanie, a niewielka tylko część wystaje ponad wodę.

W dawnym teatrze aktor działający na scenie dawał życie „postaci" będącej rodzajem bytu intencjonalnego, „osoby trzeciej" wobec niego samego i wobec widza. „Rola", „postać" pełniła więc funkcję „przedmiotu artystycznego", obiektu niezależnego od twórcy i odbiorcy. Aktor—człowiek i widz—człowiek byli na jednym poziomie, „rola" — na drugim. W czasie przedstawienia aktor—człowiek poruszał się na poziomie „postaci", a widz—człowiek, identyfikując się z aktorem, w istocie identyfikował się nie z nim jako człowiekiem, ale z nim jako „postacią". Obaj więc porzucali jakby stan codziennego życia i przechodzili w stan życia „rolą", od bytowania realnego — do bytowania intencjonalnego.

W nowym teatrze aktor nie tworzy „postaci" czy „roli", tak jak w nowej plastyce artysta częstokroć nie wytwarza żadnego „przedmiotu". Zamiast odrywać od realności jego bytowania i pchać go ku graniu „ról", aktor

189

nowego teatru kieruje widza ku realności jego ja, ku jego życiu wewnętrznemu, ku szczerości; tym sposobem pomaga mu uwalniać się od postawy „gracza" czy „aktora". Aktor ujawnia też nie rozpoznawane i nie nazwane dotychczas motory działania człowieka, ukazuje relacje pomiędzy jednostką a społeczeństwem, pomiędzy człowiekiem a otoczeniem.

W świetle tych wszystkich rozróżnień „gra" okazuje się procesem kierowanym na zewnątrz człowieka, procesem, w którym człowiek dąży do przemiany, chcąc osiągnąć jakąś inną postać bytowania. „Bycie" zaś również jest procesem — skierowanym w głąb, w którym człowiek dąży do samoidentyfikacji. „Gra" w naturalny sposób musi być drogą bogacenia się w środki wyrazu, mnożenia zasłon i masek. „Bycie" jest drogą odsłaniania, ujawniania.

I „gra, i „bycie" traktowane jako proces artystyczny — a więc poddawany rygorom i tak czy inaczej zmierzający ku wyrazowi — okazują się więc dwoma odmianami tej samej ogólnej koncepcji sztuki.

„Bycie" nie jest więc radykalnym zerwaniem z wszelką „grą", jest raczej „gry" przeciwstawieniem dialektycznym — zatem dopełnieniem.

Ku nowej jedności

Odkrywanie „teatralności" życia, zamiana gry na „bycie", zachwyt wywołany wszechogarniającą sztuką to określony i zamykający się już etap pojmowania i uprawiania teatru — okres „nowego teatru", związany chronologicznie, a także poprzez rozliczne nici związków i zależności z poezją beat, z happeningiem (wraz z całą jego prehistorią), z nową muzyką; environmentom Deveya i Oldenburga odpowiadają praktyka i teoria „environmental theatre" Schechnera, Cisza 4'33'' Cage'a odbrzmiewa w milczących i powolnych poruszeniach wielkich marionet Schumanna, „events" rezonują we „free theatre" Maliny i Becka, „arte povera" i „minimal art" to echa teatru ubogiego...

190   Widzimy dziś, że cały ten wielki i nieuchronny ruch

zmienił proporcje i punkty widzenia, odwrócił kierunki procesów i biegu myśli, wypływał jednak w sposób logiczny i harmonijny z dawnej sztuki, był jej kolejnym etapem.

Odrzucając sztukę jako taką, przyznano jej dotychczasowe cechy — całej rzeczywistości. Zamiast przenosić mechanizmy i zjawiska z życia w dziedzinę sztuki — wykrywano w samym życiu mechanizmy i zjawiska artystyczne; proces był więc odwrotny, ale oparty na tych samych zasadach. W obu wypadkach opierał się na dualizmie materii i ducha, ciała i duszy, człowieka i natury, potoczności i sztuczności; życia i sztuki.

Nowa wrażliwość, niesprecyzowane jeszcze tęsknoty i niepokoje towarzyszące nam dziś w poszukiwaniach, zdają się domagać jakiejś nowej jedności.

Sięganie po nią — czynnie — jest dziś przedmiotem prac wielu twórców. Sięgnięcie po nią — ścisłą refleksją teoretyczną — jest zadaniem, które należy na siebie nałożyć już dziś, wykonać zaś — w miarę narastania doświadczeń praktycznych; te rozważania zaś chciałbym zakończyć refleksją natury ogólnej.

Patrząc na estradę w Starej Prochowni myślałem także o tej niezwykłej, dalekiej drodze, jaką przebył teatr w ciągu dwóch i pół tysiąca lat, i o tym przedziwnym powrocie do źródeł, jaki jest udziałem teatru najnowszego.

Stoją przed nami poeta i aktor — ale to przecież jedna osoba, coraz to rozdwajana, rozłupywana przez praktykę teatralną setek lat. Nie po raz pierwszy jednak myślimy dzisiaj o ponownym połączeniu, zjednoczeniu tych dwóch ludzi i tych dwu funkcji.

Kiedyś przecież sam poeta był aktorem; chór śpiewał jego pieśni i tańczył w rytm jego kroków.

A jeszcze wcześniej — przed chórem stał kapłan. Gdy zaś wiara wszystkich obecnych w rzeczywistą moc odprawianego rytuału była pierwotna i czysta, nie było tam już kapłana — tylko sam bóg. Kapłan, na czas obrzędu, stawał się bogiem, był Dionizosem, nie reprezentował go i wcielał, ale był nim w sposób całkowity i naturalny.

191

Oto więc etapy tej drogi:

plemię
sprawujące obrzęd
pod przewodem samego boga
bóg
jest obecny
kapłan
reprezentuje boga
intonując znane wszystkim śpiewy
prowadząc znane wszystkim tańce
improwizując
kapłan zasiada na tronie
oddzielił się od wspólnoty
to jest pierwsze hasło podziału
grupa wydziela z siebie
chór
chórowi przewodzi
poeta
wyuczył on chór nowych stasimonów
sam dyryguje śpiewem i poddaje krok korowodu
sam śpiewa i tańczy
sam zapowiada objaśnia pieśni
tłumaczy gestykuluje
gra
poeta staje się aktorem
poeta jest aktorem
aktor jest poetą
są jednością

W następnym momencie dokonuje się coś strasznego, kończy się jakaś epoka, rozpoczyna się czas nowy: historia teatru. Następuje rozdarcie i rozpadnięcie się dotychczasowego porządku: poeta i aktor rozdzielają się, poeta odchodzi od chóru, zasiada nieco z tyłu za kapłanem, sam słucha swoich pieśni, które chór wykonuje; ktoś musi jednak dyrygować chórem — więc poeta desygnuje swego zastępcę, wyłania go z chóru, to przodownik. Gdy przodownik stanie się aktorem, chórowi zabraknie znów przewodnika, wyłoni nowego, ten z kolei stanie się aktorem i tak aż do trzech razy, a potem indywidualizuje się cały chór, gra wciąga wszystkich, powstaje grupa aktorów. Nie ma wśród nich poety.

Dziś trwają powroty. Poeci sami chętnie stają przed zgromadzeniem. Sami głoszą swoje wiersze. Mową i śpiewem. Aktorzy sami improwizują. I ruch, i słowa. Jest w tym – jakże często – nieudolne – dążenie do nowej jedności. Jest w tym tęsknota za utraconym kiedyś poczuciem bezpośredniej łączności z plemieniem i z kosmosem, potrzeba podjęcia bezpośredniego dialogu z niewyrażalnym. W momencie rozdzielenia się poety i aktora skończył się teatr mityczny, a rozpoczął się historyczny. W ciągu trwania Reformy Teatru odwoływano się do poszczególnych okresów historii teatru – do antyku nawiązywali Wyspiański i Reinhardt, do średniowiecza Claudel i Brecht, do commedii dell'arte Wachtangow i Copeau, do romantyzmu Schiller... Historia teatru zda się już wyczerpana. A wielu ludzi sądzi, że – zakończona, przynajmniej w znanej od wieków postaci.

Dziś więc nie odwołujemy się do historii teatru – ale do tajemnicy mitu teatru.

Przeczuwamy, że właśnie między biegunami starego mitu a potrzebami duchowymi współczesnego człowieka pulsuje światło całkowicie nowej koncepcji sztuki i całkowicie nowej koncepcji jej społecznego funkcjonowania, tutaj otwiera się jakaś perspektywa i rysuje się pierwsze pęknięcie skorupy starej sztuki – jak zapowiedź zbliżającego się trzęsienia ziemi.

1974

Wyjścia z teatru

Znawca i świadek przemian Teatru Laboratorium Tadeusz Burzyński jednemu ze swych artykułów nadał tytuł *Wyjście z teatru*[1]. Chciałbym zapożyczyć od Burzyńskiego ten tytuł. „Wychodzenie z teatru" stało się logiczną konsekwencją prac Drugiej Reformy. Widzieliśmy już, jak teatr polityczny Becków zmienił się w politykowanie przy pomocy chwytów teatralnych. Wyjść prowadzących z labiryntu teatru znaleziono już wiele. Wiele także znaleziono dziedzin ludzkiego życia społecznego i osobistego, do których teatr stanowi bramę, jest w e j ś c i e m. Nurt parateatralny rozlewa się coraz szerzej, mnożą się jego rodzaje i odmiany, obejmuje obszary poprzednio przez teatr nie penetrowane. Ujawnia twórcze, społeczne, polityczne, terapeutyczne możliwości teatru. Teatr pojawia się na coraz nowych polach.

Dokonajmy skrótowego przeglądu tych obszarów, na które teatr wchodzi — wychodząc ze swoich tradycyjnych budynków, struktur, ról i masek. Wszystkie te drogi prowadzą od jednego konkretnego, pojedynczego człowieka do drugiego, równie konkretnego, nazwanego imieniem i nazwiskiem człowieka.

---

[1] T. Burzyński, *Wyjście z teatru*, „Kultura", 1975, nr 11. Por. też: A. Bonarski, *Staż*, „Polityka", 1976, nr 8; L. Kolankiewicz, *Człowiecza całość i ludzka rodzina*, „Odra", 1976, nr 5; T. Burzyński, *Special Project*, „Ccena", 1976, nr 4; A. Bzowska, *Nieco inna relacja z „Uli"*, „Dialog", 1976, nr 3; R. Cieślak, *Bez gry* (*Rozmowa Ryszarda Cieślaka z Bogdanem Gieraczyńskim*), „Kultura", 1975, nr 11; M. Croyden, *Nowe przykazanie teatru: nie oglądać*, „Odra" 1976, nr 5 (wg „Vogue"); M. Dzieduszycka, *Latać?*, „Kultura", 1975, nr 32; J. Grotowski, *Przedsięwzięcie góra*, „Odra", 1975, nr 6; J. Grotowski, *Rozmowa z Andrzejem Bonarskim*, „Kultura", 1975, nr 13; J. Grotowski, *Poszukiwania teatru Laboratorium*, „Trybuna Ludu", 1976, nr 252; J. Grotowski, *Otworzyć drzwi* (*wywiad Jerzego Grotowskiego udzielony Colette Godard w „Le Monde"*), „Teatr", 1976, nr 17; Z. Kolankiewicz, *Co w Laboratorium*, „Polityka", 1977, nr 6; R. Mennen, *Parateatralne wprowadzenia Jerzego Grotowskiego*, „Odra", 1976, nr 5, wg „The Drama Review" 1976 (styczeń).

Dawniej była mowa o kontakcie „aktora" z „widzem", ogólnie i anonimowo. Dziś teatr ustanawia więzi pomiędzy konkretnymi osobami ludzkimi, więzi personalne. Między jednostkami i grupami.

Małgorzata Semil pisała słusznie o teatrze, jak go nazywa, „alternatywnym" w USA, że jedną z jego zasadniczych cech jest śmiały kontakt z konkretnym środowiskiem. „Stanowi ją albo własna społeczność lokalna, gdzieś w Omaha, Knoxville czy Baltimore, albo też jakaś wybrana, określona kategoria ludzi — dzieci, więźniowie, chorzy, kobiety, ludzie starzy — do której adresuje się spektakle i której, niemal w dosłownym sensie, dostarcza się je do domu"[2].

Aby przyjść z teatrem do kogoś, do czyjegoś domu, trzeba pokonać pewną drogę. Jakież więc drogi przemierza, przeciera dziś teatr?

Droga ku chorym

Teatr wszedł na nią dwoma sposobami: bądź środki i techniki teatralne dawne i nowe spożytkowane są przez lekarzy, psychoterapeutów i psychoanalityków, bądź — odwrotnie — różne poczynania teatralne mają wyraźne zabarwienie psychoterapeutyczne i takież cele.

Psychodrama, stosowana przez J. L. Moreno w Wiedniu już od roku 1920, praktykowana jest na całym świecie do dzisiaj. Oparta jest ona na odgrywaniu przez pacjentów jako „aktorów" zdarzeń, ról, problemów, wyobrażeń, jakie powodują ich schorzenia. Lekarz jest tu „reżyserem". Partnerami chorego są bądź przygotowani terapeuci, bądź inni chorzy[3].

Gestalt groups: zespołowe ćwiczenia i badania w dziedzinie związków międzyludzkich prowadzono w Massachusetts Institute of Technology od roku 1947. Używano tam metod parateatralnych, wyzwalano artystyczną, aktor-

[2] M. Semil, Nowy teatr w USA: współpraca, „Dialog", 1977, nr 2, s. 143.

[3] Por. J. Fanchette, Psychodrame et théâtre moderne, Paris 1971, tamże obszerna bibliografia; por. też K. Braun, Teatr wspólnoty, s. 219—227.

ską ekspresję pacjentów. Poprzez wzajemną grę kontaktów i oddziaływań, objawiających autentyczne uczucia i rysy osobowości, uczestnicy dążyli do nawiązania porozumienia z innymi i głębszego samopoznania[4].

Imagination Workshops (warsztaty wyobraźni) stosowano od roku 1969 jako środek leczniczy w Mount Sinai Hospital, a od roku 1972 również w State Psychiatric Institute w Nowym Jorku. Pod kierunkiem lekarzy odbywały się ćwiczenia — znane z pracy wielu grup teatralnych — nawiązania kontaktu, ruchowej lub dźwiękowej reakcji na rzucone hasło („radość", „agresja", „głośny", „miły" itp.).

Przygotowywano również, złożone z krótkich scen, widowiska powstałe w wyniku improwizacji chorych w czasie zajęć warsztatowych[5].

Droga ku więzionym

Wiele grup teatralnych od lat daje przedstawienia w więzieniach, chcąc objąć działalnością ludzi być może najbardziej jej potrzebujących. Działalność taką prowadzi m. in. Odin Teatret Eugenia Barby[6]. Są też zespoły, które pracy dla więźniów lub z więźniami poświęciły się całkowicie, takimi są na przykład amerykańskie Cell Block Theatre („Teatr celi i bloku") działający w więzieniach stanu New Jersey. The Theatre for the Forgetten („Teatr dla zapomnianych") z Nowego Jorku i inne. Zespoły te prowadzą zajęcia warsztatowe z więźniami i eks — więźniami, w czasie których w wyniku wspólnych ćwiczeń i improwizacji powstają „sztuki" i przedstawienia, grane przez samych uczestników warsztatów, a więc więźniów i osób niedawno zwolnionych. Prowadzi się ćwiczenia kontaktowe, ekspresji cielesnej i słownej. Więźniowie — kobiety i mężczyźni — sami komponują też muzykę, śpiewają i gra-

[4] Por. *Gestaltheorie i nowy teatr*, „Twórczość", 1975, nr 8, s. 157— 159.

[5] Wg J. Goodman, M. Prosperi, *Drama Therapies in Hospitals*, „The Drama Review", T. 69, s. 20—30.

[6] Szerzej o tym teatrze: *Odin Theatret Experiences*, Holstebro 1973.

ją na instrumentach. Teatr więzionych działa w USA od połowy lat sześćdziesiątych. Psychologowie i socjologowie podkreślają jego doniosłą rolę w resocjalizacji. Więźniowie – aktorzy zdobywają większą samoświadomość i samokontrolę swych uczuć i czynów. Ich samopoczucie psychiczne poprawia się. Zauważono, że żmudne, wielokrotne powtarzanie jakichś działań w czasie prób najlepiej uczy poszanowania dla pracy zawodowej. Zajęcia teatralne w znakomity sposób rozwijają uczucia i świadomość społeczną. Ukazują jednostce jej powiązania ze zbiorowością. Badania przeprowadzone w 1973 roku w Stanach New York i New Jersey wykazały, że o ile w skali kraju 85 procent eks-więźniów staje się recydywistami, to w grupie osób, które brały udział w zajęciach teatralnych procent ten spada do 10–15[7].

Droga ku uciskanym, ku mniejszościom narodowym i rasowym

Znana i opisywana wielokrotnie jest działalność El Teatro Campesino, który zrodził się w toku walki strajkowej kalifornijskich chłopów, wyzyskiwanych w winnicach[8]. Równie znany jest ruch Czarnego Teatru w USA, mający długą już historię i poważne osiągnięcia[9].

Polskich widzów zafascynował hiszpański ludowy zespół La Cudra, o którym mówiono i pisano wiele po występach we Wrocławiu w 1975 roku. Wiele takich zespołów działa w Ameryce Południowej. W Północnej rozwinął się ostatnio tak zwany „Nuyorican Theatre" (od New Jork i Puerto Rican), teatr Portorykańczyków. Powstało wiele zespołów. Składają się one z Portorykańczyków, Metysów, Afro-Amerykanów, białych i czarnych Amerykanów. Mają swoich własnych autorów, z których najbardziej znany jest Miguel Pinero. Dają przedstawienia dla publicz-

[7] P. R. Ryan, *Theatre as Prison Thearapy*, „The Drama Review", t. 69, s. 31.

[8] Por. F. Jotterand, *Nowy teatr amerykański*, Warszawa 1976, s. 214–221, *Guerilla Street Theatre*, New York 1973, s. 190–250 i in.

[9] Por. F. Jotterand, *op. cit.*, s. 229–262, tamże bibliografia.

ności mieszanej. Ich sposoby gry cechuje gwałtowność i okrucieństwo. Grają najczęściej na ulicach. Tematy czerpane są również z ulicy. Dotyczą nierówności rasowych i społecznych. Ich program nie jest jednak rasistowski — jak w wypadku wielu zespołów murzyńskich — Nuyorican Theatre wypowiada się za integracją rasową i społeczną[10].

Droga ku zablokowanym i sfrustrowanym

Teatr o wyraźnym nastawieniu terapeutycznym uprawiany jest przez różne grupy. Najbardziej znana jest tu parateatralna i paraterapeutyczna działalność znakomitej tancerki i pedagoga, Ann Halprin, która od lat kieruje San Francisco Dancers Workshop, a od 1974 r. nie przygotowuje już publicznych przedstawień, koncentrując się na pracy warsztatowej. W pracach tych nie ma już widzów — tylko czynni uczestnicy. Niekiedy ćwiczą wszyscy — niekiedy grupa dzieli się; część osób „gra" i „tańczy" dla innych, a potem role się wymieniają. Skoro nie ma widowisk, kolejne spotkania nie mają już charakteru „prób", ale raczej „seansów roboczych". W zajęciach może wziąć udział każdy — akcent położony jest więc nie na sprawność techniczną, ale na kontakt międzyludzki i znajdowanie swobodnej, wyzwolonej z zahamowań i bloków ekspresji ruchowej wszelkich marzeń, pragnień, uczuć. Halprin prowadzi też warsztaty o większym stopniu trudności, dla bardziej zaawansowanych. Przyjmuje jednostki i grupy. W każdym wypadku zasadą jest uczestnictwo wszystkich obecnych[11].

Podobne poszukiwania prowadzi Alec Rubin. W 1975 r. kierowany przez niego Theatre of Encounter Company wystąpił z przygotowywaną przez półtora roku w czasie improwizowanych prób kreacją zbiorową *Orphans* (*Sieroty*). Była to struktura zmienna, otwarta, każdorazowo wchłaniająca publiczność. Aktorzy animowali obecnych i byli

---

[10] Wg C. Morton, *Nuyorican Theatre*, „The Drama Review", t. 69, s. 43—49.

[11] Wg N. Jean, F. Deak, *Ann Halprins Theatre and Theatry Workshop*, ibid., s. 50—54.

ich przewodnikami w szeregu ćwiczeń i etiud. Poznawano się wzajemnie, opowiadano o sobie, w oparciu o pomysły i skojarzenia widzów improwizowano sceny. Po skończonym spotkaniu dyskutowano, wymieniano uwagi, analizowano swoje odczucia. Całość nastawiona była na odblokowywanie pierwotnych, spontanicznych uczuć ludzkich. Na pytanie „czy to jest teatr, czy terapia?" Alec Rubin odpowiedział zdecydowanie: „To jest teatr, widzimy terapeutyczny aspekt i rezultaty swej pracy. Ale głównym celem jest twórczość. Nasza i ludzi, z którymi się spotykamy"[12].

Droga ku upośledzonym

Oto inny przykład: teatr głuchych — dla głuchych i dla słyszących. W 1965 roku w oparciu o studencki zespół istniejący na wydziale teatralnym Gallaudet College w Waszyngtonie (wyższej uczelni — jedynej na świecie — dla głuchych) powstał National Theatre of the Deaf (Narodowy Teatr Głuchych). Prowadzi on stałą regularną działalność do dziś. Wystawia się tam normalną dramaturgię w specjalnych opracowaniach. Grano O'Neilla, Moliera, Büchnera i innych autorów. Prowadzi się też zajęcia warsztatowe, przygotowuje widowiska dla dzieci i z dziećmi. Teatr działa na terenie całych Stanów Zjednoczonych, występuje w miastach — dla szerokiej publiczności — i w campusach uniwersyteckich[13].

Naturalną formą uprawiania teatru przez głuchych wydaje się być pantomima. Spośród licznych zespołów pantomimy głuchych najciekawszym artystycznie zjawiskiem jest Pantomima Olsztyńska, założona już w 1957 roku. Pisze o nim (w zredagowanej specjalnie na moją prośbę nocie) Ewa Kusiorska:

„W roku 1977 Olsztyńska Pantomima (prowadzona od 18 lat przez B. Głuszczaka) obchodzi dwudziestolecie swego istnienia. Biografię artystyczną zespołu zbudowało

---

12 Wg A. Rubin, *Primal Theatre*, ibid. s. 62.
13 Wg D. Hays, *Theatre of the Deaf*, [w:] *American Theatre* (3) 1969−70, I. T. I., s. 132−139.

dziesięć kolejnych opracowań programów pantomimicz-
nych, bogata lista nagród i dyplomów, liczne wyjazdy
zagraniczne (USA, Anglia, RFN, Nowa Zelandia), występy w TV. Najważniejszymi z przygotowanych tu przedstawień były *Miniatury, Caprichos, Apocalipsa* i *Szopka
polska*. Wspólną cechą była inspiracja plastyką (grafiki
Goyi w *Caprichos*, drzeworyty Dürera w *Apocalipsie*, rzeź-
ba ludowa w *Szopce polskiej*) oraz spektakularność i mno-
gość środków wyrazu — począwszy od bogatych kostiumów
i scenografii, poprzez wprowadzenie muzyki, efektów aku-
stycznych, efektów świetlnych aż po projekcję filmową.
Specyfiką przedstawień jest odmienny, własny kanon este-
tyczny, który wyznacza ciało robotnika — aktora. Zespół
złożony jest bowiem z pracowników olsztyńskich spółdzielni inwalidzkich, wyłącznie ludzi głuchych (obecnie 34 członków, w tym 4 osoby z dwudziestoletnim stażem pracy
w zespole). Zakres zadań, jakie wyznaczyła sobie Olsztyńska Pantomima, wykracza poza li tylko działalność artystyczną. W aspekcie socjologicznym funkcje rehabilitacyjne,
jakie spełnia ten teatr, wydają się niemniej ważkie od
funkcji artystycznych. Oczywista jest silna zależność obu
tych czynników — bowiem bez sukcesów na polu teatralnym efekt rehabilitacji byłby bez porównania mniejszy".
  Doniosłe były prace Roberta Wilsona z głuchoniemym
R. Andrewsem i upośledzonym Ch. Knowlesem[14].
  Wilson jest nie tylko animatorem, w sposób demo-
kratyczny kierującym pracą swej grupy, nie tylko wsłuchu-
je się we wszelkie propozycje i bada reakcje innych,
więcej: jest medium.
  Świat, publiczność, krytycy, a pośrednio czytelnicy cza-
sopism i książek, poznawali niezwykłe przedstawienia teatralne Wilsona. Głośne były zwłaszcza *Spojrzenie Głuchoniemego, Ka Mountain and Guardenia Terrace, Życie
i czasy Józefa Stalina, List do królowej Wiktorii* i inne.
Początkowo niewiele osób wiedziało, że przedstawienia te
były przygotowywane w sposób całkowicie niezwykły: przy
znacznym, a nawet decydującym udziale Raymonda An-

<hr />

[14] Por. A. Aronson, *Wilson/Knowles* „The Dollar Value of Man",
„The Drama Review", T. 67, s. 106—110; B. Simmer, *Robert
Wilson and Therapy*, „The Drama Review", T. 69, s. 99—110 i in.

drewsa, kilkunastoletniego głuchoniemego, a następnie Christophera Knowlesa, również kilkunastoletniego chłopca, urodzonego z poważnymi i nieodwracalnymi uszkodzeniami mózgu.

W obu wypadkach Wilson nie próbował, jak to czynią terapeuci, przywrócić młodych ludzi społeczeństwu, nauczyć ich sposobów wyrażania się i porozumiewania właściwego ludziom „normalnym". Odwrotnie. Usiłował poznać sposoby percepowania świata przez „nienormalnych", starał się wejść w ich świat, jego strukturę, zrekonstruować obrazy i dźwięki, jakie w nim istnieją. Nawiązując z niezwykłą intuicją kontakt z oboma młodymi ludźmi nauczył się rozumieć i odtwarzać ich wizje i język. Z pomocą obu chłopców te wizje i ten język uczynił podstawą swoich widowisk, w których zresztą tak Andrews, jak Knowles brali sami czynny udział. Pamiętam niezwykłą, skupioną czarną postać Raymonda Andrewsa zawieszonego na huśtawce w Spojrzeniu głuchego. Był absolutnie nieruchomy przez nieskończenie długi czas.

Robert Wilson interesował się dziećmi i młodzieżą opóźnioną w rozwoju czy „nienormalną" i prowadził z nią ćwiczenia i doświadczenia jeszcze przed podjęciem poszukiwań teatralnych. Był wtedy początkującym architektem i malarzem. Potem, pracując już z teatralną grupą Byrd Hoffman School of Byrds, również prowadził „workshopy" dla tego typu młodzieży. W ten sposób, w 1968 r. zetknął się w Summit (New Jersey) z głuchoniemym, jedenastoletnim chłopcem. Andrews zafascynował go. Wilson zaczął badać, jak przebiegają procesy myślowe głuchoniemego, który przecież nie myśli słowami. Zauważył na przykład, że niektóre zdarzenia i sytuacje międzyludzkie, które uchodziły jego własnej uwagi — Andrews percepował precyzyjniej i znacznie szybciej niż inni. Po pewnym czasie Wilson odkrył, że Andrews w pewien sposób „słyszy" również dźwięki, a raczej, że jego ciało reaguje na określone wibracje: ciało słyszy. Andrews określał czy z fortepienu dobywają się wysokie czy niskie tony. Odbierał także dźwięki, które były naśladowaniem tych, jakie sam wydawał.

Wilson i członkowie Byrd Hoffman School of Byrds

zaczęli się uczyć dźwięków i ruchów, jakie rodziły się w ciele Andrewsa. Pisałem w *Teatrze wspólnoty* o przedstawieniu *Prologu*: „Znowu [...] procesja. Na czele młody Murzyn. Co parę kroków zatrzymuje się, wykonuje kilka tajemniczych gestów i wydaje przerażający, nieartykułowany krzyk"[15].

Andrews był w pewnym sensie właściwym „reżyserem" niektórych partii *Prologu* i innych przedstawień, wskazał także drogę Wilsonowi i całemu zespołowi. Jego poruszenia i wydawane przezeń dźwięki były niefiltrowanym wyrazem jego życia wewnętrznego i spontanicznie odzwierciedlały wizję rzeczywistości, jaką percypował. Pod jego wpływem praca grupy Wilsona została ukierunkowana na badanie przez każdego z członków zespołu swojej wewnętrznej wizji świata oraz na odnajdywanie własnego indywidualnego sposobu poruszania się i wydawania dźwięków. Każdy z członków grupy starał się odkryć swój i tylko swój, niepowtarzalny, właściwy swej osobowości, wrażliwości, konstrukcji fizycznej, język ruchów i dźwięków. Stąd też „próby" (znów potrzebny jest cudzysłów: wszelkie stare terminy teatralne stosowane do najnowszych poszukiwań okazują całą swą sztuczność, sztywność, niepełność), a raczej „sesje robocze" stały się ogromnie zindywidualizowane. Każdego dnia ktoś inny mógł wnosić materiał do pracy i każdy miał pełną swobodę poszukiwań. Jedynie część czasu poświęcano pracy zbiorowej nad przygotowywaniem elementów przedstawień, ale i wtedy z ogromnym uwrażliwieniem na wzajemne reakcje. Poszczególne elementy ćwiczeń, sekwencje ruchowe i obrazy, jakie rodziły się w czasie zajęć warsztatowych, budowane przez Andrewsa i innych członków grupy, wchodziły potem do widowisk.

W 1974 roku Wilson rozpoczął kolejną eksplorację jako reżyser — „medium". Podjął pracę nad nawiązaniem kontaktu z Christopherem Knowlesem, który stał się współautorem takich przedstawień, jak *Życie i czasy Józefa Stalina*, *List do królowej Wiktorii*, *The Dollar Value of Man* i — częściowo — *Ka Mountain*.

Knowles urodzony — jak powiedziałem — z nieodwracalnymi uszkodzeniami mózgu spowodowanymi zażywa-

[15] K. Braun, *Teatr wspólnoty*, s. 196.

niem pewnych leków przez matkę w okresie ciąży, w dzieciństwie z trudem uczył się mówić, a potem z równie wielkim mozołem — pisać i czytać. Uczono go w szkołach specjalnych. Pewnego razu skomponował, przy użyciu dwóch magnetofonów „sztukę" — słuchowisko pod tytułem *Emilly Likes the T. V.* (*Emilia lubi telewizję*), złożoną z nagranych przez siebie dźwięków i zdekomponowanych słów. Wilson, któremu polecono Knowlesa, zainteresował się nim i wprowadził go — jako wykonawcę wariacji na temat jego własnej „sztuki" — do widowiska *Życie i czasy Józefa Stalina*. Następnie Christopher Knowles stał się członkiem zespołu Byrd Hoffman School of Byrds, zamieszkał w szkole i rozpoczął pracę warsztatową, „kierując" nawet niektórymi zajęciami.

Podobnie jak w wypadku Raymonda Andrewsa Wilson pragnął nauczyć się języka Knowlesa i osiągnąć z nim kontakt na jego płaszczyźnie, odkryć jego świat wewnętrzny. Wilson i cała grupa uczyli się poruszeń i tańców Knowlesa. Porozumiewali się poprzez wzajemne naśladowanie ruchów i reakcji. Następnym stadium było swoiste „pismo obrazkowe". Knowles lubił wyrażać i przekazywać swoje myśli w formie graficznej. Wreszcie, z czasem·zbudowano również porozumienie językowe, słowne: Knowles pisał na maszynie całe poematy, układając słowa z wielką dbałością o graficzną formę każdej stronicy. Wydawało się w ogóle, że aspekty wizualny i dźwiękowy są dlań decydujące. Jego świat był graficzny, a więc magiczny[16]. Słowa zaś rozpadały się w nim na morfemy; morfemy te łączyły się w nowe układy z pominięciem reguł słowotwórstwa i składni. Te nowe, niezwykłe słowa tworzone przez Knowlesa — Wilson włączał do przedstawień. *The Dollar Value of Man* zostało nawet podpisane na afiszu Wilson/Knowles — autorzy i reżyserzy.

We współpracy Roberta Wilsona z Andrewsem i Knowlesem powstawały przedstawienia, których rzeczywistość, obrazowanie, język, symbolika i struktura były odzwierciedleniem wewnętrznego świata ludzi wedle potocznych norm „nienormalnych" czy „upośledzonych", ludzi, którzy na pewnych polach byli istotnie poniżej powszechnych norm,

---

16 Por. C. J u n g, *Archetypy i symbole*, Warszawa 1976, s. 266.

na innych wszakże okazywali zadziwiającą inteligencję i przenikliwość — stali „wyżej".

Andrews i Knowles byli istotami o utrudnionym i ograniczonym kontakcie ze światem zewnętrznym — zarówno w zakresie odbioru, jak i wyrażania swoich myśli, wizji, uczuć — obaj jednak posiadali ogromny i subtelny świat wewnętrzny. Niektóre selektywne sygnały płynące z rzeczywistości wywoływały w nich reakcje i wizje niedostępne „normalnemu" mózgowi. Świat przeżyć wewnętrznych dominował, był podstawowym poziomem, na którym obaj chłopcy bytowali. Wilson odkrył i ujawnił ten świat. Stworzył warunki do zaistnienia wizji teatralnej, która go odzwierciedlała. Był to czyn niezwykły: reżyseria snu, rzeczywistości realnie istniejącej w umyśle ludzkim, działającym na pewnych polach sprawniej, bardziej inteligentnie, swobodniej niż umysł „normalnego" człowieka. Stąd też teatr Wilsona istotnie niepodobny jest do jakiegokolwiek dotąd stworzonego przez ludzi teatru.

Trzeba jednak widzieć wyraźnie, że sam pomysł takiej pracy teatralnej i jej realizacje są logicznym następstwem przemian w teatrze Drugiej Reformy, były możliwe jedynie w atmosferze eksperymentu, badania ludzkiego wnętrza i wyzwolenia spontanicznej twórczości jednostki, po doświadczeniach teatru ubogiego, teatru transu i teatru snu. Mógł dokonać ich reżyser, który swoją rolę pojmował w sposób nowy, inspiratorski, służebny, mediumiczny.

Trzeba dodać, że współpraca Wilsona z Andrewsem i Knowlesem mająca eksploracyjne i eksploatacyjne cele teatralne, nie była wszakże procesem jednostronnym. Wilson zyskał fantastyczny materiał do swoich przedstawień, ale i obaj młodzi ludzie w pracy tej rozwinęli się niezwykle, miała ona wielkie znaczenie terapeutyczne.

Droga samopoznania, droga ludzi pracujących nad rozwojem swojej osobowości, droga osobistej ascezy

Ten aspekt pracy wielu ludzi teatru jest tak uderzający, że nawet w popularnym magazynie tytuł artykułu o Odin Theatret sformułowano: *Aktorzy czy asceci?* A w tekście porównywano członków zespołu Barby do mnichów[17]. Faktem jest, że rytm i system pracy Odin i różnych innych grup jest ogromnie podobny do reguł zakonnych. Obejmuje ćwiczenia duchowe i fizyczne. Prace i posługi na rzecz całej wspólnoty. Dobre uczynki i dzielenie się swoimi dobrami z innymi.

W bardzo wielu zespołach wczytywano się w prace psychologów. Prowadzono ćwiczenia i seanse oparte na wskazaniach Freuda, Junga i Perlsa. Ten ostatni zainspirował na przykład prace laboratoryjne prowadzone przez George'a Taboriego w Bremen Theater. Próby przekształcono tu w prawdziwe seanse psychoterapeutyczne dla aktorów. Publiczność zaś traktowano jako pacjentów[18].

Nie ma chyba na świecie zespołu eksperymentalnego, który by okresowo lub stale nie ćwiczył jogi, nie korzystał ze wskazań zenu i za-zenu, tych „świeckich religii", związanych z medytacją i praktykami duchowymi w połączeniu z określonymi zachowaniami, rytmem życia i dietą.

Wiadomo od setek lat, że właśnie w zakonach i zgromadzeniach religijnych wschodu i zachodu rozwój duchowy jednostki i modlitwa związane są nierozerwalnie z pracą fizyczną i ascetycznym trybem życia. Wiadomo też powszechnie nie tylko pedagogom, lekarzom, mistrzom nowicjatów i oficerom śledczym, że wytwarzanie długotrwałego nacisku psychicznego na człowieka, w połączeniu z dolegliwościami fizycznymi zadawanymi ciału, jak nadmierne zmęczenie, brak snu, zakłócenia rytmu dobowego, niedostateczne pożywienie, biczowanie, klęczenie itp. sprzyja „otwieraniu", odblokowywaniu się ludzi, intensyfikuje procesy wewnętrzne, umożliwia spełnianie uczynków i wypowiadanie słów, jakich ludzie nigdy by nie spełnili i nie wypowiedzieli w normalnych warunkach. Takie też niezwykłe warunki stwarza się często celowo w pracach parateatralnych, prowadzi to (lub ma prowadzić) do rozkwitu życia duchowego i nieskrępowanej ekspresji jaźni. Tego typu metody są charakterystyczne dla wielu grup teatral-

---

17 Wg „Nouvelles Litteraires", przedruk „Forum", 1976, nr 43.
18 Wg Eksperyment psychologiczny w teatrze, wywiad Karola Seuerlanda z George Taborim, „Literatura", 1977, nr 10.

nych. Deklarują one swą „świeckość"; ale przecież kiedyś w Teatrze Laboratorium nie wahano się mówić o świętości aktora. Są zresztą zespoły i ludzie, którzy świadomie i programowo praktykują teatr religijny, tworzony w celu rozwoju duchowego aktorów i widzów. Znów skoncentruję się na jednym tylko przykładzie.

W 1969 roku Saphira Linden, uprzednio związana z Theatre Workshop w Bostonie, reżyser politycznych i lewicowych przedstawień, postanowiła odmienić swoją działalność, którą uznała za zbyt wąską i doraźną, rozpoczynając prace nad „teatrem duchowym". Jednym z jej znanych osiągnięć był cykl wielkich widowisk pod tytułem *Cosmic Mass* (*Msza kosmiczna*). Linden opracowywała to widowisko wielokrotnie, każdorazowo z kilkusetosobową grupą uczestników, angażowaną spośród mieszkańców danej miejscowości. Uczestnicy liczyli od kilkunastu do kilkudziesięciu lat. *Msza kosmiczna* została w ten sposób przygotowana w 1974 roku w Bostonie, Los Angeles, San Francisco, a w 1975 roku w Chamonix (we Francji, u stóp Mont Blanc) i w Nowym Jorku. Celem pracy było religijne doskonalenie uczestników, wzbudzanie braterstwa między wyznawcami różnych religii oraz animacja zgromadzonej publiczności. Przygotowania trwały każdorazowo po parę tygodni, obejmowały ćwiczenia duchowe i fizyczne pochodzące z sufizmu, hinduizmu, islamu i katolicyzmu, tańce rytualne i procesje, czytanie świętych pism różnych religii, medytacje oraz — na drugim planie — przygotowywanie elementów przedstawienia *Mszy kosmicznej*.

Aspekt więzi międzyludzkiej, jaki dominował w przygotowaniach i przedstawieniach *Mszy kosmicznej*, naprowadza nas na kolejną drogę wyjścia z teatru — jest nią

Droga ku wspólnocie

Akcentowanie wspólnotowości jest bodaj najbardziej charakterystyczne dla całej Drugiej Reformy. Prace wewnątrz teatru, wewnątrz twórczej grupy prowadzono tak, aby była ona wspólnotowa, aby zespół stał się wspólnotą. Równocześnie poszerzano i otwierano wspólnotę na ludzi przychodzących z zewnątrz i tych, do których się przychodzi. Tworzono szerokie, liczne — acz niesformalizowane — wspólnoty wokół teatrów.

To nastawienie musiało oczywiście rodzić problemy i pytania: jak się porozumieć? Ruchem? Dźwiękiem? Słowem? Ale co robić, gdy sama grupa jest wielojęzyczna i wielorasowa i styka się z innojęzyczną, innokulturową widownią?

Arthur Sainer zwracając się do „Wspólnoty teatru radykalnego"[19] w sposób przejmujący pisze o zgromadzeniu w siedzibie Performance Group w dniu 29 maja 1972 roku. Byli tam czołowi przedstawiciele nowego teatru[20]. Zastanawiano się nad przyszłością ruchu. I wtedy ktoś zaproponował, aby utworzyć krąg i wykonać wspólne ćwiczenie. Wszyscy stanęli więc kołem, ujęli się za ramiona i wzbudzili wspólnie lekki, wibrujący, jednoczący wszystkich dźwięk: stare ćwiczenie praktykowane w Open i Living, a po nich w wielu innych grupach. Wszyscy uznali je za rzeczywiście wspólne.

Porozumienia pozasłownego, „języka" teatru nie posługującego się słowem, szukał Peter Brook w Teatrze Okrucieństwa, w Orghaście w etiudach improwizowanych w czasie podróży przez Afrykę[21].

Po powrocie z Afryki Brook przedsięwziął organizowanie wielogodzinnych spotkań — prób — seansów — ćwiczeń z udziałem publiczności europejskiej i amerykańskiej. Jedno z nich odbyło się w Brooklin Academy of Music w Nowym Jorku 19 listopada 1973 r. Zrelacjonował je znany krytyk Clive Barnes:

„Kiedy niedzielnego poranka wszedłem do przebudowanej ostatnio, przestronnej sali balowej Brooklin Academy of Music, zastałem tam już około setki osób. Byli to przeważnie młodzi ludzie. Siedzieli na zwykłych drewnianych ławkach i obserwowali niewielką grupkę mężczyzn

[19] A. Sainer, The Radical Theatre Notebook, New York 1975, s. 359—365.

[20] Por. s. 23.

[21] Odnośnie do afrykańskich prac Brooka por. Brook's Africa A interview by Michale Gibson, „The Drama Review", T. 59; Poszukiwania Petera Brooka, notował W. Osiatyński, „Kultura", 1974, nr 1; P. Brook (wypowiedź) w: „The New York Times", wg „Forum", 1974, nr 17 i in.

i kobiet, którzy wykonywali ćwiczenia joga, nucili i kołysali się. Wyglądało to jak początek jakiegoś rytuału i tak zresztą, w pewnym sensie rzecz się miała. [...]

Sesja poranna zaczęła się od rozgrzewki, przypominającej baletowe ćwiczenia przy drążku. W tym laboratorium teatralnym w ogóle jest bardzo dużo ruchów tanecznych. Teatr ten próbuje osiągnąć inny rodzaj partnerstwa z widzem, sprawić, by przeżycie teatralne miało bardziej bezpośredni charakter przez odwoływanie się do elementarnych bodźców, na które nakładają się podstawowe dźwięki i ruchy. Naśladuje on rzeczywistość, ale naprawdę wcale nie stara się jej sugerować w sposób dosłowny. Jest to teatr, który stara się uniknąć literatury na rzecz bezpośredniego kontaktu z widzem. [...]

Udział publiczności, budzenie jej czy wręcz wciąganie do działania, to wszystko ważne aspekty pracy ośrodka [...] W Brooklyn Academy of Music [...] bardzo szybko doprowadzono do aktywnego udziału publiczności w ćwiczeniach. Najpierw poproszono ją o współpracę w kilku antyfonalnych ćwiczeniach głosowych, których celem było sięgnąć poza gotowy symbolizm języka i dotrzeć do pierwotnych uczuć. [...] Widzowie zostali podzieleni na grupy. Osoby przewodzące grupom musiały powtarzać bardzo złożone, niewerbalne dźwięki, a wszystkim razem kierował ktoś spełniający jakby rolę dyrygenta. Było to wstrząsające przeżycie − tak jakby się było obecnym przy narodzinach muzyki. Zgodnie z laboratoryjnym charakterem spotkania niedługo przed przerwą obiadową Brook poprosił sześciu widzów o zaimprowizowanie tańca. Stali oni w szeregu. Rytm wybijano na bębnie, a zadanie widzów polegało na tym, by przejść z jednego końca przestrzeni scenicznej na drugi, wykonać obrót i wrócić. Improwizowała najpierw jedna osoba, a potem wszyscy po niej powtarzali, do chwili gdy następna osoba instynktownie podjęła impuls twórczy. Potem nastąpiła przerwa na obiad i zażarta dyskusja. Po obiedzie aktorzy wykonali cykl ćwiczeń improwizacyjnych. Wybrali sobie jakiś przedmiot − w tym wypadku była to opona motocyklowa i próbowali ogrywać go w coraz bardziej dramatyczny sposób [...] Następnie przez dwie godziny

208

Brook odpowiadał na niezliczone pytania. Było to coś niezwykłego. Był uprzejmy i skupiony. Ani w pytaniach, ani w odpowiedziach nie wyczuwało się cienia wrogości. W tym, co mówił, od czasu do czasu pojawiały się efektowne wolty, a widoczne w jego wypowiedziach łączenie nieścisłości i wnikliwości było czarujące i inspirujące zarazem. Wieczorem obejrzeliśmy spektakl *The Conference of Birds* (*Konferencja ptaków*). Był to utwór częściowo improwizowany na kanwie dwunastowiecznego poematu perskiego. Tutaj ujrzeliśmy eksperymentalną technikę zespołu w postaci bardziej sformalizowanej i, siłą rzeczy, bardziej uporządkowanej"[22].

Aktorzy byli tu więc przewodnikami widzów. Ćwiczono wspólnie. Wymieniano dary. Dane na koniec przedstawienie aktorzy ofiarowali ludziom bliskim, z którymi najpierw wiele godzin pracowali, rozmawiali, posilali się. Żyli razem.

„Teatrem bez teatru" można by (za Norwidem) — nazwać ostatnią fazę prac Jerzego Grotowskiego. Podobnie jak niektóre inne opisane tu eksperymenty istota poszukiwań Grotowskiego zda się tkwić w wyeksponowaniu samego procesu twórczego, w eliminacji zeń widza i rezygnacji z finalnego produktu teatralnej pracy — przedstawienia. W takim ujęciu pozostaje więc jedynie żywy, jednorazowy proces międzyludzki, w którym wszyscy są aktywni. Proces ten, intensywny i niepowtarzalny w tym, co indywidualne, osobowe i jednostkowe, jest — jak się okazało — możliwy do powtarzania w swojej zasadniczej strukturze. Opiera się na etiudach pochodzenia teatralnego, obrzędach i tańcach znanych z różnych religii, rytualnych czynnościach inicjacyjnych praktykowanych we wtajemniczeniach i świętach ludowych. Są obrzędowe posiłki, błądzenie przez ciemność i pustynię, obmycia wodą i próby ognia (pisano o nich wiele)[23].

Prace te komentował sam Grotowski. „Żadne słowo nie zabrzmi tu precyzyjnie, powiedzmy więc, że chodzi o radykalne wyjście z konwencji, potoczności życia, gry,

---

22 *Wędrówek Brooka ciąg dalszy*, „Dialog", 1974, nr 3, s. 173—174.
23 Por. bibliografia podana uprzednio w przypisie nr 1.

intencji nieczystych lub interesownych, wzajemnego strachu i skrywania"[24].

"... wiedziałem, że powinno się dziać to, co najprostsze, najbardziej elementarne, ufne między istnieniami: że to opiera się o etapy, o szczeble, ale nie może być rytem — w znaczeniu, że jest zakomponowany obrządek — bo musi to być od rytu prostsze. Musi być oparte o takie rzeczy, jak fakt rozpoznania kogoś, jak dzielenie substancji, dzielenie żywiołów — nawet w tym archaicznym znaczeniu, ale bez myślenia o tym archaicznym znaczeniu — jak się dzieli przestrzeń, dzieli ogień, dzieli bieg, dzieli ziemię, dzieli dotyk. Jest taki wyłom, takie przekroczenie granicy intensywności i lęku; są spotkania związane z wiatrem, z drzewem, z ziemią, z wodą, z ogniem, z trawą — ze Zwierzęciem. I doświadczenie lotu. Człowiek wyrzeka się wszelkiej opowiastki na cudzy lub własny temat: i wszelkiego osłonięcia — przywrócony jest obcowaniu"[25].

Każdą z przykładowo wymienionych tu dróg wyjścia z teatru, cechuje związek z przeszłością. Nigdzie jeszcze nie nastąpiło zerwanie pępowiny z teatrem. Przeciwnie. Wszystkie te drogi i eksperymenty mają bezpośrednie teatralne zaplecze, czerpią z kapitału teatralnego, z teatru dawnego i najnowszego. Ludzie kroczący tymi drogami mają zawodową formację teatralną, jeżeli już nie są dziś — to byli — aktorami, reżyserami, scenografami lub bezpośrednimi uczniami tychże.

Interesuje się nimi prasa teatralna i wielkonakładowe dzienniki od „Trybuny Ludu" poprzez „Le Monde" po „New York Times". Ilustrowane tygodniki zamieszczają fotografie ze staży i konferencji prasowych. Telewizja kręci wystąpienia uliczne i wywiady. Filmuje się zestawy ćwiczeń i widowiska (*Umarłą klasę* Kantora sfilmował Wajda). Bez elektronicznych środków przekazu i zainteresowania prasy świat nie wiedziałby wiele o nowych poszukiwaniach parateatralnych i nie oblegano by ich animatorów. Wciąż jeszcze interesują oni jako artyści i wciąż ich

---

[24] J. Grotowski, *Przedsięwzięcie góra*, „Odra", 1975, nr 6, s. 26.
[25] J. Grotowski, w „Kulturze", 1975, nr 13.

teatralne zaplecze lub pochodzenie decyduje o rozgłosie, a często — po prostu — o otrzymywaniu środków na działalność.

Poszukiwania parateatralne jeszcze wciąż opisują i reklamują krytycy teatralni. Znają oni przeszłość ludzi, którzy prowadzą eksperymenty i — oczywiście — interesują się nimi przede wszystkim dlatego, że znają uprzednią (lub obecną — oboczną — jak w wypadku Brooka i innych) działalność teatralną tych ludzi. Amerykański krytyk, Madame Margaret Croyden, zaproszona na podwrocławski, skrócony do 24 godzin Special Project, pisała: „... bieg wydarzeń pozostawał pod wpływem piękności Cieślaka »bohatera«—przywódcy"[26]; pamiętała ona, jak stwierdza uprzednio, „wspaniałego Ryszarda Cieślaka — uderzeniową moc Księcia Niezłomnego"[27]. Uczestnictwo we wtajemniczeniu parateatralnym, prowadzonym osobiście przez wielkiego aktora, mogło być — i było — dla Margaret Croyden i wielu innych fascynujące. Można wątpić, czy bez wspomnień z Księcia Niezłomnego, bez Ryszarda Cieślaka, bez Teatru Laboratorium — Margaret Croyden i inni byliby tak zachwyceni nowymi obrzędami i wtajemniczeniami.

Te same mechanizmy działają w recepcji i ocenie parateatralnych prac Brooka, Barby, Gregory'ego i innych. Jest to naturalne i w pełni uzasadnione. Nie przypadkiem ostatni „relikt" teatralnej działalności Laboratorium, Apocalipsis cum figuris, utrzymuje się „na afiszu" przez wiele lat. Wciąż jest ośrodkiem zainteresowania i spełnia rolę inicjacyjną wobec uczestników innych prac Laboratorium.

Spektakularne i niezmiernie kosztowne eksperymenty Brooka i Wilsona w Shiraz/Persepolis, występy teatrów Grotowskiego, Barby i Jasińskiego tamże — nie byłyby możliwe, gdyby nie teatralne zainteresowania cesarzowej Iranu. Fundusze na prace parateatralne czerpane są przecież jeszcze ciągle na całym świecie ze źródeł prywatnych i państwowych, które przeznacza się na teatr. W małej tylko mierze, jak na razie, programy teatralne

---

[26] M. Croyden, Nowe przykazania teatru: nie oglądać, „Odra", 1976, nr 5, s. 56.
[27] Op. cit., s. 55—56.

finansuje lecznictwo, więziennictwo, opieka społeczna. Zresztą bariery finansowe, choć trudne do pokonania, argonauci nowej sztuki omijają już na różne sposoby: zamiast pieniędzy stosuje się handel wymienny i opłaty w naturze. Gra się za utrzymanie i wyżywienie. A przede wszystkim praktykuje się ubóstwo. I nie sądzę, aby problemy finansowe mogły decydować o kierunku przemian, choć mogą hamować ich tempo.

Inaczej jest ze społecznym statusem twórcy i z miejscem, jakie zajmuje sztuka — mimo swych przemian — w życiu społeczeństw. Czym innym bowiem jest przekraczanie granic znanego dotąd i uprawianego powszechnie teatru, ku teatrowi nowemu, ku nowemu rodzajowi sztuki, dla której nie ma jeszcze nazwy (ale jest to ciągle obszar sztuki, twórczości, teren działania artysty) — co innego zaś rezygnacja z twórczości, porzucenie sztuki, wyrzeczenie się statusu i roli (bo jednak jest to „rola" społeczna) artysty. Trzeba wyraźnie stwierdzić, że istotne zerwanie z teatrem — jak dotąd nie dokonało się nigdzie i nie postąpił tak dotąd żaden z twórców prowadzących prace „para-" i „post-" teatralne. Nikt nie zaczął publikować swoich wypowiedzi — zamiast w gazetach, magazynach i pismach teatralnych — tylko w niskonakładowych periodykach socjologicznych bądź medycznych. Nikt też nie zerwał — w praktyce — ze swą teatralną przeszłością, nie odciął się — organizacyjnie — od teatralnego zaplecza.

Nowy teatr fascynuje psychologów, lekarzy, socjologów i semiologów, zyskuje ich poparcie, ale nie dlatego, iżby do poszczególnych dziedzin wiedzy wnosił bezpośrednio i konkretnie coś nowego. Raczej z tego powodu, że fascynujące i płodne intelektualnie jest obserwowanie analogicznych rezultatów, jakie niekiedy osiąga sztuka i nauka bardzo różnymi, sobie właściwymi drogami. To analogiczne, równoległe poznawanie rzeczywistości przez sztukę i naukę świadczy o zasadniczej jedności ludzkiej natury i ludzkiego poznania. Wyobraźnia poety i doświadczenia fizyka mogą ujawnić tę samą tajemnicę.

Wyjście z teatru? Może raczej, jeszcze ciągle, poszerzanie granic teatru, przebudowywanie go. Zapamiętałem taki obraz z kieleckiej wsi: stara, przykryta strzechą chałupa obudowywana murem z cegły. Przejeżdżałem tamtędy raz i drugi. Gdy nowy mur sięgnął strzechy, stary dom zaczęto burzyć, rozbierać belka po belce. Potem nad nowymi murami ułożono krokwie i pokryto je dachówką. Przez otwór drzwiowy jeszcze długo wynoszono stare sprzęty, futryny, gruz. Potem nowy dom otrzymał drzwi i szerokie okna. A cały czas we wnętrzu mieszkali ludzie.

Stary gmach teatru nie został jeszcze zburzony. Nie został opuszczony. Choć buduje się już nowy teatr.

Gdzieś u początku Drugiej Reformy John Cage powiedział „wszystko jest teatrem", „wszystko jest sztuką". Jest sztuką. A nie: sztuki nie ma, nic nie jest sztuką, nawet ona sama. Spostrzeżenie, odkrycie, program i proroctwo Cage'a sprawdza się i nie przestaje być aktualne. Coraz nowe dziedziny ludzkiej działalności teatr anektuje i oswaja, sam przemieniając się pod ich wpływem. Zmieniając i poszerzając rozumienie kultury.

W kategoriach psychologicznych ruch Drugiej Reformy był i jest zasadniczo introwertyczny, nastawiony na badanie swojego ja, na wyzwalanie i budzenie energii, płynących z głębokich warstw osobowości wszystkich uczestników przedstawień/spotkań. Jest to przeciwne poprzedniemu, ekstrawertycznemu okresowi historii teatru, nastawionemu na wczuwanie się „widza" — „w aktora", aktora „w postać".

W kategoriach estetycznych sztuka ekstrawertyczna jest zobiektywizowana, realistyczna; wytwarza gotowe przedmioty artystyczne. Sztuka introwertyczna jest subiektywna, abstrakcyjna, procesualna. Stąd właśnie klasycznym i podstawowym tworem teatru Pierwszej Reformy było widowisko, a Teatru Drugiej Reformy sam proces twórczy.

Uświadomienie sobie tego faktu, wyciągnięcie z niego logicznych konsekwencji stanowiło kanwę dotychczasowej historii Drugiej Reformy — od narodzin do dnia dzisiejszego. Jej poszczególne etapy, kiedyś niejasne, dziś układają się w logiczną i spójną całość: od widowiska, poprzez „otwieranie" widowiska i współuczestnictwo, poprzez dowartościowywanie i wyakcentowanie prób, aż do zanikania widowiska, przekształcania się próby/procesu w ośrodek całokształtu teatralnych prac.

Z tego punktu widzenia jasny staje się również ciąg przemian w teatrze już od samego progu Pierwszej Reformy. „Wynaleziono" wtedy próby teatralne. Oczywiście, zawsze w teatrze odbywano próby. Ale w końcu XIX wieku po raz pierwszy radykalnie je dowartościowano, pomnożono ich liczbę, pogłębiono, uczyniono z nich twórczy proces artystyczny. Jednak i wtedy próby były podrzędne, służebne wobec widowiska, były tylko etapem i drogą. Z góry nastawiano się na osiągnięcie, spełnienie dopiero w wyniku prób, po ich zakończeniu. Próby były ważne — widowiska ważniejsze. Próby przekształcano w czas badań, ćwiczeń i przygotowań do widowiska. W wyniku Drugiej Reformy ten ostatni element zaczyna odpadać. Niekiedy nie powstają już widowiska. „Warsztaty", „staże", „spotkania", „ule", „projekty", „czuwania", stają się samodzielne i samowystarczalne. Wywodzą się nie z widowiska, ale z próby.

Przekroczenie tej właśnie bariery — psychicznej, estetycznej, organizacyjnej, strukturalnej — jest dziś probierzem postępu w teatrze. Trzeba więc rozumieć, że Druga Reforma w pierwszym okresie rozwoju przekształcała „widowisko" napełniając je niejako elementami „prób"; w chwili obecnej następuje zaś znamienne przejście: ośrodkiem, zasadniczym elementem prac teatralnych stała się „próba"; ona z kolei, jakby w odwróceniu procesu, posiada pewne cechy „widowiskowe", spektakularne, zbliżające ją do „przedstawienia". Nie jest to już jednak „widowisko", napełnione elementami prób — ćwiczeń, dyskusji, refleksji, etiud itp., ale „próba", rozbudowana o elementy widowiska, przybierająca w pewnych momentach postać lub pozór widowiska, próba wzbogacana o tańce, gry z przedmiotami, obrzędy, rytuały, procesje, śpiewy, choćby improwizowane, słowa, choćby niedoartykułowane. Można powiedzieć jeszcze inaczej, posługując się tymi terminami: w chwili obecnej odbywają się już nie widowiska, z wyeliminowaniem widzów i aktorów, nie widowiska, w których wszyscy biorą czynny udział, ale dokonywane są próby, w których wszyscy mają jednakowe możliwości twórczej ekspresji i wszyscy w naturalny sposób są czynni.

Fakt, iż teatr to żywy proces międzyludzki, postrzegano wyraźnie od początku Pierwszej Reformy. Nauczono się stwarzać warunki do jego powstawania na próbach. Rozumiano, że istotą teatru jest sama procesualność, żywy dwustronny przepływ emocji, informacji, przeżyć, energii psychicznych, który stanowi podstawę przedstawienia; między widzami i aktorami w czasie przedstawienia winien zachodzić proces. Starano się więc dokonywać projekcji prób na widowiska. Jednak nieuchronnie — widowiska petryfikowały, zamrażały tę wymianę, nie były w pełni procesualne. W teatrze Pierwszej Reformy nie została więc rozwiązana podstawowa sprzeczność pomiędzy procesualną istotą teatru a nieruchomym, zamkniętym charakterem przedstawienia.

Żywym procesem były próby. Na próbach wyzwalano twórcze procesy międzyludzkie. Widowiska stanowiły tylko słaby ich poblask, tylko niekiedy, we fragmentach, w specjalnych okolicznościach, atmosferze, nastroju były równie żywe, co próby.

Druga Reforma zaczęła rozwiązywać tę sprzeczność. Wyciągnęła logiczne konsekwencje z procesualnego charakteru sztuki teatru. Eliminowała stopniowo — aż do zakwestionowania i odrzucenia — wszystko to, co w teatrze nieprocesualne bądź antyprocesualne. A więc struktury skończone i zamknięte, a więc powtarzalność — niezależną od tego, kto, kiedy i gdzie uczestniczy w teatralnym procesie, a więc „role" jako wzorce i persony (w kategoriach Junga) obiektywne i niezależne od aktualnych treści wewnętrznych człowieka i niepodatne na przekształcenia w wyniku bodźców zewnętrznych, a więc — wreszcie — „widowisko" jako „dzieło sztuki", twór autonomiczny, byt intencjonalny egzystujący niezależnie od „widzów", ale również nadrzędny wobec „aktorów". Materią sztuki teatru, zgodnie z jej specyfiką, uczyniono sam proces międzyludzki.

Przemiana ta, jak się okazuje, nie jest antyteatralna, nie jest parateatralna czy postteatralna. Jest najgłębiej, istotnie teatralna. Doprowadziła bowiem do wydobycia, ujawnienia i oswobodzenia tego, co zawsze było istotą teatru, obnażyła jego układ nerwowy. To, co dzieje się w tej chwili w teatrze, jest doprowadzeniem do skrajnych konsekwencji samej istoty teatralności.

Istotą teatru – powtórzmy raz jeszcze – jest proces dokonujący się pomiędzy ludźmi. Druga Reforma uwalniając ten proces ze wszystkich naleciałości, serwitutów, zakłóceń i zahamowań uczyniła teatr bardziej „teatralnym", niż był kiedykolwiek. Przywróciła teatrowi jego istotę, świadomość i zdolność bycia sobą.

Wydaje mi się, że teatr jest w fazie rozpoznawania tych swoich własnych, acz dopiero co wydobytych na jaw możliwości. Ta faza dopiero się rozpoczęła. Nazwałem ją Drugą Reformą Teatru.

Zdaje się ona być nie tyle „wyjściem z teatru", co ujawnieniem jego nowego oblicza. Sam teatr odnalazł i zaczął rozpoznawać w sobie samym swoje własne, nie znane dotąd, siły i umiejętności.

Są one przeciwne dotychczasowej praktyce, są sprzeczne z pojmowaniem i uprawianiem sztuki teatru przez wieki. Ich kłącza, zalążki i elementy można jednak odnajdywać pojedynczo, w rozproszeniu, w ukryciu na przestrzeni całej historii teatru. Zwłaszcza w historii Pierwszej Reformy.

Nowe siły teatru, przy bliższym wejrzeniu, okazują się przeciwne pozorom, naroślom i wszystkiemu, co zewnętrzne w uprawianiu sztuki teatru, sprzyjają zaś wydobywaniu tego, co wewnętrznie związane z pojęciem teatru. Nie obalają pojęcia teatru – ale raczej je rozszerzają i uzupełniają.

Te możliwe do rozpoznania dzisiaj i zadziwiające sposoby uprawiania teatru i nowe znaczenia nadawane słowu „teatr" przybliżały się falami przeczuć, wizji, utopijnych manifestów i fragmentarycznych szkiców już w ciągu XIX wieku. Szczególne ich nasilenie spowodowało rozpoczęcie Pierwszej Reformy Teatru. W jej czasie nie doszło jeszcze do praktycznej artykulacji tych zapowiedzi. Pierwsza Reforma nie spełniła wielu swoich poetyckich i teoretycznych postulatów. Jej dokonania były mimo to tak znaczące, a punkty dojścia tak wyraziste, iż zdobyła sobie ona prawo do samodzielnego wpisu na karty historii teatru. Pierwsza Reforma nie tylko zaowocowała własnymi dokonaniami. Oczyściła również teren dla Drugiej Reformy. Stanowiła jej niezbędne przygotowanie. Druga Reforma zmaterializowała wiele przeczuć Pierwszej. Sama z kolei określiła swoją odrębność.

Myślę, że znajdujemy się właśnie teraz w fascynującym, przełomowym punkcie, w którym coraz wyraźniej polaryzują się różne sposoby uprawiania teatru i zaostrzają się opozycje między nimi. Im stają się one wyraźniejsze, tym bliżsi jesteśmy nowych, zapewne różnorodnych, syntez i nowych jakości kulturowych.

Rozprysk fali

Rozpad dialogu

Richard Foreman jest w swoim teatrze demiurgiem: pisze, a raczej układa scenariusze, wymyśla mechanizmy, projektuje i wykonuje elementy scenografii, reżyseruje i bezpośrednio, jako dyrygent, sam prowadzi wszystkie przedstawienia[1]. Siedzi w pierwszym rzędzie wąziutkiej widowni (około 80 miejsc), z prawej strony, w czymś w rodzaju boksu czy ambony, ma przed sobą scenariusz, prawą i lewą ręką obsługuje dwa megnetofony. Obok niego we wnęce, przy małym pulpicie garbi się elektryk. Jeden raz w czasie przedstawienia Foreman wychodzi ze swej zagrody i występuje przez chwilę na scenie. Minimalną ilość tekstu — wprost do widza — wypowiadają aktorzy. Tekstu jest jednak w ogóle sporo: z taśmy słychać głos samego Foremana. Najczęściej zresztą jest tak: aktor na scenie zaczyna mówić i po paru słowach jego tekst, powtarzając całą kwestię od początku, przejmuje głos z głośnika. Czasem aktor wtrąca coś do tekstu reprodukowanego mechanicznie.

Jesteśmy w świecie odczłowieczonym: aktorzy nie „grają", wykonują tylko czynności i „pokazują" sytuacje. Obsługują przedmioty, urządzenia i kukły. Nie chodzą, ale poruszają się. Ich twarze przypominają maski. Są bez

---

[1] Wszystkie sztuki realizowane w Ontological — Histeric Theatre, założonym w 1968 ł., były napisane, reżyserowane i opracowane scenograficznie przez R. Foremana. Oto lista kolejnych, ważniejszych premier: *Angel Face* (1968), *Ida-Eyed* (1969), *Total Recall* (1970), *Hotel China* (1972), *Sophia: Part II: The Chiffs* (1973), *Practical theory, „une semaine sans l'unfluence de...* (1973) *Pain/t/*, *Hotel for Criminals i Vertical Mobility* (1974), *Pandering to the Masses i Rhoda in Potato Lnad* (*Her Fall-Starts*) (1975), to ostatnie przedstawienie oglądałem 28 XI 1975 w czasie próby generalnej, akurat w dniu, gdy (z powodu choroby) zabrakło jednego z aktorów. Był to jedyny możliwy dla mnie termin i jeszcze raz dziękuję R. Foremanowi, że zechciał pozwolić mi na obejrzenie tej próby.

wyrazu. Oczy szeroko otwarte. Twarze skierowane zazwyczaj do publiczności. Patrzą na nas. Są zimni i obojętni. Nie objawiają żadnych uczuć i odczuć. Ich ubiory, codzienne i wybrudzone, są ich ciałami. Ich nagie ciała są kostiumami. Ubrani czy nadzy zachowują się absolutnie tak samo. Nagość jest oddzielona od seksu. Przedmiot od jego funkcji: stół ma jedną i to kuliście zakończoną nogę, materac w łóżku obraca się na osi, filiżanka przylepiona jest do pionowo trzymanej tacy. Słowo oddzielone jest od mówiącego.

Rozpad dialogu. Od dawna w teatrze poszukiwano w tekście także brzmienia, także pierwotnej emocji i ekspresji czysto dźwiękowej. Ale tekst i dźwięk, słowa i zaśpiewy służyły wyrażaniu uczuć, stanów wewnętrznych, porozumiewaniu się aktorów między sobą oraz komunikowaniu się z widzem. Dziś dialog — w niektórych eksperymentach — zanikł. Aktorzy nie mówią do siebie. Wcale. Cała, grana z wielkim powodzeniem na Broadwayu, sztuka Roberta Patricka *Dzieci Kennedy'ego*[2] oparta jest na monologach pięciu postaci, które zwracają się bezpośrednio do widza. Nigdy do siebie. Patrick, młody weteran ruchu off- i off-off-Broadway, ironizuje gorzko na temat odczłowieczenia aktora, powierzenia mu „roli" przedmiotu. Sparger: „O ósmej występowałem w roli lewego kciuka w pokazie zbiorowej wrażliwości pod tytułem *Ręce precz* w Episkopalnym Ośrodku Parafialnym w Merrymont, a potem o dziesiątej w Eksperymentalnej Tawernie Dramaturgów Masowych w *Bonnie i Clyde*, z aktorami przebranymi za kobiety; ja grałem projektor filmowy, w ustach miałem błyskającą żarówkę" (wg przekładu Małgorzaty Lavergne, „Dialog", 1975, nr 12). U Foremana, jak u Patricka aktorzy i głośnik również zwracają się tylko do widza, nie: raczej do widowni w ogóle. Bezosobowo. Nie mówią, ale ogłaszają. Nie przemawiają, ale wypowiadają.

W sztuce Petera Handke *The Ride Across Lake Constance* (The National Ars Center Theatre Company w Ot-

---

[2] Robert Patrick, *Kennedy's Children*, Golden Theatre, Nowy Jork, przedstawienie oglądane 22 XI 1975.

tawie)[3] aktorzy, mimo na pozór realistycznego dialogu, z zasady zwracają się nie do siebie, ale do publiczności. Gdy z rzadka kierują kwestie do siebie, częściej opowiadają, niż mówią. Informują o sobie, swoich reakcjach, stanach, spostrzeżeniach, o funkcjonowaniu części swych ciał. Dialog psychologiczny zastąpiono dialogiem mechanicznym.

Za wcześnie jeszcze na uogólnienia, ale w najnowszej dramaturgii, której Handke zda się być typowym przedstawicielem, zaczynają zwracać uwagę powtarzające się prawidłowości. Jakby zamknął się cykl wzajemnych uwarunkowań dramaturgii i teatru. Jakby powstał układ, który napędza sam siebie — nie czerpiąc energii z zewnątrz. Układ jałowy.

Było przecież tak, że w latach pięćdziesiątych przemiany zaczęły się od dramaturgii. Ona to doprowadziła stopniowo do zmian w samej strukturze widowiska, w stylistyce gry aktorskiej, w metodach posługiwania się przestrzenią, w sposobach komunikowania się z widzem. Nowy teatr, który wiele zawdzięczał — zwłaszcza w USA — nowej dramaturgii, stopniowo wyemancypował się: improwizacja zbiorowa, udział pisarza w próbach, scenariusze konstruowane przez ludzi teatru wypychały skutecznie z teatru literaturę. W okresie apogeum nowy teatr i „tradycyjny", napisany przed próbami, „literacki" dramat wzięły całkowity rozbrat. Teatr oddzielił się od dramatu. Samodzielnie, używając również słowa, ale jako tworzywa pomocniczego, wtórnego, zagospodarowywał czas i przestrzeń widowiska.

Wielu twórców teatralnych odwróciło się zupełnie od dramatu, co więcej, od słowa. Przestało wierzyć w jego kreacyjną siłę. Przestało czerpać soki z literatury. Aktor, improwizujący wydobywane z pokładów nieświadomości działania, bełkotał, jęczał, mamrotał, czasem śpiewał znaną z dzieciństwa kołysankę. Mówił oderwane słowa. Najczęściej slogany, hasła, „klucze". Tyleż osobiste, co ogólne. Rzadziej odkrywcze — częściej banalne. Gdy siła osobistego

---

[3] Peter Handke, *The Ride Across Lake Constance*, The National Arts Centre Theatre Company, Ottawa, przedstawienie oglądane 8 XII 1975.

działania transu była intensywna, rzucane przez aktora słowa uzyskiwały nośność, budziły echa i wywoływały wzruszenia. Działo się tak w wypadkach najlepszych. Rzadko. Częściej kończyło się na komunałach. Nawet najdalej odsunięte od literatury prace teatralne tego okresu brały jednak za punkt wyjścia jakiś tekst — dramat, poemat czy prozę lub, gdy zaczynano pracę rzeczywiście od białej karty improwizacji, w fazie końcowej przedstawienie jakby zaokrąglano, uzupełniano wartościowym z punktu widzenia literatury słowem. Wzywając do pomocy jakiegoś pisarza lub posługując się cytatami wziętymi od klasyków.

Logiczny i konsekwentny rozwój tego typu twórczości musiał jednak doprowadzić — i doprowadził — do dwóch ekstremalnych rezultatów.

Po pierwsze, można było — w teatrze — całkowicie zrezygnować z jakiejkolwiek literatury „pozateatralnej", i tu casus samodzielnych demiurgów Wilsona i Foremana; i tu przeniesienie się wyłącznie w sferę języka mówionego w najnowszych, postteatralnych poczynaniach Gregory'ego czy Barby.

Po drugie, można było — w dramaturgii — zazdroszcząc teatrowi emancypacji, przejąć odeń jego nowy stosunek do słowa, do tekstu, do literatury; w tę stronę skierowało się wielu dramatopisarzy. Zaczęli oni ubiegać się o realizacje teatralne swoich utworów poprzez mimikrę: „patrzcie — zdawali się mówić do reżyserów i aktorów — po co macie się męczyć improwizując, szperając po bibliotekach w poszukiwaniu cytatów, po co macie się narażać na drwiny z waszego nieudolnego, nieliterackiego sposobu wysławiania się, my wam to przysposobimy sami, od razu, jak gotowe danie na talerzu z folii; i będzie to robiło wrażenie improwizacji zbiorowej, będzie to bardzo nowe, nowoczesne..." Tak się też stało. Jakże często odczytuję maszynopisy, które są gotową już konserwą „nowego", pożal się Boże, teatru. Sztuki takie drukują już i czasopisma, grają teatry. Zjawisko to tyleż zabawne, co puste. Tyleż nieautentyczne, co martwe.

Okazuje się bowiem, że o ile teatr, w pewnych wyjątkowych wypadkach, może karmić się wprost samym życiem, bądź identyfikując się z nim, bądź czerpiąc zeń strawę —

bezpośrednio i samodzielnie; w wypadkach najpowszechniejszych musi jednak karmić się dramatem — o tyle dramat, który karmi się samym teatrem, staje się po prostu pusty; dramat zapatrzony w teatr — cóż za paradoks — umiera na leukemię i prowadzi z kolei do uwiądu teatru.

W historii wzajemnych związków literatury i teatru był już jeden taki wypadek. I, być może, przypomnienie go może wyjaśnić wiele, choć oczywiście trzeba pamiętać o wszelkich zaletach i mieliznach, jakie kryją się w historycznych analogiach. Spróbujmy jednak pewną analogię ujawnić.

Commedia dell'arte była w zasadzie teatrem aliterackim. Gdzieś w połowie XVII wieku jej adeptem był Molière. Wziął on z commedii dell'arte typy, podstawowe sposoby konstruowania widowiska, przejął różne środki wyrazowe, nawet rodzaje scen („sprzeczka zakochanych", „qui pro quo", „rozpoznanie" itp.), i zasobami całego tego arsenału uzbroił swoje dramaty, w których zasadniczym poziomem nie była gra sceniczna, ale posłanie moralne, krytyka obyczajów, egzystencjalna refleksja; a wszystko to wyrażone w kunsztownej, biegłej formie literackiej. Posługując się środkami technicznymi teatru commedii dell'arte Molière pisał gniewne, współczesne dramaty. W tym wypadku zastana forma teatru stała się odskocznią dla powstania nowej literatury dramatycznej, literatury, którą z kolei teatr, w najrozmaitszych późniejszych formacjach, karmi się do dziś.

Molière zaczął od commedii dell'arte i odszedł od niej. W swojej twórczości pisarskiej stał się suwerenny. Sama commedia dell'arte nie została przez niego zakwestionowana i trwała nadal. Na rynkach francuskich i włoskich miasteczek aktorzy w maskach odgrywali nadal te same przygody postaci, które jednakże pod maskami nabierały rysów coraz to nowych zazdrosnych starców, lirycznych kochanków czy żołnierzy samochwałów: były to rysy ludzi otaczających pomost commedii. Równie zaś samodzielnie zaczęły funkcjonować dramaty Molière'a. Zespoły commedii dell'arte nie brały ich na warsztat. A trupa Molière'a również od pewnego momentu przestała całkowicie uprawiać commedię dell'arte.

Na przełomie lat sześćdziesiątych i siedemdziesiątych XX wieku można obserwować odwrotne zjawisko: są dramatopisarze, którzy biorą z „nowego teatru" środki i techniki, ale nie przekształcają ich i nie odrywają się od nich, nie wchodzą na poziom literatury. Zdają się przymilać teatrowi. Udają. Na przebierankę tę nie można oczywiście nabrać tych, którzy doświadczyli sami trudu, radości i goryczy samodzielnego rodzenia słowa — w teatrze, na próbach. „Kupują" zaś tę fałszywą monetę tradycyjne, bulwarowe teatry. Reżyserzy — imitatorzy. Aktorzy — naśladowcy. Opakowanie jest lśniące. Zawartość lekkostrawna. Podanie na stół łatwe. Nie trzeba miesiącami improwizować. Wystarczy na kilkunastu próbach podgrzać gotowe już i doprawione danie.

Co również ciekawe, dramatopisarze, którzy jeszcze parę lat temu towarzyszyli nowemu teatrowi, bądź osobiście z nim współpracując, bądź równolegle z nim szukając nowego w dramaturgii — zdecydowanie nie dają się wciągnąć do tej gry. Już raczej wracają do — pozornie — tradycyjnej dramaturgii. Nie biorą udziału w balu maskowym.

Z naszkicowanych tu analogii historycznych jedna rzecz wynika niezbicie: zarówno teatr, jak dramat muszą karmić się energiami, jakie emanuje samo życie społeczeństw. Jeśli czerpią tylko z siebie nawzajem, powstaje układ zamknięty, który niezwykle szybko poddaje się entropii.

Wróćmy do Foremana.

Jest dużo przedmiotów. Cyrk przedmiotów. Inwazja przedmiotów. Są bardziej precyzyjne od ludzi. Bo — jednak — bardziej martwe.

Przestrzeń przed nami ma kilka planów w głąb. W wąskiej kiszce całej sali teren zajmowany przez widownię i scenę jest jak 1:4.

Na scenie zmienia się światło. Widownia oświetlona jest cały czas dwoma ostrymi lampami. Odwrócenie procesu. Nie my śledzimy aktorów. To oni oglądają nas. Fachowi lekarze badają nasze reakcje. Nie okazując zresztą ani zainteresowania, ani zdziwienia, ani radości z rezultatów badań.

Jesteśmy w sytuacji przymusowej. Oni także. My podporządkowani im. Oni — przedmiotom, które obsługują, i głosowi z taśmy, który wyznacza ich działania. Bezosobowo. Foreman siedzi naprzeciw nich, ale nie mówi do nich bezpośrednio („po ludzku"), mówi z taśmy (nawet nie przez mikrofon). Mówi z taśmy, ale patrzy. Uważnie. Pilnuje. Widzi. I wie wszystko: co ma się zdarzyć, jak ma zostać przeciągnięty sznurek, przetoczone koło, upuszczony sztuczny ziemniak. To przedstawienie nie odnosi widza do innej rzeczywistości, ale sprowadza go do tej i tylko tej małej salki. Do niewygodnej pozycji na ławie. Do pieczenia powiek od żarzącego światła.

Ekologia teatru

Siedzibą The Performance Group, miejscem prób i przedstawień jest pomieszczenie po warsztacie samochodowym zwane The Performing Garage przy Wooster Street nr 33. „Garaż" jest niewielkim pudłem — myślę, że mogło tam być ze cztery stanowiska napraw samochodów — wysokim na około 6 metrów, ma — jak każdy warsztat samochodowy — kanał naprawczy, w niektórych przedstawieniach używany jako zapadnia. Wokół sali zbudowano dwukondygnacyjny system pomostów około metrowej szerokości. Służą one jako siedzenia dla widzów, ze zwieszonymi nogami; niekiedy są terenem gry.

W każdym z przedstawień nieco inaczej, ale w oparciu o podobne zasady przestrzeń środkowa zabudowana jest również systemem podestów lub wież, tak że np. w The Tooth of Crime[4] Sheparda publiczność musi się przemieszczać z jednego miejsca w drugie, aby móc obserwować akcję poszczególnych scen. Zasadą jest właśnie „uruchamianie" w różny sposób publiczności: pozwala się jej lub nakazuje krążyć po sali, zaprasza lub zmusza do uczestnictwa. Może siedzieć na podłodze czy podeście albo stać. Trzeba przechodzić z jednego planu na drugi. Nie można mieć jednego stałego miejsca.

W The Commune widzom kazano przy wejściu zdejmo-

---

[4] Sam Shepard, The Tooth of Crime, The Performance Group, przedstawienie oglądane 8 XI 1975.

wać buty. W *Dionisus in 69* wprowadzano ich pojedynczo rozdzielając przyjaciół czy rodziny. Wszystko jest w ruchu. Wszystko jest względne. Zależne tyleż od osobistego wyboru, co od przypadku. Człowiek nigdy nie jest sam. Widz wobec aktora. Ale i aktor wobec aktora: jego partner zawsze widziany jest na tle widzów lub zmieszany z tłumem; jego zachowanie jest więc uzależnione od otaczających go ludzi. Tak jak od otaczającej go przestrzeni. Rządzą nami inni, rządzi nami przestrzeń. Zwracający się bezpośrednio do ciebie aktor zamiast ośmielić, wywołuje w tobie reakcje obronne. Aktor zmuszający cię do zagrania wietnamskiego chłopa w My Lai (tak było w *The Commune*) jest dla ciebie katem. Ty jesteś ofiarą. Przedstawienia w Performing Garage uświadamiają nam nieustanny stan zagrożenia i pośredniej lub bezpośredniej agresji, jakiej dokonują na nas bez przerwy inni ludzie.

Wyjście jest zamknięte. A kiedy na koniec przedstawienia otworzy się żelazna żaluzja wjazdowej bramy garażu i widzowie wychyną na ulicę, napotkają znów przestrzeń zamkniętą: potworna brzydota opuszczonych domów, sterty odpadków, pogniecione samochody przy chodnikach. Miasto.

Environment — otoczenie, środowisko, to, co nas otacza, to, w czym jesteśmy, co wpływa na nas, działa na nasze zmysły i psychikę, określa możliwości naszego ruchu i — pośrednio — sposób naszego myślenia. Znaną psychiatrii chorobą jest klaustrofobia: otoczenie mające cechy zamknięcia — niekoniecznie cela więzienna czy winda — rzutuje bezpośrednio na psychikę i wywołuje m. in. zmiany toksyczne. Znanym doznaniem jest odczuwalny fizycznie, w ciele, w systemie nerwowym powiew wielkiej przestrzeni, powiew, który nie wiąże się z występowaniem w danej chwili wiatru — powiew oceanu, górskiej doliny, dalekiej perspektywy, autostrady. Inne jest nasze samopoczucie, zachowanie, postępowanie na leśnej polanie i w ciasnym przedziale kolejowym. Stosunkami człowieka i otaczającego go środowiska zajmuje się rozwijająca się dziś dynamicznie nauka — ekologia.

„Od paru już lat działalność artysty w naszym społe- 225

cześństwie ewoluuje coraz bardziej ku funkcji ekologa: kogoś, kto zajmuje się związkami ze środowiskiem. Ekologia definiowana jest jako całokształt lub zespół związków pomiędzy organizmem a jego otoczeniem. Zatem akt twórczy dla nowego artysty jest nie tyle wynajdowaniem nowych przedmiotów, co odkrywaniem uprzednio nierozpoznawanych związków pomiędzy istniejącymi zjawiskami tak fizycznymi, jak duchowymi. Widzimy więc, że ekologia jest sztuką, i to w najbardziej podstawowym, a zarazem konkretnym znaczeniu, że rozszerza ona nasze pojmowanie rzeczywistości". Tak pisze Gene Youngblood w swojej książce *Expanded Cinema*[5].

Żyjemy w czasach, gdy mowa przestrzeni interesuje coraz szersze kręgi uczonych i artystów. Język, jakim przemawia do człowieka przestrzeń, ma tę naturę, że ludzki organizm i ludzki umysł chcąc nie chcąc podporządkowują się sygnałom i znakom płynącym z zewnątrz, najczęściej jednak nie uświadamiając sobie tego procesu. Dziwiąc się niekiedy swemu zachowaniu, człowiek jest posłuszny imperatywom otoczenia. Rozszyfrowywanie, sprowadzanie na poziom świadomości tego wszystkiego, co emituje ku nam przestrzeń, może — żywimy taką nadzieję — pomagać człowiekowi w kształtowaniu otoczenia, tak aby było ono bardziej przyjazne jego naturze i bardziej sprzyjające jego postępowaniu. Co więcej, znajomość języka przestrzeni może pozwolić na uniknięcie zakłócania dobroczynnych dla człowieka działań środowisk naturalnych i dopomóc w budowaniu środowisk sztucznych, właściwych dla danej pracy, odpoczynku czy twórczości.

Te wszystkie (i pokrewne) problemy od początku swego istnienia człowiek rozwiązywał intuicyjnie, instynktownie, „na wyczucie". Dziś stały się przedmiotem badań. Było to konieczne w wyniku otoczenia się przez człowieka coraz grubszym murem przestrzeni sztucznych, których zabójcze działanie zaczęliśmy odczuwać z dnia na dzień dotkliwiej.

Zainteresowanie sztuki tymi problemami pojawiło się również w tym momencie, gdy nieznośna stała się sztuczność

 [5] G. Youngblood, *Expanded Cinema*, New York 1970, s. 346.

różnorodnych technik artystycznych czy sztuczność używanych materiałów, w teatrze zaś zwłaszcza sztuczność przestrzeni, w której dokonuje się akt zjednoczenia widza i aktora.

Jest to uczucie podobne do obudzenia się w górskim szałasie, w szarości. Okienka zawiane śniegiem. Drzwi zasypane. Trzeba się odkopać. Trzeba wydrążyć tunel, aby wydostać się na powierzchnię, na przestrzeń, na wiatr.

W samochodach, w których szyb na autostradzie nie można nawet uchylić z powodu nieznośnego huku rozdzieranego powietrza, w pokojach, w których okna nie otwierają się wcale – słychać tylko lekki szum klimatyzacji, w tunelach, w zatorach drogowych (przypomina się cudowna scena z *Osiem i pół* Felliniego), w windach, na ruchomych schodach, w kolejkach do ponumerowanych kas, na określonym paśmie ruchu, na jedynym właściwym peronie, w ponumerowanych krzesłach teatralnej widowni, w powietrzu zatruwanym sztucznie i sztucznie oczyszczanym, w przestrzeni zdefiniowanej i do końca zmierzonej poczuliśmy się nagle odcięci od rzeczywistej materii życia, od natury, do siebie nawzajem.

Związki te bada nauka. Uświadamia istotę wpływu otoczenia na człowieka i człowieka na otoczenie, związki pomiędzy ludźmi – w przestrzeni[6]. Można te związki ujmować we wzory i definicje. Po to, aby człowiek znów mógł poczuć się bezpieczny i wolny. Ten sam jest finalny cel sztuki. Odwrotna wszelako metoda. Sztuka nie sprowadza nieświadomego do świadomego, ale raczej otwiera człowieka na przeżywanie tajemnicy, niedyskursywne pojmowanie mowy przestrzeni i otoczenia.

Environmental theatre, w którym przy pomocy rozlicznych ćwiczeń aktor, a za jego sprawą widz, otwiera się na mowę otaczającej go przestrzeni, pozwala przestrzeni mówić do siebie i określać swoje postępowanie – jest teatrem zamknięcia. Jest teatrem rozbijania się o pręty klatki. Jest teatrem więziennym. Jest teatrem odzierania ze złudzeń. Jest teatrem tragicznym.

---

6 Por. np. E. T. Hall, *Ukryty wymiar*, Warszawa 1976.

Tragedia deziluzji

Wymiar tej tragiczności jest współczesny i współczesne są jej realia. Codzienne, zwykłe. Przerobiony na „teatr" warsztat samochodowy czy podłużna salka w starej kamienicy. Kurtki US Army i spadochron w *Matce Courage*. Dżinsy. Nagość. Uliczny, kryminalny żargon postaci w sztuce Sheparda. Surrealistyczna, przemawiająca językiem współczesnych filozofów pop-kultury poetycka proza Foremana. Od wieków dążeniem artysty było ujawnianie rzeczywistości mitycznej w codziennej czynności, otwieranie perspektywy metafizycznej w zwykłym krajobrazie rzeczy i natury, odkrywanie w człowieku pośrednika i wysłańca Boga.

Praktyka wielu współczesnych kierunków artystycznych zdaje się zmierzać do czegoś odwrotnego: rzecz zostaje prześwietlona, zbadana — i pozostaje tylko rzeczą. Przestrzeń zmierzona, podbita — i odarta z tajemnicy. Człowiek zaś, rozebrany i poddany wiwisekcji, okaże się tylko sumą odruchów i reakcji na otoczenie i innych ludzi. Sam mit wreszcie, przyrównany do współczesnej orgii, do współczesnego absurdalnego morderstwa, okazuje się tylko opowieścią o seksie i zbrodni. Przedstawienie nie odnosi nas do rzeczywistości uniwersalnej i kosmicznej. Sprowadza nas do garażu na brudnej ulicy zarażonego śmiercią miasta.

Poczucie tragizmu, jakie oddziedziczyliśmy w naszej kulturze po francuskim klasycyzmie, po niemieckim i polskim romantyzmie, było zawsze związane z pojęciem wartości. Młoda kultura amerykańska — jak świadczą o tym dzieła Williamsa i Millera, Steinbecka, Faulknera i Hemingwaya, odziedziczyła toż samo dodatnie poczucie tragiczności. Wedle niego tragedia ufundowana była na starciu, na tragicznym konflikcie wartości. Obowiązek i miłość. Honor i lojalność. Służba bogom i służba przyjaciołom.

W klasycznej tragedii nosiciel wartości zostawał zmiażdżony, ale wartość obroniona. Każda wartość. Żadna wartość wchodząca w tragiczny konflikt z inną wartością nie miała być wykluczona. Odwrotnie, każda odnosiła zwycięstwo. A i bohater, choć musiał ponieść mękę lub śmierć, nie zostawał poniżony.

Walka dobra ze złem charakterystyczna dla mitologii wielu ludów „pierwotnych", związana z wielkimi ruchami społecznymi i narodowymi oraz z wielkimi religiami, nie była w tym odczuciu rudymentarnie tragiczna, bo siły zła, występku i zbrodni mogły odnosić triumf jedynie doraźny i chwilowy. Nie były zdolne zachwiać obrazem i konstrukcją świata dobra, uczciwości i szlachetności, świata patriotyzmu i demokracji, humanizmu i braterstwa. Dobro pozostawało dobrem. Tragedię zaś rodził konflikt, w którym jeden aspekt, aby tak rzec, dobra wchodził w konflikt z drugim. To zaś również nie mogło zachwiać istotą samego dobra i ogólnym odczuwaniem go jako dobra. Tak więc najbardziej sprzeczna, nierozwiązywalna opozycja tragiczna — z takiego punktu widzenia okazywała się paradoksalnie bezkonfliktowa. Nie naruszała ogólnej koncepcji świata i ogólnej wizji człowieka. Istnienie konfliktów tragicznych nie obalało, ale podtrzymywało porządek kosmosu.

Wydaje się, że jedną z zasadniczych cech przełomów kulturowych jest przemiana w pojmowaniu tragiczności. Tu właśnie wykryć można, jak zmienia się „kąt nachylenia osi obrotu globu", jak zmienia się wrażliwość i świadomość pokoleń.

Jeden z takich przełomów został w nieporównany sposób udokumentowany w literaturze przełomu wieku IV i III w Grecji. Nastąpiło przejście od pozytywnej, optymistycznej wizji Olimpu, bogów opiekuńczych i sprzyjających, do ateistycznej pustki lub antropomorfizacji bogów sprowadzonych w swej złośliwości, okrucieństwie i nade wszystko nieodpowiedzialności do poziomu najgorszego człowieka. Ujawnienie tego katastrofalnego upadku nieba, odczytanie tej rzeczywistej tragedii pokolenia wojen peloponeskich rzuca dziś niewątpliwie światło na szerszy znacznie problem zmierzchu kultury greckiej, w tym na konkretne mechanizmy politycznego upadku Aten, a potem całej Grecji. I z naszej historii wiemy, że upadek zaczyna się od wewnątrz. Potem dopiero zmurszałe od wewnątrz ściany mogą się stać łatwym łupem huraganu.

Po raz kolejny w historii kultury z tak wielką siłą i wyrazistością tragedia deziluzji zdaje się rozgrywać na 229 naszych oczach. I z naszym nieuniknionym udziałem. Tragedia oparta na starciu wartości zmienia się w szamotaninę, w której nikt nie ma racji, w której walczy się o nic; każde działanie jest bez sensu.

Jeśli bowiem sprowadzimy przestrzeń do tego, czym ona jest realnie, jeśli oświetlimy ją całą pełnym światłem, oczyścimy kąty i zakamarki, jeśli ją zdemistyfikujemy i zdesakralizujemy — przestrzeń stanie się pusta. Jeżeli sprowadzimy rytuał do szeregu czynności i manipulacji, staniemy się kukłami wykonującymi martwe gesty. Jeżeli wyjaśnimy postępowanie człowieka w oparciu o rachunek działań wywieranych nań przez innych, jeżeli ukażemy go jako maszynę seksu, maszynę/narzędzie produkcji, maszynę do zabijania — człowiek przestanie się różnić od otaczających go wytworów jego własnych myśli i mięśni. Wtopi się w tło swojej cywilizacji. Kultura sprowadzona zostanie do kultury technicznej. Jej opozycją pozostanie już tylko natura. Ziemia, rośliny, zwierzęta. Bezludny krajobraz.

Taki krajobraz widuje się w sztuce coraz częściej.

Jakie są konsekwencje tych przemian? Na to potrzeba by Kasandry. Może stworzy ją już niedługo jakiś ostatni tragiczny poeta naszej kultury.

Może Samuel Beckett? W maleńkim teatrzyku off-off-Broadway trzy krótkie sztuki Becketta[7].

Pierwsza: na scenie trzy pary ust. Reszta ciał ludzkich, łącznie z twarzami, zakryta jakąś zgniłą plazmowatą substancją. Usta mówią. Mechanicznie. Słowa. Dźwięki. Człowiek zredukowany do ust. Aktor zredukowany do ust. Dialog zastąpiony trzema aparatami wytwarzającymi dźwięki i wyrzucającymi je przed siebie na wprost. W przestrzeń? W pustkę.

Druga: na scenie lustro, w nim odbicie trzech postaci ludzkich siedzących na balkoniku, z tyłu, za plecami widzów. Aktor oddzielony nie tylko od swojego głosu, ale i od ciała. Obecny w sali teatralnej. Ale nieobecny na scenie.

---

[7] S. Beckett, *Play, Come and Go, The Lost Ones*, Mabou Mines, w sali Theater for the New City, przedstawienie oglądane 1 XI 1975.

Trzecia: kilkadziesiąt osób, z których składa się widownia, usadzonych w podkowę. Ciasno, na podestach. Tylko mała przestrzeń w środku. Wszystko zamknięte kotarami. Jesteśmy jak w worku. W rękach mamy lornetki, które leżały na podestach. Ciemno. Cienki kosmyk światła latarki elektrycznej wydobywa z cienia pudełko. W nim maleńkie figurki ludzików, może centymetrowej wielkości. Zabrudzona lornetka nieco je powiększa. Do ścian pudła przystawione drabiny.

Aktor. Potworny Guliwer pochylony nad tymi liliputami mówi o rozpaczy i o próbach wydostania się. Daremnych. Ma chropawy, skrzeczący głos starego człowieka. Gdy nieco się rozwidnia, w świetle schowanych w szczelinie podestu reflektorów widać, że istotnie ów aktor ma może 50, może 60 lat, jest wysoki, chudy – przeraźliwie chudy, gdy za chwilę zdejmie spodnie i koszulę upodabniając się do figurek ludzików w klatce, daremnie próbujących wejść na drabiny. Tekst jest narracją. I tu też nie ma dialogu. Nie ma nawet monologu. To znaczy wypowiedzi jawnie lub skrycie, zależnie od konwencji, kierowanej do widza. Aktor mówi o sobie i do siebie. Ach tak, mówi też do ludzkich figurek – martwych. To nie one wyobrażają jego. To raczej my wyobrażamy ich. Głos mężczyzny brzmi jak tekst automatu telefonicznego informującego, że jego właściciel jest nieobecny, prosi o zostawienie nazwiska i numeru telefonu, zaraz po powrocie zadzwoni; głos z automatu jest głosem człowieka, z którym chciałem rozmawiać! Znam tego człowieka! Ale ten głos mówi mi, że jego właściciel jest nieobecny. Właściciel telefonu – automatu – i głosu. Głos – automat może do mnie mówić i będzie równie uprzejmie, tym samym tonem informował mnie, ilekroć zadzwonię. Będzie do mnie mówił. I ja do niego mogę mówić. Przez 30 sekund. Tyle, ile potrzeba na podanie nazwiska i numeru telefonu. Oczywiście mogę zadzwonić jeszcze raz i jeszcze raz i powiedzieć coś innego. Zostanie to zarejestrowane. Ale nie będzie dialogu.

Aktor krążący w mroku, gdzieś w pobliżu, mówi nie do mnie. Po chwili ruch światła ujawni obecność drugiej postaci. To kobieta. Siedzi na ziemi obok pudła. Naga.

Teraz aktor mówi o kobiecie. Ale nie do niej. Ona zaś nie mówi nic. Patrzy w przestrzeń. W pewnej chwili rozchyla kolana. Tajemnica nie istnieje. Są tylko kolejne przybliżenia tego, co wiadome. Znów ciemność. Powolne rozjaśnienie. Nie ma już aktorów. Czy to byli ludzie? Są tylko pokraczne figurki plastykowych ludzików porozrzucane po podłodze klatki. Nie ma oklasków. W powracającym świetle siedzimy wszyscy milcząc. Obok mnie André Gregory. To przedstawienie jest niewątpliwie rozwinięciem jego niedawnej inscenizacji *Końcówki* tego samego autora w Manhattan Project: aktorzy zamknięci byli w klatce z metalowej siatki. Podłoga żelazna. Widzowie siedzieli dookoła. Wychodząc z teatru pozostawiali wewnątrz klatki osoby dramatu — aktorów odciętych od widzów nawet i po zakończeniu akcji. Nie można było im podziękować, pogadać, zapalić wspólnie papierosa. Jak z tymi ludzikami z plastyku. Człowiek — aktor — figurka — rzecz.

Dezintegracja aktorstwa

W europejskim nowożytnym teatrze funkcjonowały zawsze dwa podstawowe człony teatralnego procesu: scena i widownia. Nieznana była forma teatru, w której nie byłoby aktora albo nie byłoby widza. Uczestnictwo, duchowa albo fizyczna wspólnota, w mniejszym lub większym stopniu pojawiały się i znikały. Były i są, jak się wydaje, podstawą procesu w „teatrze nieoswojonym". I w tym jednakże teatrze zawsze istniały te dwa elementy, nawet gdy „role" widzów i aktorów nie tylko były wymienne, ale podejmowane jednocześnie.

Pewne zjawiska, które zachodzą w teatrze dzisiejszym, zdają się na różny sposób niweczyć tę zasadniczo diachroniczną strukturę zachodniego teatru. Przypatrzmy się im bliżej.

Następuje stopniowo dezintegracja aktorstwa i samego aktora. Przemiany te zaczął uświadamiać, uczynił z nich cnotę i model jako pierwszy Bertold Brecht. Podobnie jak Stanisławski, Brecht nie tyle stworzył pewien styl aktorstwa, co ujawnił, ujął w formę dyskursywnej teorii i zastosował w praktyce znane od lat sposoby gry aktorskiej, w których demonstracja, technika i kalkulacja dominowały nad wcielaniem się w postać, spontanicznością i przeżyciem.

Wiadomo, że te dwa — niekoniecznie opozycyjne — często uzupełniające się typy aktorstwa występowały od dawna: aktorstwo „przeżycia" i aktorstwo „pokazywania". Niewątpliwie, do występów w starożytnym teatrze większe kwalifikacje miał aktor „brechtowski". Zapewne, zagrać Chrystusa w misterium mógł lepiej aktor „przeżywający".

Od Brechta wszelako szeroko zaczęto mówić o rozdzieleniu aktora i postaci, o „krytycznym" graniu roli, o aktorze jako indywidualności ludzkiej i aktorze jako postaci scenicznej. Tak więc, zwłaszcza w ortodoksyjnym wydaniu bardziej brechtowskich niż sam Brecht naśladowców, aktor i postać rozdzielali się coraz bardziej. Aktor — pełny, wrażliwy, skomplikowany artysta, ukazywał tylko niektóre cechy, grał niektóre momenty „z życia" postaci. Demonstrował. Jednakże używając tradycyjnych środków — mowy (w tym dialogu), ruchu, gestu; także kostiumu, rekwizytu. Wprowadzano równocześnie środki nowe: nie psychologizowany, bezpośrednio zwrócony do widowni apel, śpiew (song), napisy, maski, kukły, sformalizowany gest, różne rodzaje pantomimy.

Przejście od nieuświadamianej praktyki do ujęcia jej w teorię jest zawsze momentem zwrotnym dla samej praktyki. Prowadzi do przyśpieszenia, w ogóle do zmian jej rozwoju. Tak stało się również z aktorstwem pod wpływem refleksji Brechta. Jednak brechtowska tradycja nowego teatru musiała się w pewnym momencie spotkać i zetrzeć z tradycją wywodzącą się od Stanisławskiego. Nastąpiła konfrontacja. Z jednej strony była tradycja i szkoła (w odniesieniu do USA trzeba termin „szkoła" rozumieć dosłownie) Stanisławskiego. W latach sześćdziesiątych to ona właśnie prowadziła do prób zidentyfikowania się aktora z postacią, a potem do zdominowania postaci przez aktora, wyeliminowania — z kolei — postaci i przyznania samemu aktorowi tych cech i funkcji, które dawniej pełnił on pospołu z postacią. Ta linia, doprowadzona 233 do ekstremu w aktorstwie ubogim Grotowskiego, zda się być — po nim — niemożliwa do kontynuowania. Można — i tak jest powszechnie — uprawiać ten rodzaj aktorstwa nadal, ale po pewnym wycofaniu się, po powrocie do technik i metod wcześniejszych, nie tak radykalnych, jak u Grotowskiego. Choć nie można już nie brać pod uwagę wartości wypracowanych w Teatrze Laboratorium, zwłaszcza zaś aktor nie może się już uchylać od pełnej, osobistej odpowiedzialności za to, co czyni w teatrze. Z porządku bowiem sztuki nastąpiło całkowite przejście w porządek samej natury ludzkiej.

Druga linia, brechtowska, w latach siedemdziesiątych zdaje się również dochodzić do kresu możliwości. Nastąpiło tu bowiem całkowite zdezintegrowanie aktora i postaci, potem zaś, konsekwentnie, samego „aktorstwa". Rozdzieliły się: język i mowa, słowo i ruch, fizyczna obecność i jej zewnętrzny wyraz. Lustro zastąpiło na scenie aktora.

W awangardowym teatrze lat siedemdziesiątych aktor może się już tylko na przykład — poruszać. Nie potrzebuje mówić. Lub mówi nie poruszając się. Albo tylko animuje kukłę czy przedmiot, uruchamia przyrząd. Aktor może być nawet nieobecny.

Ale obecność człowieka jest progiem. Poza nią nie ma już teatru.

Oczywiście, że tak daleko idące różnorodne zmiany w aktorstwie musiały dotknąć i widza. Zmieniała się jego rola i funkcja. Jeszcze przedwczoraj mówiliśmy o uczestnictwie jako o celu i — po jego zaistnieniu — jako o osiągnięciu godnym dumy. Wczoraj doszliśmy do seansów wspólnoty — bez widzów. Byli tylko uczestnicy. Skupieni lub rozhisteryzowani. W transie, w tańcu, w kontemplacji. Zawsze jednak w poczuciu bliskości i dążeniu do jedności. Aktorstwo z linii Stanisławski/późny Grotowski było aktorstwem integrującym grupę. Aktorstwo z linii Copeau/Brecht — rozdzielało. Pierwsze, doprowadziło do wspólnotowych „uli" praktykowanych przez Instytut Laboratorium m. in. w czerwcu 1975 roku w czasie trwania we Wrocławiu Uniwersytetu Poszukiwań Teatru Narodów. Drugie, do uprzedmiotowienia widza i do manipulowania nim. Nie jest przypadkiem, że ta druga linia najbardziej wyraźna okazała się w teatrze USA — to znaczy tam, gdzie zaistniały dwojakie warunki: wysokiego, przekwitłego rozwoju cywilizacji „przedmiotowej" i obecności świeżych, mało przetrawionych·wpływów Brechta.

Recepcja praktyki i teorii Bertolda Brechta w teatrze amerykańskim jest problemem, mającym implikacje nie tylko w dziedzinie teatru: także w sferze szeroko rozumianej kultury i ideologii.

Praktyka samego Brechta, wrażliwego artysty, była naturalnie daleko mniej ortodoksyjna niż jego teoria. Przedstawienia Berliner Ensemble funkcjonowały, jak sądzę, w pewnych elementach nawet wbrew tej teorii. Jednakże po śmierci ich twórcy teoria Brechta i teorie nadbudowane na tej teorii wzięły górę.

Cechą charakterystyczną teatru amerykańskiego, całej jego niedługiej historii, jest — co zresztą naturalne, dotyczy nie tylko teatru — przejmowanie wzorów z Europy.

Koleje recepcji Stanisławskiego w USA zostały już dość dobrze zbadane[8]. Jego pojawienie się w Stanach w latach dwudziestych było punktem zwrotnym w historii teatru amerykańskiego. „Metoda" nauczana była praktycznie przez aktorów MAChT-u, którzy osiedlili się w Stanach. Dopiero potem pojawiły się tam pisma Stanisławskiego. „Metoda" stała się kanonem i podstawą edukacji aktorskiej w Ameryce. Lee Strasberg i jego Actors Studio trwają do dziś na jej pozycjach. „Metoda" wniknęła głęboko, stała się podstawową cechą teatru amerykańskiego (także, oczywiście, poprzez aktorstwo — filmu). Była i jest żywa zapewne dlatego, że przejęta została poprzez praktykę, poprzez doświadczenie i poprzez nauczanie rzemiosła, że była stopniowo modyfikowana i adaptowana do potrzeb i warunków miejscowych. Stała się własna. Stała się organiczna. I nadal jest popularna: wychodząc z „lekcji" w Actors Studio podchodzę do Lee Strasberga, aby mu podziękować; początkowo nie poznaję niewysokiego, ciemnowłosego mężczyzny, z którym rozmawia w tej chwili mistrz. Ach tak, to Al Pacino.

---

[8] Por. np. F. Jotterand, *Nowy teatr amerykański*, Warszawa 1976, s. 15—19 i 50—53.

Inaczej było z Brechtem.

Brecht poznawany był w Ameryce z drugiej ręki – głównie poprzez lekturę jego dramatów i jego pism teoretycznych, a także za pośrednictwem krytyki, sprawozdań czy to z Berlina, czy z Paryża – gdy Berliner Ensemble zaprezentował się w Théâtre de Nations. Pobyt i praca Brechta w USA w czasie drugiej wojny światowej wypadły po napisaniu przez niego arcydzieł dramaturgii, ale przed owocnym okresem inscenizacji w Berliner Ensemble.

W sumie, wpływy Brechta, widoczne dziś bardzo wyraźnie, owocowały w formach najczęściej doktrynerskich, zewnętrznych, zimnych. A równocześnie do dziś nie powstały w USA naprawdę żywe, twórcze, oryginalne przedstawienia sztuk samego Brechta. Amerykanie nie mieli ani swojego Ludwika René, ani Konrada Swinarskiego, ani Ireny Babel, ani Dzwonkowskiego, Eichlerówny, Zbyszewskiej, Rysiówny, Kucówny... żeby wymienić tylko niektórych reżyserów i aktorów polskich, w sposób własny, twórczy odczytujących i przekazujących Brechta polskiej widowni.

W latach sześćdziesiątych Amerykanie mieli wybitne przedstawienie nie najwybitniejszej sztuki Brechta *Człowiek jak człowiek* w Living Theatre z kreacją aktorską Chaikina i historyczną *Antygonę* w tymże Living, w której Judith Malina i Julian Beck opierali się tyleż na Brechcie, co na Artaudzie.

Brechtem posługują się także różne zespoły polityczne i politykujące, traktując go jednak raczej jako użytecznego ideologa i teoretyka (pisze o tym K. Jakubowicz w „Dialogu", 1975, nr 12). Rok temu Mutter Courage z wojny trzydziestoletniej przeniósł do wojny wietnamskiej Richard Schechner.

Teraz jednym z przedstawień, o którym się mówi w Nowym Jorku, jest *A Fable* (*Bajka*) Chaikina[9]. O tym przedstawieniu (kreacja zbiorowa z udziałem Jean Claude van Italie – słowa, Joe Chaikina – reżyseria) wszyscy mówią

---

[9] *A Fable*, a collaborative work, Jean-Claude van Itallie (Writer), Joseph Chaikin (Director) i aktorzy, Music-Theatre Performing Group, przedstawienie obejrzane 2 XI 1975.

jako o „brechtowskim", ale — „dobrze" mówią zwłaszcza apostołowie Brechta.

Istotnie, przedstawienie to, nie mające wprost nic wspólnego z Brechtem, jest równocześnie jakby ćwiczeniem pt. „Zastosuj w dowolnym materiale podstawowe chwyty Brechta": jest kurtynka na drucie, chór komentujący akcję, są songi, efekty obcości, oddzielenie aktora od roli, narracja epicka itd.

Zważywszy, że przedstawienie to tworzył człowiek, który z dziełem Brechta nawiązał najbliższy chyba kontakt ze wszystkich amerykańskich ludzi teatru — jest *Bajka* przykładem, na którym widać, jak dalece Brecht — w przeciwieństwie do Stanisławskiego — nie został w Stanach Zjednoczonych przetrawiony i zaadaptowany. Ciągle jeszcze czerpie się z niego bardziej technikę i doktrynę niż materię teatralną i filozofię.

Rozprysk fali

Po wyjściu z kolejnego przedstawienia off-off-Broadway idę ku stacji metra. Jestem bardzo czujny: trzymaj się z dala od murów i zakamarków, idź krokiem szybkim i zdecydowanym, nie noś nic w rękach, nie trzymaj przy sobie pieniędzy, ale musisz mieć zawsze 10 dolarów i na pierwsze wezwanie zaraz je oddawaj, jeśli nic nie będziesz miał, on ci nie uwierzy i może się zdenerwować, a jak dostanie grubszą sumę, będzie miał nadzieję na więcej, możesz mówić, ale łagodnie i w obcym języku, nie wołaj o pomoc, chyba że ktoś jest bardzo blisko i możesz liczyć na pewno, że ci pomoże, na policję nie licz — tam jej nie ma, możesz uciekać, jeśli wiesz, jaki dystans dzieli cię od jakiegoś bezpiecznego miejsca i wierzysz w swoją szybkość, ale uciekać możesz tylko od razu, zanim on się zbliży na odległość skoku, potem nie próbuj, pamiętaj, że jeśli cię już zaatakował, to nawet jeśli go nie wyjął, ma na pewno nóż, pistolet, a co najmniej kastet, i jeżeli już się zdecydował na grabież, to z pewnością odczuwa silny głód: alkoholu albo narkotyku, może chleba, jest podniecony, nie podniecaj go więc dodatkowo. 237

Boczne ulice Greenwich Village są puste jak po wojnie. Soho wymarłe. Domy opuszczone, walące się. Pomarańczowe światło lamp pogłębia gnilne kolory walających się po chodnikach śmieci.

Idę sam. Ale uświadamiam sobie, że o tej porze, podobnie jak ja, wychodzą ludzie z kilkuset teatrzyków off-off-Broadway. Każda złożona z kilkunastu czy kilkudziesięciu osób grupka rozprasza się natychmiast. Większość wsiada do samochodów. Inni przemykają się do subwayu.

Sto lat temu powiedział Stanisław Koźmian, że teatr określają trzy czynniki: literatura dramatyczna, aktor i publiczność. Literatura dramatyczna się rozpada. Dialog zanika. Aktor zdezintegrował swoją sztukę. Jakaż jest publiczność?

Przy końcu lat sześćdziesiątych nowy teatr amerykański wytworzył swoją własną publiczność i zasymilował, oswoił pewne kręgi widzów teatru tradycyjnego, bulwarowego. Swobodne zachowanie, brak oporów wobec uczestnictwa, „młodzieżowy strój", złamanie bariery między aktorem i widzem, odrzucenie tabu sceny jako przestrzeni nietykalnej — były cechami, które w rezultacie doprowadziły do powstania pewnego stylu i wzorców zachowań widowni w nowym teatrze. Dziś widać wyraźnie, jak styl ten się spetryfikował i stał się częstokroć pusty, sztuczny. Publiczność nowego teatru końca lat sześćdziesiątych, wtedy szczerze się entuzjazmująca i wzruszająca, była spontaniczna i życzliwa; dziś jakże często staje się po prostu zblazowana, po prostu bezceremonialna i agresywna.

Postępują tak wszędzie nie ci, którzy towarzyszyli nowemu teatrowi dziesięć i pięć lat temu, ale młodsi, którzy przejęli od tamtych zewnętrzne wzory zachowań, nie wypełniając ich dawną chłonnością i wrażliwością. Dawni zaś kombatanci nowego teatru oraz studenckich buntów bądź odeszli — po ukończeniu studiów, po podjęciu życia ustabilizowanego, dalekiego od środowisk intelektualnych i artystycznych, bądź przychodząc nadal, zapatrzeni są we wspomnienia. Pielęgnują dawne przyjaźnie. Są nieco zagubieni; ale cierpliwi.

Nowa, młoda publiczność, nie otrzymując poszukiwanych podniet, nie wciągnięta jeszcze w nowe próby —

zachowuje tylko pozory. I właśnie „publiczność" wydaje się być dziś niekiedy najbardziej anachronicznym elementem „nowego teatru".

Wytworzył się na przykład żywy kiedyś (zapewne inaczej będzie żywy jutro) obyczaj zostawania widzów razem z aktorami po skończeniu akcji widowiska. Była to spontaniczna, wspólnotowa kontynuacja życia sztuki w życiu ludzi nią opromienionych. Dzieje się tak często i teraz. Ale rozmowy, które się toczą, są często zdawkowe. Nieszczere. Wszyscy jakby drepczą w miejscu.

Publiczność „nowego teatru" jest dziś, inaczej niż było to w końcu lat sześćdziesiątych, znów bardziej niejednolita, rozwarstwiona, podzielona. Oczywiście nie w sensie społecznym — ale w planie wrażliwości i postawy.

Jednak — jest...

I jest bardzo liczna.

Co skłania te tysiące ludzi do podejmowania co wieczór ryzykownej wyprawy przez brudne ulice do małych, obskurnych salek? Co sprawia, że wysiadują na niewygodnych ławkach lub na podłodze, że pozwalają sobie świecić w oczy, słuchać banalnych często tekstów i patrzeć na dziwne poruszenia postaci? Ważniejsze: dlaczego te tysiące aktorów pracując czy studiując, za marne grosze lub praktycznie za darmo co wieczór zbiera się, by próbować lub grać? A wydaje się, że liczba tych teatrzyków: biednych, poszukujących i dukających, nie maleje — a rośnie.

Odpowiedzi może być wiele. Może ci wszyscy ludzie szukają jednak w teatrze możliwości bycia razem, robienia czegoś wspólnego, czegoś ponadjednostkowego, czegoś ponadakcydentalnego i ponadczasowego? Zarówno wbrew zewnętrznie manifestowanym stereotypom swoich własnych zachowań, jak wbrew temu, co — aktualnie — oferuje im teatr.

Może więc jest to ta sama, pradawna, stanowiąca zawsze podstawę życia teatru nadzieja na odnalezienie czasu i miejsca świętego, na odnalezienie siebie samego i swojej codzienności w perspektywie kosmicznej?

Tymczasem teatr ofiarowuje nam możliwość zmiany w przedmiot.

Jest to hipernaturalistyczne odzwierciedlenie działań 239

i presji całego otaczającego nas świata. Życie i sztuka stopiły się w jedno.

Tak oto spełniłoby się hasło i dążenia nowej sztuki lat sześćdziesiątych? Więc może nadzieją jest ponowne ustanowienie opozycji: sztuka — życie? Na nowym wszakże poziomie. Może tam, gdzie sztuka karmi się z wielką zachłannością sokami życia, a codzienne życie człowieka znajduje pogłębienie w stałym kontakcie ze sztuką?

Na razie, brutalnie i niezdarnie teatr zamyka się znów w sobie. Oddziela od widza. Uniemożliwia — już wprowadzone w sferę odruchu — współuczestnictwo. Aktorzy odcinają się od widzów. Światłem. Rekwizytem. Kukłą. Tekstem. Aktorzy odmawiają identyfikowania się zarówno z postaciami scenicznymi, jak z widzami. Co więcej, nie chcą już ujawniać, odsłaniać samych siebie. Zasłaniają się i chowają. Tyle że nie w postać: w przedmiot, w sformalizowany ruch, w urządzenia techniczne i w technikę „gry". Czy jest to jeszcze „gra aktorska"? Choć jest to znów — teatr. Teatr połowy lat siedemdziesiątych.

A gdzie są bohaterowie „nowego teatru" USA lat sześćdziesiątych.

Judith Malina i Julian Beck utworzyli nowy zespół Living Theatre i wyjechali znów do Europy. Zdaje się, że musieli wyjechać. Nie ma ich. Czy wrócą opromienieni sukcesami i znowu odbędą triumfalne tournée, jak w sezonie 1968/69?

Peter Schumann i jego Bread and Puppet prowadzi, swoim sposobem, bez rozgłosu, pracę na prowincji — tym razem w Maroku.

André Gregory pojechał prowadzić staż w Tunezji — na pustyni...

Richard Schechner wznowił The Tooth of Crime i Matkę Courage. Nie robi nic nowego. Na początku roku 1976 wyjedzie na pół roku do Indii — właśnie z Matką Courage — szukać nowych doświadczeń i podniet.

Joe Chaikin wyreżyserował Bajkę...

W La Mamie widziałem okropny musical...[10] Za to

───────────

[10] Wilford Leach, C.O.R.F.A.X. (Don't Ask), La Mama Annex Theatre, Nowy York, przedstawienie obejrzane 7 XI 1975.

1. „Dotknij mnie..." Ann Halprin *Myth Masks*.
Happening 1967.

2. Semana Santa (Święty Tydzień),
   Manila, Filipiny, kwiecień 1974.
   Procesja uliczna z udziałem aktorów i mieszkańców miasta.

3. Pochód Grand Magic Circus
   w ramach manifestacji 1-majowej, Paryż 1970.

4. Living Theatre gra *Dziedzictwo Kaina*
dla najuboższej ludności przedmieścia Rio de Janeiro,
Brazylia 1971.

5. Franco Basaglia, *Marco Cavallo,*
Laboratory P. Triest, grudzień 1972.
Pochód uliczny w ramach warsztatu
przeprowadzonego w szpitalu psychiatrycznym
z udziałem aktorów, lekarzy, chorych, pielęgniarek
i mieszkańców Triestu.

6. Saphira Linden *Cosmic Mass*, Boston 1974.
   Wspólny taniec aktorów i widzów.

7. Pochód aktorów Odin Teatret przez ulice miasta Carpignano, Włochy 1975.

8. Wspólny korowód aktorów i widzów na zakończenie
   przedstawienia *El Baile de los Gigantes*, reż. Luis Valdez,
   El Teatro Campesino, Theotihuacan, Meksyk 1974.

9. The Living Stage Company,
   etiuda improwizowana z udziałem widzów,
   Massachusetts School System, 1970 r.

10. Soul and Latin Theater i jego publiczność
w czasie przedstawienia na ulicy Harlemu,
Nowy Jork 1970.

11. G. Scabia, *Może narodzi się smok*,
przedstawienie improwizowane z udziałem dzieci,
Teatro Wagante, Nuova Aveia, Włochy 1969.

12. Peter Schumann, *Wuj Grubasow i smok*, The Bread and Puppet Theatre
przedstawienie z udziałem dzieci w parku we Frankfurcie, RFN 1969.

13. Wspólnota widzów i aktorów w kreacji zbiorowej
Living Theatre *Paradise Now*, 1968.

14. Wspólnota widzów i aktorów w kreacji zbiorowej
Living Theatre *Paradise Now*, 1968.

15. Wspólnota widzów i aktorów w kreacji zbiorowej
Living Theatre *Paradise Now*, 1968.

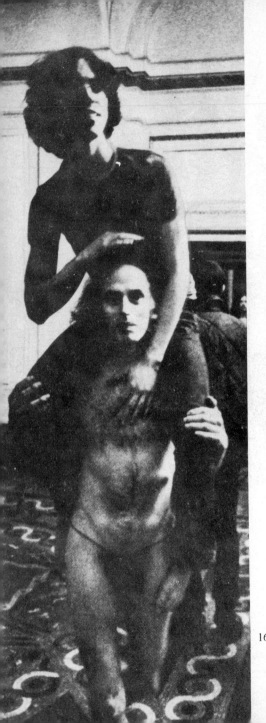

16. Wspólnota widzów i aktorów
w kreacji zbiorowej Livin
Theatre *Paradise Now*, 1968
J. Beck tuż po spektaklu.

17. Aktorzy i widzowie w przedstawieniu
Sześciu aktów publicznych, The Living Theatre,
plac przed Uniwersytetem,
Pittsburg 1975.

18. Aktorzy i widzowie w przedstawieniu
    Mutter Courage B. Brechta w insc. R. Schechnera.
    The Performance Group, Nowy Jork 1975.

19. Wspólnota widzów i aktorów w kreacji zbiorowej
    The Performance Group Dionisus in 69,
    Nowy Jork 1969.

w kreacji zbiorowej
...sus in 69.

...acji zbiorowej
...69.

20. Wspólnota widzów i aktorów
The Performance Group Dion
Nowy Jork 1969.

21. Wspólnota widzów i aktorów w kre
The Performance Group Dionisus in
Nowy Jork 1969.

23. Wspólnota widzów i aktorów w przedstawieniu wg dramatu Tadeusza Różewicza *Stara kobieta wysiaduje*, reż. Kazimierz Braun, Lublin 1973.

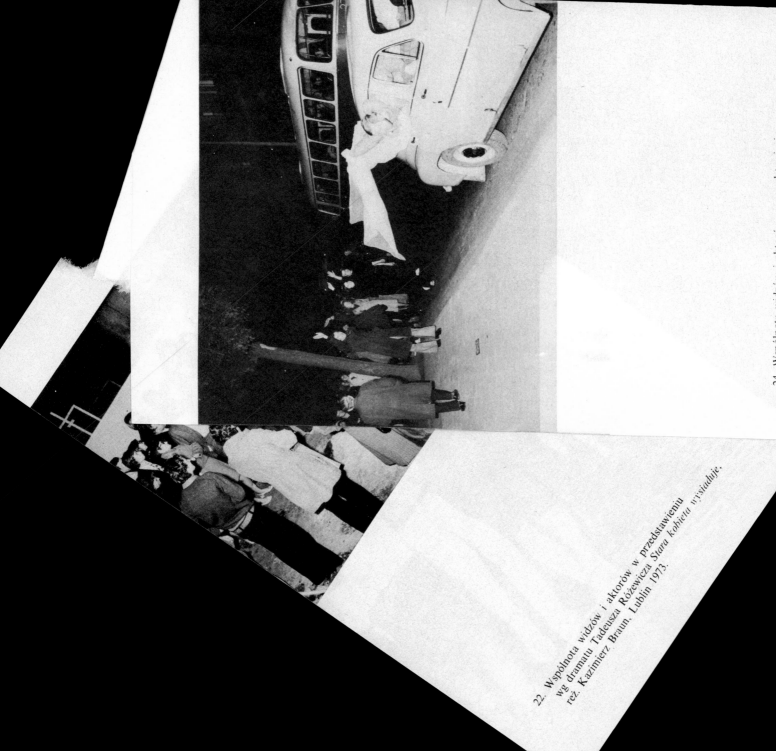

24. Wspólnota widzów i aktorów w przedstawieniu
wg dramatu Tadeusza Różewicza *Stara kobieta wysiaduje.*
reż. Kazimierz Braun. Lublin 1973.

22. Wspólnota widzów i aktorów w przedstawieniu
wg dramatu Tadeusza Różewicza *Stara kobieta wysiaduje.*
reż. Kazimierz Braun. Lublin 1973.

25. Uniwersytet Poszukiwań Teatru Narodów. Wrocław 1975.
Przybycie Jean Louis Barrault do Teatru Polskiego.
W samochodzie J. L. Barrault i Ryszard Cieślak.

26. Uniwersytet Poszukiwań Teatru Narodów, Wrocław 1975.
Spotkanie w Teatrze Współczesnym.
Od lewej André Gregory i Jerzy Grotowski.

27. Uniwersytet Poszukiwań Teatru Narodów, Wrocław 1975.
Spotkanie w Teatrze Laboratorium prowadzone przez L. Flaszena.

28. Uniwersytet Poszukiwań Teatru Narodów, Wrocław 1975. Po spotkaniu w Teatrze Współczesnym od lewej J. Grotowski. E. Barba. T. Różewicz. K. Braun. Z. Reklewska-Braun. J. Sel.

jeden z autorów związanych kiedyś
Patrick, święci triumf na Broadwayu. 1 ?
(w przekładzie wolnym): „Czy facet z C.
się wielkim dramatopisarzem?" Może.

Nie mogło stać się inaczej. We wszelkich ...
bytowania społeczeństw, nade wszystko zaś w s...
nieustanna przemiana jest prawem życia. Gdy jakiekolwie...
formy w jakimś momencie zacznie się uznawać za obo-
wiązujące w sposób trwały — martwieją w oczach.

Każda estetyka normatywna staje się natychmiast este-
tyką skostniałą. Jej stosowanie prowadzi do śmierci. Powielanie siebie samego przez twórcę nigdy nie przyniosło dzieł
lepszych — od powielanych. Bolesny często, ale nieubłagany
imperatyw wewnętrzny, z równą siłą jak nauka płynąca
z historii sztuki, zmusza prawdziwego twórcę (nie imita-
tora, nie epigona, nie malwersanta, nie handlarza) do
nieustannego porzucania swojej dawnej przeszłości. Do stałego podążania w nieznane. Jakże często jest to po prostu
ciemność.

Większość ludzi „nowego teatru" lat sześćdziesiątych
wie o tym dobrze. Wiedzą oni, że eksplozja — zwłaszcza
lat 67—68—69, nie może się powtórzyć. Wiedzą, że jako
ludzie i jako artyści muszą sobie postawić nowe zadania.
Niemoga konserwować swoich prac ani mumifikować siebie
samych. Wypuścili się więc na nowe poszukiwania. I choć
nie jest pewne, czy każdy z nich wróci z tarczą, jedynie
ta właśnie postawa może dawać nadzieję na rozwój.
I budzić szacunek.

Jedni — dosłownie, a zarazem symbolicznie, wyjeżdżają
gdzieś daleko, inni — świadomie wycofują się na jakiś czas,
przeczekują opadnięcie i rozprysk fali. Inni zmieniają kierunek drogi.

Porzucenie siebie i swoich przeszłych osiągnięć nie
znaczy kwestionowania przeszłości i odcięcia się od niej.
To, co odczuwa się dziś — w roku 1975 — poszukując
daremnie śladów teatru lat sześćdziesiątych, nie jest tęskno-
tą za utraconym, ale raczej nastrojem odprężenia po spel-
nieniu. Lecz już narastają nowe przeczucia i pożądania.
Obecne wyprawy „starych" ludzi nowego teatru amerykańskiego lat sześćdziesiątych przyniosą zapewne nowe

...łodsi, poszukujący swojej pierwszej ... i pierwszej miłości, dokonują rzeczy ... że niepełnych, niezrozumiałych, ale roku-...zieję.

...od nich Richard Foreman i Robert Wilson osiągnę-...z wielki kunszt, a także rozgłos. Wilson po cyklu ...wielogodzinnych i wielodniowych nawet przedstawień, po dwóch teatralnych „biografiach" i operach o wielkich ludziach prowadzi nadal swoje prace „teatru terapeutycz-nego". Ale nie wiadomo, kiedy z kolejnych seansów ro-boczych narodzi się nowe widowisko.

Może w tym cyklu zmian, podobnie jak w latach sześćdziesiątych, druga połowa bieżącego dziesięciolecia przyniesie rozbłyski nowych gwiazd i narodziny nowych wysp?

To, co pozostaje z nowego teatru lat sześćdziesiątych, funkcjonuje dziś już nie tyle w sferze środków i sposobów uprawiania lub kontestowania teatru, co w sferze znacznie głębszej. W dziedzinie moralnej.

Tu właśnie można znajdować odpowiedzi na pytania o nowy teatr lat siedemdziesiątych. Przejął on od ludzi okresu poprzedniego świadomość i przeświadczenie, że problematyka moralna i perspektywa ludzka nie może już dziś w teatrze być odczuwana jako pewien dodatek do przedstawienia. Jak przykłatany, niekonieczny epilog, z którego już można wyjść. To, co naprawdę dokonuje się w ludziach w wyniku aktu teatralnego, nie jest dziś pewną nadbudową nad spektaklem, którą uświadamia sobie, lub nie, twórca czy odbiorca, ale jest poziomem zasadni-czym, na którym plasują się wszelkie główne problemy teatru. Perspektywa moralna jest tą, która w sposób ko-nieczny musi otwierać się przed jakąkolwiek działalnością artystyczną; bez niej, rozumiemy to dziś z całą oczywistością, sztuka jest kaleka.

Przemiany w sztuce, jakie nastąpiły i jakie dokonują się na naszych oczach w sposób pozorny, powiem: chory i zewnętrzny – dotyczą estetyki, stylów, środków wyrazo-wych czy technik. W sposób istotny, rzeczywisty, pełny zachodzą one w płaszczyźnie społecznego funkcjonowania sztuki, jej roli w życiu ludzi.

Dlatego to wszelkie problemy tylko „teatralne" wydają się dziś po prostu martwe, a dyskusje nad nimi jałowe — wtedy gdy nie stanowią one jedynie wycinka szerokiej problematyki ludzkiej.

Teatr lat sześćdziesiątych w Ameryce dojrzał do tej świadomości. I w tym była jego wielkość. Mieszał się do polityki i do ideologii, do wielkich ruchów społecznych, do kształtowania moralności i do procesów wychowawczych. W rezultacie jego najwybitniejsi animatorzy porzucając — radykalnie lub stopniowo — teatr, stali się politykami, pedagogami, moralistami. Jest w tym prawidłowość.

Teatr lat siedemdziesiątych rozdziera na razie dramatyczna opozycja. Z jednej strony usiłuje on, bez większych rezultatów, kontynuować dawne osiągnięcia, stara się sprostać przerastającemu go powołaniu zawartemu w pracach poprzedników. Z drugiej strony, skupia się na drobnych, szczegółowych problemach teatralnych, zamyka się w teatrze, okopuje się — znów — na scenie, w dramaturgii. Wiele wskazuje na to, że teatr gromadzi w ten sposób siły do nowego rozkwitu.

1975

Posłowie

Druga Reforma Teatru jest próbą postawienia zasadniczych (nie wszystkich) pytań teatrowi współczesnemu. Niektóre sprawy, a zwłaszcza cały odrębny, skomplikowany problem udziału pisarzy w Pierwszej i Drugiej Reformie nie zostały tu wcale poruszone; odkładam je na inną okazję. Niektóre zagadnienia próbowałem naświetlać parokrotnie, z różnych stron. Niektóre pozostały dla mnie niejasne. Sądzę jednak, że i te należało zasygnalizować.

Rozwój życia teatralnego wymaga zawsze kontaktu z przeszłością i świadomości, w jakim momencie znajduje się teatr dziś. O tym piszę. Co będzie? Na to pytanie staram się odpowiadać w reżyserskiej praktyce.

Co zaś do pisania — za powstanie tej książki winien jestem wdzięczność Wydawnictwu Ossolineum, a za niezwykle pomocne uwagi po pierwszych lekturach maszynopisu: zwłaszcza Józefowi Kelerze i Stanisławowi Marczakowi Oborskiemu, mojej żonie Zofii Reklewskiej, redaktor Aldonie Kubikowskiej oraz Krzysztofowi Babickiemu. Ogromnie dużo zawdzięczam także rozmowom i wspólnej pracy z wieloma ludźmi teatru z różnych krajów. Dziękuję im wszystkim.

Nota edytorska

Szkice składające się na część pierwszą książki pt. *Między Pierwszą a Drugą Reformą Teatru*, oraz tekst pt. *Wyjścia z teatru* powstały w latach 1976 i 1977; ukazują się tu po raz pierwszy. *Teatr wspólnoty 1970* to fragment książki pt. *Teatr wspólnoty*, Kraków 1972. Szkic *Widz — odbiorca — uczestnik — współtwórca* powstał z połączenia dwóch artykułów zamieszczonych w „Miesięczniku Literackim", 1974, nr 4 (pt. *Teatr a odbiorca*) i w „Teatrze", 1973, nr 11 (pt. *Widz widzem czy uczestnikiem*), *Aktor — poeta* ukazał się w „Odrze", 1975, nr 1, a *Rozprysk fali* w „Odrze", 1976, nr 3.

Wszystkie teksty drukowane ponownie sprawdzono i skorygowano.

Indeks nazwisk

247

Spis ilustracji

253

17. Aktorzy i widzowie w przedstawieniu *Sześciu aktów publicznych*, The Living Theatre, plac przed Uniwersytetem, Pittsburg 1975. Wg „The Drama Review", t. 67.

18. Aktorzy i widzowie w przedstawieniu *Mutter Courage* B. Brechta w insc. R. Schechnera, The Performance Group, Nowy Jork 1975.

19. Wspólnota widzów i aktorów w kreacji zbiorowej The Performance Group Dionisus in 69 Nowy Jork 1969. Wg *Dionisus in 69, The Performance Group*, New York 1970.

20. Wspólnota widzów i aktorów w kreacji zbiorowej The Performance Group Dionisus in 69, Nowy Jork 1969. *Ibid.*

21. Wspólnota widzów i aktorów w kreacji zbiorowej The Performance Group Dionisus in 69, Nowy Jork 1969. *Ibid.*

22. Wspólnota widzów i aktorów w przedstawieniu wg dramatu Tadeusza Różewicza *Stara kobieta wysiaduje*, reż Kazimierz Braun, Lublin 1973.

23. Wspólnota widzów i aktorów w przedstawieniu wg dramatu Tadeusza Różewicza *Stara kobieta wysiaduje*, reż. Kazimierz Braun, Lublin 1973.

24. Wspólnota widzów i aktorów w przedstawieniu wg dramatu Tadeusza Różewicza *Stara kobieta wysiaduje*, reż. Kazimierz Braun, Lublin 1973.

25. Uniwersytet Poszukiwań Teatru Narodów, Wrocław 1975. Przybycie Jean-Louis Barrault do Teatru Polskiego. W samochodzie J. L. Barrault i Ryszard Cieślak. Fot. T. Drankowski.

26. Uniwersytet Poszukiwań Teatru Narodów, Wrocław 1975. Spotkanie w Teatrze Współczesnym. Od lewej André Gregory i Jerzy Grotowski. Fot. T. Drankowski.

27. Uniwersytet Poszukiwań Teatru Narodów, Wrocław 1975. Spotkanie w Teatrue Laboratorium prowadzone przez L. Flaszena. Fot. T. Drankowski.

28. Uniwersytet Poszukiwań Teatru Narodów, Wrocław 1975. Po spotkaniu w Teatrze Współczesnym od lewej J. Grotowski, E. Barba, T. Różewicz, K. Braun, Z. Reklewska-Braun, J. Sel. Fot. T. Drankowski.

Spis rzeczy